근대 여성 12인, 나를 말하다

자서전과 전기로 본
여성의 삶과 근대

김
경
일 지
음

근대 여성 12인, 나를 말하다

책과함께

차례

머리말   7

제1장   주체로서 여성의 글쓰기   15

제2장   근대 여성의 시대상   49
    교육   51
    근대화와 기독교   70
    민족 이산과 초민족주의   83
    삶의 전기(轉機)와 결단   97

제3장   여성의식과 젠더   117

제4장   민족과 자아정체성   163

제5장   사랑과 결혼   219

제6장   가족과 모성   265

제7장   맺음말   307

참고문헌   327

머리말

근대에 이르기까지 오랜 시간에 걸쳐 여성은 자신의 말을 박탈당한 존재로 살아왔다. 1985년에 발표한 〈하위주체(subaltern)는 말할 수 있는가?〉라는 글에서 탈식민주의 연구자인 스피박(Gayatri Spivak)은 신식민주의 사회에서 여성의 목소리는 억압되어 왔다는 사실을 강조한 바 있지만, 제3세계는 물론이고 서구에서조차 전통 시대 여성은 근대에 이르기까지 말을 하지 못하는 존재로 남았다. 한국의 "암탉이 울면 집안이 망한다"는 오랜 속담도 이와 관련된 것이고, 전통 시대의 전문 연희집단인 기생을 "말할 수 있는 꽃(解語花)"으로 일컬어 온 것도 반대로 이 집단을 제외한 나머지 여성들은 말을 할 수 없었다는 사실을 함축한다.

여기에서 말은 우리가 흔히 말하는 의사소통 수단으로서의 언어라기보다는 말과 글을 통한 자아의 표명과 주장을 의미한다. 이 책의 제1장에서도 언급하듯이 근대 문명 일반과 마찬가지로 글을 통한 자아표현으로서의 전기와 자서전 쓰기 역시 오랜 시간에 걸쳐 남성들이 전유해 왔다. 기억과 시간의 지속 안에서 자신의 삶을 영원히 남기고자 하는 욕구로부터 배제된 여성이 자신의 삶의 궤적에 의미를 부여하게 된 것은 근대에 들어와서 비로소 가능했다. 으레 그렇듯이 여기에서도 소수의 한정된 중상층 지식인 여성이 앞장을 섰다. 이들 사이에도 이념의 성향에 따라 미묘한 차이가 있었다는 사실 또한 주목해야 한다. 많지 않은 여성의 전기나 자서전에서도 자유주의/보수주의나 급진주의 여성들의, 혹은 그에 대한 글쓰기가 그나마 자주 접하는 범주에 속한다.

그러나 양자 사이에는 미묘한 차이가 있는데 전자의 경우는 화자나 주인공의 의지가 직간접으로 개입하는 경우가 많으며, 특히 보수주의가 그러하지만 이들 중 상당수는 흔히 문단에서 말하는 '주례사' 수준의 상투성과 천박성을 보인다. 이 책에 등장하는 임순득이 말하는 "도도한 사회의 물결"과는 동떨어져 여성에 대한 "모욕과 비극성"을 의식하지 않는 소소한 일상의 나르시시즘에 탐닉하는 것이다. 이에 반해 후자인 급진주의 사례들은 전기나 자서전이라기보다는 '평전'이나 '연구'와 같은 명칭에서 보듯이 객관과 평가의 시각에서 나온 글들이 적지 않아서 주인공의 의지나 욕망이 거의 개입하지 않는다. 마지막으로 사회주의/공산주의 여성들은 자서전이나 전기라기보다는 주장이나 평론, 선언문, 때로는 편지나 여행, 혹은 소설 등을 통해 자신들의 삶을 역사에 남겨 왔다.

근대 여성의 이념이 지니는 스펙트럼을 염두에 두고 볼 때 이 책이 자유주의 계열에 속하는 여성들을 주요 대상으로 선택한 것은 이러한 맥락에서이다. 근대로 이행하면서 자서전이나 전기를 통해 스스로를 말할 수 있는 여성은 그나마 자유주의 계열의 범주에서 가장 먼저 온전한 형태로 출현할 수 있었다는 것이다. 필자가 그동안 발표해 온 여성에 대한 연작 시리즈(《근대의 여성, 여성의 근대》 2004, 《근대의 가족과 결혼》 2012, 《신여성: 개념과 역사》 2016)에서 주로 급진주의와 사회/공산주의 계열의 신여성/근대 여성을 다룬 것에 비해 이 책에서 자유주의 계열의 여성을 연구 대상으로 설정한 것은 앞에서 말했듯이 이들 여성 스스로에 의한, 혹은 자신들의 동의나 요구가 개입한 기억 서사로서의 자서전이나 전기가 더 많이 남아 있기 때문이기도 하다. 전체 여성에 비해 신여성/근대 여성의 범주에 속하는 중간 계급 지식인 여성의 수가 매우 미미한 비중을 차지했다고 하더라도 이들 지식인 여성에서 자유주의/보수주의에 속한 여성의 수가 많다는 사실도 염두에 두었다. 말하자면 신여성/근대 여성 중에서는 이 층이 더욱 넓은 대중성을 확보하고 있는 것이다.

이처럼 자유주의/보수주의라고 해서 이들이 남성 일반의 비판으로부터 결코 자유롭지는 않았다. 이들 역시 여성이라는 점에서 남성에 의한 차별과 비판에서 예외가 아니었기 때문이다. 카프 작가는 아니지만 해방 이후 조선문학가동맹과 남조선인민대표자회의 대의원으로 활동한 월북 작가인 안회남(安懷南)이 "여자가 쓴 글, 글 쓰는 여자, 여자가 글 쓰는 것"을 세상에서 가장 혐오했다는 말에서 보듯이 이른바 진보를 표방하는 남성조차도 여성에 대한 편견과 차별이 만연한 오늘날의 현실은 과거로 거슬러 올라가더라도 더하면 더했지 결코 다르지는 않았다. 염두에 둘 것은 여성과 남성 사이의 차별과 불평등이 양자의 차이나 구분까지를 해소하는 것은 아니라는 것이다.

남성에 의한 자서전이나 전기의 대부분이 자기 삶의 기록의 궤적을 남기고 외부에 과시하고자 하는 동기에서 비롯된 것이라고 한다면 여성의 그것은 의식·무의식에 걸친 남성에 의한 억압이라는 자의식과 존재를 위한 내부의 욕망이라는 동기가 주로 작용한다. 여성이 구성하는 기억 서사는 공공 영역의 활동에 중점을 둔 남성 텍스트들과 달리 특히 개인이나 가정과 관련된 사사(私事)의 삶에 주로 집중한다. 제1장에서도 언급하듯이 1980년 광주민중항쟁에 참여한 여성들의 구술 기록에서 나타나는 자기 서사도 남성들과 다른 특성을 보인다. 국가폭력이나 사회저항의 공식 역사와 연결하여 자신의 고통과 투쟁을 "영웅담으로 승화"하는 남성과 달리 여성은 이러한 '보편' 역사보다는 개인의 감정이나 느낌, 동기 등을 포함하는 "삶 자체"에 집중하는 경향이 있다.

이러한 점에서 이 책은 사회 구성의 기본 단위로서의 성과 민족, 계급·신분이라는 세 가지 요소에 주목하여 연구 대상으로서의 자서전과 전기를 분석해 보고자 했다. 그러나 실제 자료를 검토해 보니 성과 민족의 두 변수와는 달리 신분·계급의 변수는 두드러진 차이를 찾아볼 수 없었다. 연구 대상의 거의 전부가 동일한 자유주의 계열의 여성이라는 점도 이유가 될 것이다. 따라서 여기에서는 성과 민족의 두 변수에 주로 초점을 맞춰 거시의 맥락 안에서 미시의 경험에 주목하여 개인의식의 주관과 내면의 심리를 탐색해 보고자 했다. 서론과 결론에 해당하는 제1장과 제7장을 제외한다면 이 책의 구성은 제2장의 시대적 배경을 포함하여 5개의 장으로 설정했다.

먼저 이 시대의 배경에 해당하는 내용으로는 교육과 기독교의 문제를 먼저 다루었다. 여성이 자서전·전기에 접근할 수 있는 가장 유력한 통로이자 기제로서 교육은 비록 하층민이 아니라고 하더라도 여성이라는 점에서 우선은 거부되었다. 그렇다고 하더라도 그것이 흔히 설명하듯이 전통 가부장제라는 단일 요인으로 귀속시켜 설명할 수 없으며, 이 시기 근대 여성 교육의 좌절은 전통의 가부장제에 못지않게 식민지의 수탈과 착취에 따른 가족의 몰락과 가난에 의해 야기되었다. 이 책에 등장하는 인물의 다수가 자유주의 계열에 속한다는 점에서 기독교의 영향도 이들의 삶에서 중요한 배경 조건으로 작용했다. 근대 문명의 일환으로서 기독교와 선교사는 가장 중요하게는 여성 교육에, 그리고 나아가서 세속의 생활과 서구풍의 가치와 취향과 문화로서 이들의 삶에 의미 있는 영향력을 행사했다.

나아가서 이 책의 주인공의 대부분은 한국과 만주, 중국과 몽골, 일본 등의 동아시아는 물론이고 미국과 유럽 등지의 글로벌한 영역에서 자신들의 삶을 영위했다. 제국주의와 식민지·반식민지 시대의 도래에 의해 조성된 탈영토의 이러한 초국적 상황은 공간의 제약에서 벗어나지 못하고 일정한 지역 안에서 평생을 보낸 대부분의 중하층 여성이나 이어지는 시대에 오게 될 공간의 제약과는 현저한 대조를 이루었다. 마지막으로 인간이라면 살아가면서 누구나 부딪히는 특정한 결단의 순간(kairos)에 이들은 식민지와 여성이라는 억압의 교차에도 불구하고 나름의 방식과 비전으로 자신의 고유한 삶을 선택하고 만들어 나갔다.

제3장에서는 여성의식과 젠더의 쟁점을 다루었다. 이 책에 등장하는 여성들은 1890년대부터 1910년대에 걸친 30여 년 사이에 태어났다. 남성 중심 가부장의 전통 이데올로기가 강고하게 지배하던 시대였다. 이 시기 여성의 출생은 그 자체로 축복이나 기쁨이라기보다는 그 반대로 표현되는 어떤 것이었으며, 비록 이들 대부분이 한국 여성사에서 일정한 발자취를 남겼다고 하더라도 여성으로서 출생의 차별과 설움의 운명은 이들이라고 해서 비껴가지는 않았다. 식민자/피식민자, 일본인/조선인의 경계를 뛰어넘는 여성에 대한 편견과 배제는 진보/보수, 민족주의/사회주의의 구분에도 무차별로 적용되었으며, 이러한 점에서 이들 여성은 사회의 구속과 억압, 차별과 좌절에 직면해야 했다.

제4장에서는 민족 인식의 다양한 차이와 편차를 고려하여 자아정체성의 유형을 4개의 범주로 분류했다. 신념형과 생활형, 일상형, 그리고 경

계형 혹은 세계인(cosmopolitan)의 유형이 그것이다. 여기에서 특히 첫 번째의 신념형과 마지막의 경계형의 범주가 주목된다. 민족 관념의 형성에서 아버지의 역할을 공통으로 언급하는 신념형의 여성들은 근대 민족주의에 내재하는 남성중심주의를 배경으로 '여자다움'으로서 여성의 고유한 속성에 대한 강조와 그것을 구현하기 위한 계몽의 기획은 찾아볼 수 있을지언정 여성의 자기의식이나 개체로서의 자각이 거의 나타나지 않는다. 나아가서 민족주의에 대한 헌신에도 불구하고 이들에게서 스스로 표방하는 바로서의 민족에 대한 헌신과 대의에 일정한 균열을 찾아볼 수 있는 것도 주목된다. 최승희로 대표되는 경계형은 민족 정체성과 관련하여 모순에 찬 복합의 자기의식의 역설을 경험한 사례이다. 친일과 항일, 반공과 친공이 교차하는 특수한 상황에서 예술을 매개로 그러한 구분을 넘나들면서 때로는 그것을 넘어서는 삶을 살았다는 점에서 이 유형은 단순한 민족주의의 차원을 넘어서서 초민족주의 혹은 세계주의를 지향했다.

제5장은 사랑과 결혼의 주제를 다룬다. 대부분이 자유주의 계열에 속하는 이 책의 등장 여성들의 사랑과 결혼에는 일정한 공통점이 있었다. 중매결혼이 시대의 대세였던 것과 달리 이들은 연애결혼을 했다. 아버지가 정한 배우자를 거부하거나 부모의 반대에 맞서서 부모에게 알리지 않는다거나 멀리 떨어진 장소로 도피하여 결혼하기도 했다. 이러한 점에서 이들의 결혼은 전통의 가부장 지배에 대한 일종의 부정과 비판으로서의 의미를 지니고 있었다고 할 수 있지만, 그렇다고 해서 이들이 가부장제나 현모양처와 같은 전통의 요구를 비판하거나 부정하지는 않았다. 연애와 결혼에 대한 이들의 인식과 반응에는 복합과 때로는 모순으로 불리는 일정한 특징이 있었다. 이들 중의 적지 않은 수는 이른바 미혼의 남녀가 결혼

하는 통상의 방식이 아닌 결혼을 택했다. 또한 이들은 당대의 다른 여성에 비해 매우 늦은 나이에 결혼했다. 상대적으로 긴 교육 과정, 직업과 사회 활동에서 나아가서 결혼할 수 있는 적정 연령 남성 배우자의 결핍 등이 복합으로 작용한 결과였다.

이들의 사랑과 결혼에서 일종의 한국·식민지의 특성으로 일컬을 수 있는 독특한 성격을 찾아볼 수 있는 사실도 흥미롭다. 무엇보다도 여성 자신에 의한 사랑의 감정은 잘 드러나지 않거나 축소, 혹은 은폐되는 경향을 보인다. 그것은 민족독립이나 사회 활동, 종교의 소명의식과 같은 수사에 가려져 매우 소략하거나 단편적으로 언급되고 만다. 나라와 민족의 독립이라는 대의로서의 거대서사 앞에서 사랑의 감정은 지속해서 스스로를 감추고 드러내지 않는 것이다. 여성 당사자와 남성 배우자의 역할이 어느 정도 정형화하는 양상을 보이는 점도 주목된다. 많은 경우 이들의 사랑/결혼 이야기에서 여성은 수동적으로 남성의 구애를 받아들이는 존재지만 남성들은 이와 대조적으로 열렬히 구애하는 형식을 띤다. 전기/자서전의 장르 형식에서 '여성다움'이 표출되는 방식의 시대 제약성을 반영한다고 할 수 있을 것이다.

마지막으로 제6장은 가족과 모성을 주제로 한다. 이 책에 등장하는 주인공의 대부분은 자신의 개성이나 자아의 실현보다는 가족의 전통과 가치를 중시하면서 그에 헌신하는 삶을 살았다. 가족의 이념에서는 자유주의에 속하면서도 가족과 모성의 영역에서는 보수주의의 지향을 보이기도 한다. 즉 가족과 모성이라는 주제에 관한 한 이 책의 등장인물들은 보수주의에서 자유주의에 걸친 성향을 보이는 것이다. 이와는 달리 직업과 사회 활동과 같은 가족 바깥의 영역에서는 이른바 근대 여성으로서의 면모를 드러낸다. 이들의 삶에서 나라와 민족이라는 공공의 의제가 우세하면서도 가족과 자녀라는 개인의 문제와 부딪히는 경우 후자가 압도하는 양상의 모순을 드러내고 있다. 나라와 민족, 사회 대 가정과 개인 사이에서 결코 화해할 수 없었던 이들의 마음의 기저에는 여성으로서의 삶에 대한 짙은 회의와 궁극의 절망, 그리고 때때로 깊숙이 빠져들곤 했던 자기 연민이 자리 잡고 있었다.

이 책은 2016년도 아모레퍼시픽재단 학술연구비 지원으로 출판된 것이다. 연구 기간은 2017년부터 2018년의 2개년 과제였지만, 필자의 개인 사정으로 1년을 연장하여 2019년까지의 3개년에 걸친 연구 성과이다. 원래의 연구 과제 제목은 다소 두리뭉실해서 '한국 근대 사회의 형성과 여성의 변화'였는데, 연구 대상을 전기와 자서전에 대한 분석으로 설정하면서 《근대 여성 12인, 나를 말하다: 자서전과 전기로 본 여성의 삶과 근대》로 바꾸게 되었다. 2016년 필자가 미국 에모리(Emory)대학교 방문 교수로 있던 시절, 주제와 제목을 비롯한 모든 것을 필자에게 맡기고 이끌어 주신 카이스트(KAIST) 고동환 교수의 소개가 아니었다면 이 책은 빛을 보지 못했을 것이다. 이 자리를 빌려 감사의 마음을 전하고 싶다. 출판과 편집에서 정성을 다해주신 도서출판 책과함께의 류종필 대표, 이정우 팀장과 김현대 선생에게도 아울러 감사드린다.

2020년 7월

김경일

제1장

。

주체로서 여성의 글쓰기

한국 사회에서 오늘날 우리가 당면하고 있는 여성과 결혼, 가족이 처한 여러 모순의 기원은 근대 형성기로 거슬러 올라간다. 1920~30년대의 한국 사회는 동아시아에서 일본 제국의 식민 지역으로 위치했으며 이러한 조건은 일상생활의 주요한 한 부문인 여성과 결혼, 가족의 영역에도 영향을 미쳤다(김경일 2012: 5~7). 이 책은 근대 형성기 여성에 의해 혹은 여성에 관해 산출된 자서전이나 회고록, 인물 전기나 평전, 혹은 일기와 같은 사사(私事)로서 개인의 내면 의식을 드러내는 자료들을 분석 대상으로 한다. 이들 미시 자료들에 등장하는 인물의 행위와 상호작용, 관계, 사건들, 에피소드 등을 그것이 배태된 역사·사회 구조의 맥락에서 이해하고 해석함으로써 거시적인 사회 구조의 궤적과 그것이 지니는 역동을 분석해 보고자 하는 것이다.

1980년대 이후 최근에 이르기까지 이 주제와 관련한 대부분의 연구는 주로 신문과 잡지의 논고와 기사들을 주요한 연구 자료로 동원해 왔다. 이러한 자료들에 기초하여 그에 대한 담론 분석을 하거나 주요 언설의 내용을 분석하거나 혹은 시대의 추이와 경향을 검토하는 방식의 연구들이 주류를 이루어 왔다고 할 수 있다. 이와는 달리 이 책은 자서전이나 평전과 같은 개인의 사적인 이야기들을 주된 연구 대상으로 한다. 전기나 자서전, 평전과 같은 연성 자료를 기반으로 한 연구들은 흔히 방법의 측면에서 양의 분석보다는 질의 접근을 택한다. 사회과학에서 주류를 이루어 온 양적 접근에 대한 비판과 대안으로서 질적 방법에 관한 관심이 증대되어 왔으며, 이러한 추세는 최근 역사 연구로까지 확장되고 있다. 접근할 수 있는 자료원으로서 자서전이나 전기 등이 근본에서 제약되어 있다는 점에서 역사 연구에서 질적 접근이 차지하는 비중이 아직은 크지 않다고 하더라도 맥락과 해석에 초점을 맞추어 개인의 내면세계를 심층에서 드러낼 수 있다는 점에서 질적 접근이 역사 연구에 시사하는 의미와 잠재력은 결코 무시할 수 없다.

자서전의 그리스 어원에 따르면 그 영어 표현인 autobiography는 자신(autos, self)의 삶(bios, life)에 대한 기록(graphe, writing)이라고 할 수 있다. 이는 동양에서의 표현인 자전(自傳)도 마찬가지이다. 그것은 자신의 삶을 스스로 기술한 글의 총칭으로서, 자신의 삶에 대한 기록을 남기려는 인간 정신의 산물이다. 개인의 삶에 대한 기록으로서 자서전은 사사(私史)의 일상을 표현하는 일기에서부터 회고록에 이르기까지 다양한 내용과 형식을 포괄하며, 나아가서 그것이 기록인 동시에 해석의 작업이라는 점에서 문학 표현과 서술 양식의 쟁점이 중요한 의미를 지닌다(박영혜·이봉지 2001: 7; 이유생 2006: 145~6; 최경도 2008: 132).

자서전에 대해서 널리 알려진 정의로는《프랑스의 자서전(L'autobiographie en France)》(1971)의 저자인 필립 르젠(Philippe Lejeune)이 흔히 인용된다. 그는 1975년에 저술한《자서전의 규약》에서 "한 실제 인물이 자신의 존재를 소재로 하여 개인으로 사는 삶, 특히 자신의 인성 역사에 중심을 두고 쓴 산문으로 된 과거 회상형의 이야기"로 자서전을 정의한다(Lejeune 1998: 17; 유호식 2011: 191). 여기에서 그는 자서전 이론의 핵심요소로서 "작가와 화자, 그리고 주인공의 일치"라는 점을 꼽는데, 이러한 세 요소의 일치성이 '전기'나 '1인칭 소설' 등의 인접 장르와 자서전을 구별하는 기준이라고 할 수 있다.[1]

사실 자서전의 붐이 시작된 시기는 18세기로서, 이 시기의 자서전에서부터 오늘날의 '자전적 글쓰기'에 이르기까지 자서전은 일정한 역사를 배경으로 발전해 왔으며, 그 형식과 내용 또한 시대에 따라 변화하면서 특정 시대의 정신을 반영해 왔다. 자서전의 역사는 인간 정신의 역사라고 한 것은 이러한 맥락에서이다(제여매 2016: 205). 자서전이라는 형태로 출간되어 온, 그리고 오늘날에도 출간되고 있는 수많은 서적만 보더라도 개인의 삶에 대한 단편의 서술에서부터 장편의 소설 형태에 이르기까지 그 형식과 내용이 다양하다. 포괄하는 시기를 보더라도 출생부터 집필 시점에 이르기까지 개인의 삶을 전부 조명하거나, 삶의 주요 단계나 사건에 중점을 두고 기술하는 사례도 있다(최경도 2008: 135).

다른 사람의 전기를 기록하는 경우와는 달리 자서전의 저자는 기억 속의 모든 사실, 감정과 행위, 사건, 자기가 만났던 사람 등에 스스로 의미를 부여함으로써 전체의 통일성을 구현할 수 있으며, 이러한 특징으로 인하여 자서전은 인간의 삶을 대상으로 하는 인문학의 근본에 맞닿는다. 인간이 사는 세계, 인간이 탐구하고 사고하는 무한한 세계가 자서전의 영역이라는 의미에서 자서전은 일찍이 딜타이(Wilhelm Dilthey)가 언급했듯이 "인간의 자기인식을 위한 수단(Mittel zur menschlichen Selbsterkenntnis)"

---

1 제여매 2016: 212~3. 이러한 점에서 르젠은 루소의 《고백록》을 근대 자서전의 전범으로 제시하고 이 텍스트를 바탕으로 하는 장르 이론을 발전시켰다(유호식 2011: 193).

이자 "인생을 이해하게 하는 최고의 그리고 가장 유용한 형식"으로 일컬어진다.[2]

이처럼 자서전은 전기와는 구분되는 일정한 속성을 보이기도 하지만, 이와 동시에 일정한 특성을 공유한다. 양자를 포괄하는 전기에 대한 연구(biographical research)는 개인의 삶에 관한 성찰이면서 동시에 보다 포괄적인 역사, 사회 차원에서 개인의 삶에 의미를 부여하고, 전기를 통해 드러난 문화 전체의 의미를 숙고하는 과정을 탐색하고자 한다. 이러한 점에서 전기와 자서전 연구는 "포괄의 인문학"으로서의 독특한 특성을 띤다.[3] 20세기에 들어와서는 자서전·전기에 관한 연구가 단순히 사실에 관한 기술이라는 차원을 넘어 문학의 한 장르로서의 위상을 새로이 하게 되었다.[4] 부조리와 위트를 심리 통찰과 공감(sympathy)과 결합하여 자서전의 새로운 형식을 개척한 것으로 평가받는 스트라치(Lytton Strachey)는 자서전 연구에서 진실로서의 전기와 함께 예술로서의 전기라는 두 가지 가치 기준을 강조하면서, "인간이 쓸 수 있는 가장 섬세하고 인간다운 형태의 글쓰기 예술"로 전기를 언급한다.[5] 이와 비슷한 맥락에서 데이비드

2 Misch 1998: 45; 제여매 2016: 206. 이와 비슷한 문제의식에서 독일 전기연구의 선구자로 손꼽히는 헤닝센(Jürgen Henningsen)은 아우구스투스의《고백록》, 루소의《참회록》, 프랭클린의《자서전》, 괴테의《시와 진실》등의 자전 작품들을 '한 인간의 형성과 도야'라는 관점에서 해석하고자 했다(손승남 1998: 79).

3 Roberts 2002: 2; 이유생 2006: 140. 이러한 점에서 이 연구는 자서전과 전기의 양자를 엄격하게 구분하지 않고 동일선 위에서 다루고자 한다. '자전'이라는 표현은 이 책의 부제목에 붙인 '자서전'과 '전기', 이 두 차원을 포괄하는 용어로 정의해서 쓰고자 한다.

4 개인의 삶을 직접 서술하는 자서전은 개인의 존재에 가치를 부여한 서구 개인주의와 더불어 발전하여, 삶의 다양성을 표현하는 문학 형식으로 정착했다(최경도 2008: 129).

5 1921년에 나온《빅토리아 여왕(Queen Victoria)》은 이러한 관점을 반영한 그의 자서전 연구를 대표한다. Edel 1957: 1; Novarr 1986: 28; 이유생 2006: 150, 153~4 및 https://en.

쉴즈(David Shields)는 오늘날의 전기와 자서전을 "예술의 생명수"라고 표현한 바 있다(Shields 2011: 31; 제여매 2016: 203).

흔히 서양에서 자서전의 원조는 기독교 신앙의 고백서인 성 아우구스티누스(Aurelius Augustinus)의 《고백록(Confessiones)》(397~398)으로 알려져 있지만, 자서전에 관한 관심은 18세기 들어오면서부터 본격화되었다. 흥미롭게도 기원으로서 자서전이 비롯된 시기는 유럽의 각 나라에 따라 각각 다른데, 예컨대 영국에서는 이미 16~17세기에 자서전의 전성기를 맞았다는 지적이 있는가 하면 18세기 후반에는 독일과 프랑스에서도 지식인과 시민계급 사이에서 일기, 자서전 혹은 편지 등의 다양한 '자기 표현 형식들(Selbstdarstellungsformen)'을 통한 자율성 추구가 유행했다.[6]

이에 따라 '자서전'이라는 말은 18세기 말 독일 문학에서 최초로 나타나며(Autobiographie), 그 후에 영국 문학에도 등장한다.[7] 이 용어가 통용되기 시작한 것은 19세기 들어와서부터인데, 그 이전에는 '회고록(memoir)'이라는 표현이 주로 사용되었다.[8] 그런가하면 문학이 아닌 역사학의 관점에서 보면 삶의 기술 방식으로서의 전기사(傳記史, Biographic)는

---

wikipedia.org/wiki/Lytton_Strachey(2018년 7월 27일 접속) 참조.

6 　이 시기에 널리 알려진 에드워드 기번(Edward Gibbon), 헤르더(Johann Gottfried Herder), 괴테(Goethe) 등은 철학자, 역사가, 혹은 시인들에 의한 고백체의 글들과 그들의 저술들을 수집하고 개괄하는 작업을 했을 뿐만 아니라 스스로 자서전 저자로 등장했다. 루소(Jean-Jacques Rousseau)의 《고백록(Confession)》(1770)은 이러한 시대의 특성을 잘 표현하고 있다(제여매 2016: 208~9).

7 　영국의 경우 '자서전(autobiography)'이라는 용어가 문학에서 맨 처음 사용된 것은 1809년 작가인 로버트 수디(Robert Southey)에 의해서였다는 지적도 있다. 자서전이라는 전문 어휘는 18세기 말 낭만주의 문학이 등장할 때까지 통용되지 않았고, 19세기에 들어 낭만주의 문학이 본격 개화하면서 이러한 양식의 글쓰기에 대한 필요성이 확대되었다(최경도 2008: 132).

8 　제여매(2016: 205~6)는 프랑스의 맥락에서 'Memoiren'이라는 표현을 쓰고 있다.

근대 이후 역사학의 한 분과로서 역사적으로 위대한 인물에 초점을 맞추어 왔다. 오늘날 우리가 흔히 알고 있는 바로서의 전기·자서전이 평범한 보통사람들이라기보다는 특별한 능력이나 뚜렷한 업적을 남긴 소수의 한정된 사람들에 해당한다는 일반화된 인식은 이러한 영향을 반영한다. 이러한 전통에서 개인은 자신이 살았던 당대의 사회상을 대표하기보다는 그 외부에서 예외로 존재하는 인간 범주로 상정되는 경향을 보인다. 자전의 서사구조가 일반으로 영웅 서사 또는 로맨스 서사를 따르는 것은 이러한 맥락에서 이해되는 것이다(Colvin 2008; 왕혜숙 2016: 48).

시기를 거슬러 내려와서 1980년대에 구술사(oral history)의 등장은 이러한 전통에서 벗어나서 민중의 삶에 접근할 수 있는 새로운 통로를 개척했다(손승남 1998: 78~9). 이제 자서전이나 전기는 영웅이나 상류층, 지식인과 같이 특정 계급에 한정되지 않고 일상의 보통사람을 대상으로 하는 일종의 글쓰기의 민주화라는 흐름 안에서 수행되었다. '평범한 사람들의 평범하지 않은 자서전'이 화제가 되는 것에서 보듯이, 자서전은 이제 성공한 사람들의 전유물만이 아니게 되었다. 이러한 '자전적 글쓰기'는 작가와 독자, 구세대와 신세대, 전문적인 문학 종사자나 평범한 사람 등을 가리지 않고 많은 사람에게 주목의 대상이 되고 있다(제여매 2016: 204, 218). 20세기 문학 비평의 반전기(反傳記) 경향에도 불구하고 방송 매체를 통한 타자의 삶이 호기심과 가십의 대상으로 범람하고 있는 21세기의 현상은 우리의 포스트모던 현실 자체가 이미 전기 문화의 일부가 되고 있다고 할 수 있는 상황을 초래했다.[9]

9　후술하듯이 1986년에 롤랑 바르트(Roland Barthes)가 선언한 작가의 죽음은 전기에 대한

이 책이 전기·자서전을 주요 분석 대상으로 하는 이유 중의 하나는 이미 언급했듯이 그것이 인간과 인간의 삶을 이해하는 데 가장 유용한 수단 중의 하나이기 때문이다. 그것은 인간의 내면세계와 자각, 결단, 그리고 행위 등을 드러내며, 이는 인간이 맞닥트린 시대와 사회 조건들과의 상호 작용을 통해 실행, 회고되고 또 미래에 투사된다. 이러한 점에서 그것은 특정 시대의 사회 배경과 현실을 이해하는 데 유용한 접근 수단을 제공한다.[10] 즉 자전의 서술은 개인의 삶을 구성하는 사회, 문화, 혹은 역사 조건들을 배제할 수 없다는 점에서 개인과 주변의 상황을 함께 검토하게 되는 것이다(최경도 2008: 129). 이러한 맥락에서 스티븐 스펜더(Stephen Spender)는 자서전을 쓰는 인물들은 자신이 살아가는 시대의 가치를 우회하여 전달한다고 지적한다(Spender 1980: 122; 최경도 2008: 130).

이처럼 특정 인물에 대한 생애 연구의 주요 텍스트로서 자전은 삶의 경험이 주는 의미와 당대의 사회 구조들을 발견하는 데 매우 중요한 연구 자료로 인정받고 있다. 그것은 역사를 통해 드러나지 않았던 서술자의 사회문화 배경을 잘 보이면서 동시에 개인과 사회 모두를 문제로 삼는 특정 시간대를 내포한다.[11] 이 책의 연구 대상의 한 사람인 최은희가 자신

사망선언서와도 같은 것이었다. 이유생 2006: 156 참조.

10 '생애사(life history)'로서의 자서전을 "과거의 경험을 바탕으로 한 다양한 내용과 의미들을 '현재 여기서' 경험하게 하고, 나아가 개인의 삶에 대한 평가를 일반화함으로써 '미래'의 전망을 구체화하는 과정"으로 제시하는 것은 이러한 맥락에서 이해된다(임순미 2011: 133~34).

11 이러한 인정의 배경으로는 이 밖에도 오늘날 자서전이 정신분석학을 도입하여 자기 이해를 확장함으로써 개인의 삶을 더욱 온전히 보여 주고자 노력한다는 점과 아울러 타인의 평가

의 자서전의 머리말에서 "한 개인의 과거를 엮는다는 것이 그 나라의 시대상을 말"한다고 언급한 것(최은희 1980: vii)은 이러한 맥락에서 나온 것이다. 손인실 전기의 사례에서도 후기를 쓴 김형국 역시 전기 서술에서 개인사와 사회가 의미 있게 연결되는 대목을 강조한다. "개인 또는 사회 구성원의 희로애락이 간절하게 비치는 '생물학'이 그 개인이 살았던 사회 전체의 특성과 변화를 짚어 보는 '사회학'으로 관통될 수 있어야만 지혜와 감동이 될 수 있다"는 것이다.[12]

사회과학 일반, 특정하게는 사회학에서도 자전 연구를 통해서 드러나는 "행위나 사건들의 분석을 통한 사회 과정"을 탐구해 왔다. 1920년대 시카고학파로 알려진 미국의 사회학자 토마스(W. J. Thomas)와 폴란드의 사회학자 즈나니에츠키(S. Znaniecki)의 연구가 적절한 사례가 될 것이다. 폴란드의 전통 농업문화에서 미국의 근대화된 산업문화로 이주해 온 폴란드 농민들의 의식 변화와 아울러 그 사회 배경을 분석한《폴란드 농민(The Polish Peasant in Europe and America)》(1918)은 이 분야의 고전으로 알려져 있다(Coser 2016(1977): 723 이하; 손승남 1998: 78).

자전이 갖는 이러한 유용성과 의의에도 불구하고 자료로서 그것을 활용하고자 하는 연구자는 당면한 몇 가지 문제들에 직면한다. 주지하다시피 자서전이나 전기와 같은 질적 자료들은 개인의 사사 기록이라는 점

에서 벗어나 자신의 주관 정체성을 다룬 개인의 관점에서의 서술이라는 점이 지적된다(임순미 2011: 129).

12　이러한 점에서 김형국은 손인실의 생물학, 곧 개인사는 무엇보다 그녀가 전통 사회에서 근대 사회로 넘어오는 길목에서 살았던 신여성이라는 점에, 그리고 그것이 페미니즘으로까지 이어지는 여성 지위 향상의 사회학, 분단의 한국 현대사 등으로 이어진다는 점에 주목한다 (안혜령 2001: 262~3).

에서 먼저 그 서술의 객관성과 자의성이 문제가 된다. 즉 당사자에 의해 쓰인 개인의 생애사를 주된 분석 대상으로 하는 자서전이나 전기 연구는 다른 연구방법론을 적극 활용하여 자료가 가질 수 있는 한계를 극복해야 하는 과제를 갖는 것이다. 이러한 점에서 생략되거나 왜곡된 것으로 보이는 사실을 다른 구술을 통해 교차, 대조하거나 나아가 가능하다면 지속적인 문헌 조사를 통해 그 내용을 보충, 확인해야 한다(이희영 2005: 145).

그러나 이러한 방식을 통하여 서술의 객관성이나 사실성의 문제에 접근하는 것을 가로막는 보다 근원의 문제들이 존재한다. 이러한 문제의식에서 예컨대 다음과 같은 질문들이 제기된다. 자서전이 다루고 있는 '진실'은 저자의 진실인가, 아니면 독자가 읽어내는 독자의 진실인가? 만약 저자의 진실이라면 그것은 경험된 사실의 진실인가 아니면 글을 쓰고 있는 당시(현재)의 진실인가? 나아가서 자서전에서 확인할 수 있는 주체성은 저자가 제시한 주체성인가 아니면 텍스트 내에서 구성되는 주체성인가? 이러한 일련의 질문들은 '진실과 거짓'의 문제가 자서전 장르의 특성을 부각하는 주요 주제임을 일깨우고 있다(유호식 2011: 190).

우선 첫 번째 질문에서 후자의 경우, 즉 독자의 측면에서 보자면 독자들은 작가가 현실을 거짓 없이 사실로 서술하고 있는지, 그리고 침묵을 지키거나 왜곡하고 있는 사건은 없는지를 우선 질문한다. 여기에서 자전과 허구를 구분하는 문제는 결국 텍스트에 서술된 사건을 '현실'에서 확인할 수 있는가 하는, 위에서 언급한 르젠의 용어를 빌리면, '대상 지시 규약'과 관련된다. 진실과 허구, 거짓의 문제가 제기되는 것이다(유호식 2011: 190).

저자의 측면에서 볼 때 자서전이나 전기가 가지는 자기 반영의 특성도 주목할 만하다. 왜냐하면 전기는 단순한 사실들의 나열이 아니라, 저자의 관점을 반영하는 서사이기 때문이다. 전기의 저자는 자신이 쓰고 있는 인물의 인생을 재구성하는 과정에서 자기 자신의 인생을 재평가하는 경험을 하게 되고, 이러한 점에서 전기 작가와 대상이 되는 인물 사이에는 상호 주체 관계가 존재하게 된다. 이러한 관계는 대상과의 주관 관계를 배제하면서 객관의 입장에서, 그가 보고 이해한 그대로의 인물을 그려야 한다는 우리가 통상 이해하는 바로서의 전기 개념과는 일정한 거리를 갖는다(이유생 2006: 149~50).

지금까지 나온 많은 자전에서 보듯이 특정 개인의 삶이 중심이 된 글들은 객관의 시각보다 서술자의 주관이 우선으로 반영되기 때문에 자기 합리화의 위험이 상존한다. 인간 일반이 그러하지만 이처럼 서술자가 갖는 첨예한 자의식으로 말미암아 특정 개인에 대한 '정확한 초상화'라는 자전의 이상을 실제 현실에서 찾아보기는 매우 어렵다. 허구나 관념이 아닌 실제 체험을 바탕으로 하는 자전이 자칫하면 대상 인물을 미화하거나 왜곡하는 퇴행의 역할을 하는 경우가 많다는 사실을 떠올려 보면 이 사실은 쉽게 알 수 있을 것이다. 특히 다른 인물에 대한 전기를 쓰듯 객관의 시각과 거리를 유지한 채 자신의 전기를 구성하기 어렵다는 점에서 자서전이 추구하는 논리의 통일성이 원죄가 될 수밖에 없다는 구스도프(Georges Gusdorf)의 지적은 자서전이 갖는 원천적인 한계를 암시한다(Gusdorf 1980: 41; 최경도 2008: 137~9).

자전을 대상으로 하는 연구의 근저에 깔린 이러한 문제들은 시간과 기억이라는 두 가지 쟁점을 제기한다. 먼저 시간의 문제를 보기로 하자. 자전의 목적이 개인의 체험을 통한 삶의 해석이라고 한다면, 시간의 연대기에서 과거에 놓인 사건들이 어떻게 선별되고 구성되느냐는 점도 자전 연구의 관심거리가 된다. 자전의 기본 소재가 되는 개인의 과거는 이른바 '역사의 과거'와 구별되는 일상의 현실들로 구성되어 있지만, 수많은 사건으로부터 역사가 선택하는 방식과 마찬가지로 개인의 과거도 선별의 방식을 통해 구성된다(최경도 2008: 139). 다른 말로 하면 자전에서 서술의 관점은 서술하는 시간(temps de la narration)과 서술되는 사건의 시간(temps de l'histoire)과의 관계로 구분할 수 있는 것이다(이유생 2006: 147). 자전에서는 실제의 삶과 구성된 서사로서의 전기라는 다른 두 영역이 상정되는 것이다. 어떤 의미에서 전기는 한 사람의 그림자를 포착하려고 애쓰는, 생물학의 시간에 뒤처지는 지연된 담론이라고 할 수 있는 것이다(이유생 2006: 150).

다음에 자전의 요체가 되는 기억(remembering)은 저자가 어떠한 유사 서사구조에 기반을 두어 개인 삶의 일정한 개요를 만들어내고 이를 뒷받침하기 위해 재현된 기억을 어떻게 활용하는가를 보이는 좋은 재료이다. 그리고 이 경우 삶을 구성하는 무수한 기억들 가운데 일부를 취사선택하여 제시한다는 점에서 자전의 기억은 다분히 "편집된 기억들"이라는 점을 명심할 필요가 있다. 이는 자전에서 등장하고, 선택되고, 재현되는 기억들이 항상 객관성과 정확성을 담보하는 것은 아니며, 오히려 서술자의 주관과 시간의 흐름에 따라 전혀 다르게 서술될 수도 있음을 암시한다(왕혜숙 2016: 47). 일찍이 스톤(Albert E. Stone)이 자신의 인생 경험 가운데 특정 기억들을 취사선택하여 일정한 서사 위에 '자서의 진리(autobiographical truth)'를 덧입혀 일관된 이야기로 재현해 낸 결과물을 자서전으로 정의한 것은 이러한 맥락에서 나온 것이다(Stone 1982: 119).

나아가서 자전에서 시간과 기억의 두 쟁점은 밀접하게 연관되어 있다. 주지하듯이 자전은 저자에 의해 구성된 특정 개인의 삶에 대한 하나의 버전이라고 할 수 있다. 현재와 과거의 괴리에서 시작되는 시간의 드라마로서 자전은 기억에 의존하여 과거의 사건을 서술한다. 과거의 모든 사건은 '사후에' 기억되는 것이기 때문에 사실 자체와는 상당한 거리를 가질 개연성이 있다. 자전에서의 사건은 시간이 지남에 따라 걸러지고 변형되어 과거의 사실을 객관적으로 전달하기보다는 현재의 관점에서 가공할 수밖에 없다. 과거의 기억은 과거의 사건을 기억하는 것이 아니라 그 사건과 인접된 사건들을 연상하여 기억하는 것이어서 항상 조작되는 것이다. 이러한 점에서 서술의 시간(현재)과 서술된 사건의 시간(과거)이라는 두 개의 시간이 맺고 있는 상호 관계에 근거하여 의미를 생성해 내는 자전의 생산 과정은 사실과 허구를 구분하기 어려운 진실의 문제를 제기한다(유호식 2011: 198, 201).

일반으로 자전의 가치를 사실주의 입장에서 일종의 '진실 말하기'로 받아들이는 것은 흔히 역사학이나 사회과학에서의 전통 시각을 대변한다.[13] 한국의 경우에도 이는 예외가 아니어서 후술할 김필례와 최은희의 사례에서도 저자들은 진실성의 문제를 언급하고 있고, 손인실의 사례에서 후기를 쓴 김형국은 "당사자가 자신의 일생을 돌이켜보는 자서전이 정직하기 어렵"다면서, 김옥길과 관련된 일화를 공개한다. 이화여대 총장

---

13 최경도 2008: 131; 임순미 2011: 129~30. 독일의 사례에 준거를 두고 손승남(1998: 79)은 같은 사회과학이라 하더라도 사회학의 전기연구가 개인의 전기에 나타나는 공통의 특성을 탐구하는 데 주력하는 반면, 교육학에서 전기연구는 각 개인이 지니는 고유한 특성이나 개성을 파악하는 데 역점을 둔다고 지적한다.

에서 문교부 장관을 지내다 시골의 외딴집에 은거한 김옥길을 찾은 그는 김옥길에게 은퇴한 시기를 이용하여 자서전을 써 볼 것을 조심스럽게 권유한다. 그러나 김옥길은 "후배들이 선배들의 지난 일을 참고하라며 사심 없이 적는다 하지만 결국 알게 모르게 제 자랑만 늘어놓기 십상이니 그게 점잖은 사람이 할 짓이 아니라"고 단호하게 거절한다(안혜령 2001: 258~9). 비록 그에 대한 일정한 편견이 있다고는 하더라도 이러한 사례들은 진실 말하기로서 자전에 대한 인식을 잘 드러낸다.

소설이나 예술과 같이 허구의 문학 양식을 자전의 형식과 엄격히 구분하고자 했던 이러한 전통의 입장에서는 자전이 갖는 사실성이나 객관성을 표방하면서 서술의 일관성을 강조하여 왔다. 사실과 진실에 주목하는 이러한 입장은 1970년대 이후 새롭게 대두된 흐름에 의한 도전에 직면한다. 자서전에서 실제의 경험, 사실성, 진실, 진정성 내지 신빙성 등은 자서전의 중요한 요소이자 자서전과 '허구성'을 구분하는 척도이기도 하지만 자서전에서 사실과 허구를 완전하게 확인하기는 불가능하다는 주장(Wagner-Egelhaaf 2005: 4; 제여매 2016: 208)은 이러한 맥락에서 나온 것이다. 이처럼 자전의 진실은 허구처럼 창조된 동시에 사실처럼 발견된 진실로서, 특별한 의미에서의 허구로서 인식되는 것이다(유호식 2011: 196).

이러한 도전의 하나로는 무엇보다도 먼저 구성주의의 접근을 들 수 있다. 이 연구방법은 개인과 사회의 상호 구성 과정을 통해 자전을 새롭게 해석하고자 한다(임순미 2011: 130). 서술된 사실과 실재 인물이 겪은 사실로서의 삶이 어느 정도 일치하는가를 중시하는 사실주의 접근에서는 있는 그대로의 사실만을 말해야 하는 명확한 한계를 갖는다. 이와 대조로 구성주의자들은 삶의 이야기가 실재나 경험 진리를 반영해야 한다는 사실주의의 관점은 단순한 환상에 불과하다고 비판한다. 이들의 분석에서는 어떤 이야기가 말해지는가보다는 어떻게 이야기가 구성되는가 하는 점이 중요하다(이유생 2006: 148). 모든 전기의 반대편에는 영원히 쓰이지 않은 "그림자와 같은 유령 이야기"로서의 또 하나의 서사가 존재한다는 언급(Homberger and Charmley 1988: 11)에서 보듯이 한 인물에 관해 확정된 최종의 전기란 존재하지도 않고 존재할 수도 없다. 전기류의 저자들이 소설가들 못지않게 서사 구성과 해석의 문제에 직면하는 것은 이러한 이유에서이다(이유생 2006: 149).

이러한 문제의식에서 자전을 소설이나 수필과 같은 문학 장르의 하나로서 다루어야 한다는 주장이 나오게 되었다. 일찍이 20세기 초에 스트라치가 진실과 예술로서의 전기라는 두 기준을 제시한 사실은 앞에서 언급한 바 있다. 예술, 특히 문학에서 자서전이 갖는 가치에 대한 새로운 인식과 더불어 그에 대한 이론 또는 비평 접근이 본격으로 시도된 것은 1970년대였다. 이 시기에 들어와 자서전 이론에 관한 관심과 그에 대한 논의가 다양한 시각에서 전개되었으며, 새로운 문학 이론의 등장과 함께 형식과 내용이 다양해지면서 그에 대한 논의도 한층 확대되었다(최경도 2008: 130~1).

예컨대 루이스 렌자(Louis A. Renza)는 다른 어떤 문학 개념보다 자서전은 독자들에게 그 존재 양식의 혼란을 불러일으키는 장르라고 진단하면서, 진리와 허구의 불확실한 혼합을 지적했다(Renza 1980: 268). 폴 이킨(Paul Eakin)은 자서전의 진실은 고정된 것이라기보다는 자아의 발견과 창조라는 복잡다단한 과정의 진화하는 내용을 이루며, 나아가서 모든 자서전 서사의 중심에 있는 자아는 필연으로 허구의 구조를 갖는다고 주장한다

(Eakin 1985: 3). 이처럼 자서전에서 저자의 시각이 갖는 주관성으로 말미암아 한 인물의 삶을 이야기 형태로 전달하는 것은 실제와 허구 사이의 경계를 모호하게 하는 것으로 간주된다(최경도 2008: 134).

진실의 차원이 아니라 경험이나 체험이라는 '현실'의 차원에서 자서전을 이해하고자 하는 시도는 이러한 맥락에서 나온 것이다. 파스칼(Roy Pascal)은 1960년에 나온 자서전 연구를 대표하는《자서전의 설계와 진실 (Design and Truth in Autobiography)》에서 한 개인이 겪은 체험이 어느 시대에 대한 역사가의 해석보다 더욱 큰 의미가 있을 수 있다고 주장하며 자서전을 통한 개인 체험의 중요성을 역설했으며(Pascal 1960: 16; 최경도 2008: 131), 자논(Damien Zanone)은 도덕의 범주에 의해 자서전 장르를 규정하면서, '진실'의 차원이 아니라 경험이라는 '현실'의 차원에서 자서전의 근거를 찾을 수 있다고 언급했다.[14]

1980년대에 이르러 문학 장르의 해체를 주장하는 포스트모더니즘의 대두를 배경으로[15] 자전 연구는 개인의 삶에 대한 기록과 해석이라는 인식에서 벗어나게 되었다. 개인의 체험과 허구의 텍스트 사이의 구분

---

14 말로(Andre Georges Malraux)의《인간 조건》을 인용하면서 자논은 "사실도 거짓도 아닌, 경험된 것"으로서의 자서전 장르가 가지는 성격을 강조한다. 경험이라는 현실의 층위가 자서전의 본질이라는 것이다(Zanone 1996: 27; 유호식 2011: 208).

15 롤랑 바르트(Roland Barthe)를 비롯한 후기구조주의 작가들이 주도한 텍스트 이론의 등장은 르젠과 같은 고전 자서전 이론이 퇴조하는 결정적인 계기를 제공했다. 주지하듯이 바르트가 말하는 '작가의 죽음'은 '나 중심의 형식'인 자서전과 상반되기 때문이다. 바르트의 자서전에서는 모든 자기 발언에 대한 이론이 그대로 자서전의 표현 원칙으로 나타나고 있는데, 이처럼 의식과 비판에 따른 언어 성찰을 추구한다는 의미에서 바르트의 자서전은 '오토픽션 (Autofiction)'과 일맥상통한다. '팩트(fact)'와 '픽션(fiction)'의 결합을 의미하는 '오토픽션'이라는 개념은 1977년 프랑스의 두브롭스키(Serge Doubrovsky)가 자전 소설《아들(Fils)》을 출간하면서 도입했다(제여매 2016: 214~5).

을 인정하지 않으려는 경향은 자전 연구에 새로운 전기를 부여했다(최경도 2008: 140). 이에 따라 사실과 진리, 객관성에 대신하여 성실성과 진정성 같은 덕목이 자전을 분석하는 주요 기준으로 등장했다. 유호식은 자서전 장르를 규정할 때 반드시 고려해야 할 요소로서 성실성을 거론한다. 자서전 작가에게 '성실성'은 자신의 개인사에 관련된 모든 것을 말한다는 원칙, 거짓을 말하지 않고 사실과 진실만을 말한다는 원칙과 관련되며, 자서전의 저자들은 '진실'과는 구별되는 '성실성' 혹은 '진정성'의 원칙을 공공연히 선언하고 이것을 하나의 창조 원칙으로 내세우기까지 한다(유호식 2011: 196, 201). 일찍이 레리스(Michel Leiris)는 자신의 관점이 가진 한계를 고발하고, 그 한계 내에서 작업하고 있다는 사실을 밝힐 때 자서전 저자의 성실성이 확보된다고 지적한 바 있다.[16] 최근에 들어와 바그너 등은 자서전의 '진실'은 개인의 경험을 객관으로 기록하는 데 있는 것이 아니라, "최선의 지식과 양심에 따라" 보고함으로써 '진정성' 내지 '진실'에 접근하는 것이라고 언급한다(Wagner-Egelhaaf 2005: 3; 제여매 2016: 207).

사실 거슬러 올라가 보면 자전에서 성실성과 진정성의 문제는 18세기부터 이미 제기되어 왔다. 자서전의 고전으로 알려진《고백록(Les Confessions)》(1769)의 도입부에서 루소(Jean Jacques Rousseau)는 정확성을 강조하면서도 기억력이 미치지 않는 경우 일정 정도 '미화(Ausschmückungen)'가 필요했다고 언급한 바 있다(Glagau 1998: 61). 사실주의 원칙에 따라 기록되었음에도 불구하고 루소의《고백록》은 사실을

---

16 그가 '성실성'을 요구하는 자서전이라는 장르를 포기하지 않는 것은 "최대의 주관성이 최대의 객관성을 담보하고 있다"고 믿기 때문이다(Leiris 1988(1934): 265; 유호식 2011: 206).

그대로 재현한 것이 아니라, 최소한의 문학 상상력을 기반으로 저술되었다. 루소와 비슷하게 괴테 역시 노년기를 기억할 때 상상력을 동원하지 않고는 자서전을 쓰기가 불가능하다고 언급했다. 역시 널리 알려진 자신의 자서전인《시와 진실(Dichtung und Wahrheit)》(1833)에서 괴테는 "개개의 일들이 당시에 어떻게 일어났는지"를 묘사하는 대신에 "우리가 지난 일을 현재 어떻게 생각하는지"를 언급했다. '당시'와 '현재' 사이의 시간 격차뿐만 아니라, '글을 쓰는 나'와 '체험하는 나' 사이의 격차가 '시인의 능력'을 통하여 극복될 때 비로소 고양된 진실을 표현할 수 있다는 것이다.[17]

이론과 방법론에서 자전을 둘러싼 주요 쟁점들에서 마지막으로 제기되는 최근의 주제로는 탈식민주의(postcolonialism)와 페미니즘(feminism)의 등장을 들 수 있다. 무엇보다도 먼저 지금까지 살펴본 자전 이론과 방법론의 여러 문제는 기본에서는 서구의 경험을 바탕으로 한다는 점을 염두에 두어야 한다. 주지하다시피 자전은 시간과 공간의 제약으로 말미암아 언제, 어디서나 존재했던 양식이 아니었으며, 특히 자아에 대한 첨예한 관찰과 호기심이 작용하지 않는 사회·문화 환경에서는 상상하기 어려운 시도였다. 이러한 점에서 구스도르프는 자서전은 서구에서 특별한 관심의 대상이 되어 온 장르라는 점을 지적한다. 즉 세계에 대한 체계적인 접근에 유용하거나 다른 문화와 교신하려는 욕구의 표현이라는 점에서 서구문화의 바깥에서는 쉽게 찾아볼 수 없는 양식이라는 것이다(Gusdorf 1980: 29; 최경도 2008: 136). 동양의 풍부한 역사 전통을 염두에 둔다면 이러

---

17 이들을 비롯한 18세기의 많은 자서전 작가들은 전반으로 문학의 상상력이라는 소설의 요소를 통하여 기억력 상실의 문제를 보완하고자 했다(제여매 2016: 210~2).

한 그의 언급이 다분히 서구중심주의의 편향을 보인다는 점은 부인할 수 없다.

⁓

제국의 시대에 식민지 경험을 겪고 제2차 세계대전 종전 이후 탈식민화의 과정을 밟아 온 한국 사회는 식민 지배의 영향과 독재 등을 배경으로 극도의 혼란과 억압, 그리고 불안의 경험이라는 기제가 일상에서 작용하는 생활을 경험해 왔다. 일제 강점기의 식민 지배와 민족 이산, 해방, 그리고 전쟁과 군부 쿠데타와 같은 혼돈의 소용돌이(vortex)를 배경으로 최인훈은《광장》(1960)을 통하여 이러한 상황을 적나라하게 묘사했다. 이처럼 불안한 사회일수록 개인의 정체성 욕구는 커지게 마련이며, 개인이 자기 인생을 주제로 삼아 성찰하고 이야기하는 방식은 정체성 확립의 가장 보편의 수단이라는 점에서(Niesen 2009: 259; 제여매 2016: 220) 자전이 가지는 또 다른 의미가 있는 것이다.

두 번째로 여성주의의 시각에서 보면 전기나 자서전은 오랫동안 공공 영역(public sphere)을 지배해 온 남성 저자들의 소산이었다는 점이 지적되고 있다. 자서전의 어원은 자기(auto)의 삶(bio)을 기록하여 의미를 남기려는 뛰어난 남성들의 욕망을 반영한다(박영혜·이봉지 2001: 7). 자율의 개인에 대한 통일된 자아정체성을 그려낸다는 기존의 자서전 모델은 대부분 남성을 준거로 한다. 여성의 자서전 쓰기는 여성의 경험을 반영한다는 점에서 이와는 다른 의도와 특성들을 보인다. 무엇보다도 여성의 자전 글쓰기는 여성의 존재 기반과 불가분의 관계를 갖는다. 자신이 누구인가라는 존재론의 질문이라기보다는 남성 지배 사회에서 자신이 억압받고 있다는 자의식에서 여성들은 글을 쓴다. 이러한 점에서 여성에 의한 자전은 여성 자아의 재발견이라는 내부의 욕망을 충족하기 위해 수행된다(김성례 1994; 김연숙·이정희 1997: 193~4).

최근 들어와 몇몇 연구자들은 여성이 구성하는 기억 서사가 남성과는 다른 속성을 지닌다는 사실을 지적해 왔다. 예컨대 대체로 여성들은 누군가의 딸, 아내, 어머니로서 타자들과의 관계에 주목한다. 공공 영역에서의 활동들에 기반을 둔 남성 전기 저자의 텍스트들과 달리 여성 저자들은 특히 가정과 관련된 사사(私事)의 삶에 집중하는 경향이 있다(Kimmich and Brownley 1999: 1 박영혜·이봉지 2001: 8). 그런가 하면 1980년 광주민중항쟁에 참여한 여성들은 자신의 고통을 "영웅담으로 승화시켜 이야기"하는 남성들과 달리 자신의 "감정과 정서, 삶 자체"를 이야기하는 차이를 보인다. 항쟁에 참여한 남성이 국가폭력이나 사회저항의 공식 역사 서술이나 구성에 참여한다는 자의식의 서사에 집중하는 것과 달리 여성들은 이러한 '보편의 역사'보다는 자신의 참여 계기나 동기, 항쟁 과정에서의 감정 등에 초점을 맞춰 자기 서사를 구성한다는 것이다(김영희 2018: 177, 187~8).

다음으로 여성에 의한 자전의 글쓰기는 젠더의 불안정성과 정체성 혼란에 대한 자기 재현의 방식으로 수용된다. 여성 대부분이 억압된 타자로 존재한다는 사실만큼이나 여성 저자들은 자기 재현의 욕망에 사로잡힌다. 다양한 자기 재현의 이러한 방식에 상응하여 여성에 의한 글쓰기의 기술은 여러 유형과 양상을 보인다(Gilmore 1994: 16~40; 박영혜·이봉지 2001: 9). 이와 관련하여 여성의 자전은 서술 내용만이 아니라 서술의 방식에서 주인공인 여성 화자가 세계를 의미화하는 방식, 즉 자신의 경험에 의미를 부여하는 방식을 탐구하는 것을 통하여 특정 시기 문화를 선택하고 재현하는 양상에 주목하는 경우가 많다. 이미 검토한 자전 이론에서 보듯이, 여성에 의한 생애담의 의미는 그 내용의 진실성 여부에 있다기보다는 이야기를 구성하는 틀에 있다. 이러한 경험 이야기의 서사 구조를 파악하는 작업은 저자의 인식틀이나 세계관에 접근하고 그것을 이해할 수 있는 유용한 통로를 제공한다(김정경 2008: 91, 114).

이러한 논의에서 보듯이 이 책은 연구의 자료와 방법에서 기존의 연구와는 다른 접근을 지향하고 있다. 나아가서 이러한 문제의식에서 이 책은 연구 대상에서도 일정한 차별성을 확보하고자 했다. 자료와 방법, 대상에 대한 새로운 접근을 통해 이 책은 기존의 연구와는 구분되는 새로운 내용을 망라하여 근대 형성기 여성의 변화 양상을 이해하고자 하는 것이다. 필자의 연구를 포함하여 근대 이행기 여성과 가족, 결혼에 관한 연구의 대부분은 일정한 지식수준과 교육을 받은 이른바 신여성에 주목해 왔다. 신여성 일반이라기보다는 "시대의 흐름을 선도하는 집단의 움직임으로서 소수의 한정된 신여성들"에 초점을 맞추어(김경일 2016: 10), 이른바 지식인 신여성들이 여성해방과 여성 문제에서 시대의 비중과 의미에 값하는 쟁점과 주장들을 제기해 왔는지를 주로 구명해 온 것이다. 교육받은 지식인 여성을 대상으로 한다는 점에서 이 책은 신여성에 초점을 맞추어 온 기존의 주류 연구들과 유사성을 가지고 있지만, 본 연구 대상에 해당하는 여성들이 여성해방이나 여성으로서의 자의식, 혹은 성의 자유와 같은 신여성에 고유한 의제만을 주장하지 않았다는 점에서는 이전의 연구들과 차별성을 가지고 있다.

시기로 보면 이 책은 1910년대 후반부터 1920년대 전반에 걸쳐 활동한 신여성의 전형이 출현한 시기가 아닌 1920년대 후반부터 1930년대 이후 시기의 이른바 교육받은 여성들의 비중이 더욱 높아지는 시기를 주된 대상으로 한다. 전자가 선구자라는 의미에서 일종의 사회운동으로서 신여성의 시기였다면 후자의 시기는 교육받은 신여성이 점차 많아지면서 신여성이 일반화된 시기의 추세를 반영한다. 일정한 학력과 교양을 갖춘 범주에 한정될 수밖에 없다는 점에서 자서전이나 전기, 평전 등의 자료는 지식인이나 엘리트, 혹은 사회의 상층 지배층들에 의해 산출되는 경우가 대부분이다. 이러한 점에서 근대 초기 일제 강점기의 신여성은 공통점을 가지고 있다고 말할 수 있지만, 그런데도 여성사의 관점에서 볼 때 1920년대와 1930년대 이후 시기 신여성은 그 내부 구성이나 집단의 성격과 지향 등에서 의미 있는 차이가 보이는 것도 사실이다.

시대의 변화에 따른 이러한 편차가 가져오는 효과를 다소 완화하면서도, 시간에 따른 변화의 양상을 역동으로 포착하기 위해서는 각각의 시간대에 같은 수의 사례들을 배치할 필요가 있었다. 일반으로 출생 이후 사회 활동으로 들어가는 동안 걸리는 시기를 대략 20년 정도로 잡는다면[18] 1890년대 출생한 여성들이 자의식을 가지고 활동한 시기는 이보다 20년 후인 1910년대가 된다. 이 점을 고려하여 1890년대부터 1900년대, 그리고 1910년대의 세 시기를 주요 대상으로 하여 각각의 시기에 해당하는

---

18 여느 사회에서나 마찬가지로 전통 시대와 근대 초기에는 이 주기가 더 짧지만, 근대로 이행하면서 점차 연장되는 경향을 보인다. 예컨대 1890년대에 출생한 여성은 10대 중후반 이후에 사회생활을 시작하기도 하지만 1930년대 이후에 이러한 상황은 거의 찾아볼 수 없다. 청년 실업과 교육 기간의 연장, 그 결과이기도 하지만 만혼 등의 추세를 배경으로 개인이 사회생활에 편입되는 시기는 최근에 들어와 더욱 지체되거나 유예되는 경향을 보인다.

4개의 사례를 합한 전체 12개의 사례를 이 책의 주된 분석 대상으로 선정했다.

다음의 〈표〉는 이들 대상 사례를 표의 형태로 정리한 것이다. 대상 인물의 선정을 위하여 필자는 80여 편에 이르는 여성에 의한 전기·자서전의 내용을 검토했다. 이에 따라 앞에서 논의한 자전 이론에서 성실성과 진정성의 기준에 비추어 그에 가장 가깝다고 생각하는 사례들을 선정했다. 여기에서 성실성과 진정성이란 특정 시대의 인물이 실제로 얼마만큼 이들 기준에 합당한 삶을 살았느냐는 문제와는 분석의 수준에서 구분할 필요가 있다. 아울러 실제 그러한 기준에 걸맞은 삶을 산 인물의 경우라 하더라도 자전과 같은 문헌 자료가 없는 경우는 분석 대상이 될 수 없었다는 점에서, 이 책의 서술 내용은 한정된 당대의 특정한 측면만을 반영한다.[19]

〈표〉에서 보면 이들 여성이 활동한 분야는 교육과 종교, 언론, 독립운동, 여성운동, 사회사업과 예술 활동 등이 다수를 차지한다. 이러한 활동 영역/직업은 일정한 형태로 배태된 당대의 시대 상황에 의한 조건을 반영하고 있다는 점을 고려해야 한다. 즉 당시 일반의 기대와 인식 수준에 비추어 여성에 '적합'한 것으로 간주된 영역과 직업 활동들을 반영하

---

19 예컨대 주된 분석 대상의 시기인 1910~30년대의 일제 강점기에 사회주의·공산주의가 미친 이념의 영향을 배경으로 사회/공산주의 이념은 최승희, 임순득의 두 사례를 제외하고는 거의 반영되지 않는다. 가령 임순득의 경우 생몰연대가 미완성인 것은 이러한 사정을 반영하는 것이지만, 이념으로 보면 최승희의 경우는 남편인 안막의 영향에 의한 것으로 본인 자신의 성향은 나머지 사례들과 비슷하게 자유주의/민족주의에 오히려 근접한 것으로 평가할 수 있다. 신여성의 대표로서 급진주의로 분류되는 나혜석 등의 경우도 필자가 다른 곳에서 이미 다루었다는 점에서(김경일 2016) 여기에서는 제외했다.

는 것으로 이러한 기준에서 보면 예컨대 〈표〉의 12인 사례에는 직접 포함되지 않지만, 군인이나 비행사로 활동한 권기옥의 사례는 매우 이채를 띤다고 할 수 있다. 이와는 다른 맥락에서 예술 분야라 하더라도 자수/수예 분야에서 활동한 장선희는 당시의 분위기에서 여성에게 합당한 일을 하는 것으로 받아들여졌던 것과 대조로, 연극/영화, 무용계로 진출한 복혜숙이나 최승희는 당대 일반 사회의 인식 수준에 상응하는 일정한 편견과 비난을 감수해야 했다.

다음에 출생지를 보면 현재 북한 지역에 해당하는 평양과 황해, 함남 출신이 6명으로 전체의 절반을 차지하는 높은 비중을 보인다. 구체적으로는 평양과 황해, 함남의 각각이 2명씩을 차지하는데, 북부 한반도의

〈표〉 분석 대상으로서의 주요 전기와 자서전의 사례

이름	생몰연도	활동분야	출생지	구분	간행연도
김필례	1891~1983	교육, 종교	황해 장연	전기	1988(2012)
황애덕	1892~1971	여성/독립운동, 사회사업, 교육, 종교	평양	전기	1966
장선희	1893~1970	자수, 수예, 독립운동, 교육	평양	전기	1985
신애균	1899~1987	교육, 사회사업, 종교	함남 북청	자서전	1974(1993)
정정화	1900~1991	독립운동	서울	자서전/전기	1987(1998)
최은희	1904~1984	언론, 사회운동, 여성운동	황해 연백	자서전	1980
김메리	1904~2005	음악, 미생물학	서울	자서전	1996
복혜숙	1904~1982	연극, 영화	충남 보령	자서전(구술)/전기	1976(1983)
최승희	1911~1969	무용	서울	자서전/전기	1937(2006)
임순득	1915~?	문학	전북 고창	전기(평전)	2009
손인실	1917~1999	여성운동, 종교	서울	전기(평전)	2001
이봉순	1919~2013	교육, 도서관학	함남 신흥	자서전	2001

이러한 높은 비중은 두 가지 요인에 의해 설명할 수 있다. 유교를 주조로 하는 지배 이데올로기로부터 상대적으로 벗어난 이 지역의 역사를 배경으로 가부장제의 억압과 성차별의 편견으로부터 비교적 자유로울 수 있었다는 전통의 영향을 우선 지적할 수 있을 것이다. 이와 관련하여 일찍이 근대 이행기의 초기에 기독교가 이 지역을 중심으로 뿌리를 내리게 된 사정을 배경으로 여성의 의식 계몽과 사회 활동의 장려, 혹은 남녀 평등사상 등이 널리 보급되었던 현실을 염두에 두어야 한다. 북부 조선에 이어 서울 출생이 4명으로 1/3의 적지 않은 비중을 차지한 것도 후자의 요인에 힘입은 바가 큰 것으로 판단된다. 이에 비하여 중남부 지역은 충남과 전북이 각각 1명으로 저조한 비중을 보인 사실도 주목할 만하다. 비록 이 책의 대상으로 선택한 자전들이 모집단의 대표성을 반영하는 엄밀한 표본 추출의 절차를 거치지는 않았다 하더라도 출생지의 이러한 분포는 모집단으로 추정되는 일반의 경향을 일정 형태로 반영한다고 생각한다.

전기와 자서전의 장르 형태로 보면 전체 12개의 사례에서 전기와 자서전의 각각이 5편과 4편으로 비슷한 비율을 보인다는 사실을 알 수 있다. 자서전과 더불어 전기가 출간된 경우는 3편에 이르는데, 정정화, 복혜숙, 최승희의 사례가 그러하다. 전기의 경우 김필례의 사례에서 보듯이 일정 시간 동안 당사자와의 대담을 통해 녹음이나 메모, 혹은 다른 문헌 자료들을 참고로 하여 줄거리를 만들어 원고를 정리한 다음 당사자의 검토를 거치는 과정을 밟는다. 김필례의 사례는 자전 간행에서 흔히 찾아볼 수 있는 기본 양상의 전형을 보인다.

무엇보다도 당사자가 '진실 여부를 직접 검토'한다는 언급에서 보듯이 (이기서 2012: 5) 전기의 서술 내용과 당사자의 경험과의 일치라는 진술의 사실성 여부가 전기에서 가장 우선하는 성립 요건을 이룬다. 사실과 진실의 기준에서 볼 때는 1980년에 간행된 최은희의 자서전이 주목된다. 이미 언급했듯이 이 자서전은 개인의 사생활에 대한 기록이라는 자서전의 통념과는 조금 벗어나고 있다. 《여성 전진 70년》이라는 제목이 시사하듯이 70년에 걸친 자신의 삶을 특정 개인이 아닌 '여성의 전진'으로 일반화하여 제시하고자 하기 때문이다. 이미 언급했듯이 개인의 과거에 관한 서술은 그 시대상을 반영한다는 문제의식에서 "여성 사회의 변천과 향상 발전을 직접 살펴보고 몸소 겪은 생생한 기록"임을 강조하는 것이다(최은희 1980: vii). 이러한 점에서 이 자서전은 자서전에 대한 보통의 기대와는 달리 자신이 직접 경험하거나 관여하지 않은 여성 일반에 관련된 주요 사건이나 쟁점, 단체들을 일종의 자료집 형식으로 수록하고 있다.

나아가서 이들 자전은 다분히 계몽과 교훈, 사명의식, 그리고 계도와 같은 일정한 지향과 목적성을 강하게 표방한다. 1980년에 나온 자서전의 서문에서 최은희는 자서전 서술을 권유한 이태영의 입을 빌려, "선구자의 입장에서 개척을 게을리 하지 않은 풍부한 경험담이 우리나라 여성문화 발달사"와 "여성사의 일익"이 될 것이라고 자서전의 의의를 밝히고 있다(최은희 1980: vi). 1988년에 초판본이 나온 이후 거의 20여 년이 지난 2012년에 발간된 재판의 서문에서 김필례 전기의 저자 역시 "위대한 교육자의 삶의 자취를 널리 알려야 한다"는 취지를 표명한다(이기서 2012: 6~7). 이는 특히 독립운동이나 여성운동 등의 영역에서 강하게 나타나는바, 이러한 특징은 서구에서 자전 발전 초기와 매우 유사한 경험과 경향을 공유하는 것이다.

이와는 반대의 극에 위치한 사례로 권기옥과 손인실을 들 수 있다.

권기옥의 사례는 평전소설의 형태로 서술되었다는 점에서 다수의 전통 작품과는 달리 작가에 의한 허구와 상상력이 일정 형태로 개입하고 있다. 자전 이론에 대한 앞의 논의에서 진실(사실)과 허구의 경계가 모호하게 되는 최근의 경향을 상기할 필요가 있을 것이다. 그럼에도 불구하고 '여성의 성장 서사'를 쓰겠다는 문제의식을 강조하면서도, "열 살 딸에게 본보기가 될 수 있는 여성 인물"로서의 '기쁨'을 언급하는 것에서 보듯이 (정혜주 2015: 287~8), 이 책은 일정한 형태의 계몽과 교훈으로서의 전기라는 인식틀 안에 여전히 머물러 있다.

　　이러한 문제틀이 도전받고 일정 정도로 지양되는 양상은 손인실의 사례에서 찾아볼 수 있다. 손인실의 전기 작가는 애초에 와이(YWCA) 연합회 회장과 여성단체협의회 회장, 여성개발원 이사장 등을 지낸 손인실의 이력을 배경으로 한국의 여성운동에서 행한 역할과 여성운동가로서 그녀의 활동을 통해 한국 사회와 역사에 의미를 부여할 만한 '눈부신 업적'을 찾아보고자 한다. '화려한' 이력에 비추어 "별 흔적 없는 삶" 앞에서 작가는 한국의 근현대 역사에서 "여성운동의 한 흐름을 짚어 보겠다고 내심 다짐했던 마음이 맥없이 무너져 내리는" 암담한 경험을 토로한다. 맡은 일을 후회하면서 몇 달을 보내던 저자는 마침내 "사회 활동의 역사 의미 찾기"라기보다는 노자가 말하는 '위무위(爲無爲)'로서 '존재의 의미'를 찾는 데에서 자신의 역할을 발견한다. 이러한 점에서 저자는 남녀평등과 "가사 분담을 주장하는 여권주의자들에게 일생 남편 뒷바라지 수긋이 해온" 손인실의 삶이 "이 시대를 살아가는 모든 사람, 특히 여자들의 본이 되어야 한다고는 말 못 하겠다"는 심경을 토로한다(안혜령 2001: 10~3). 비록 애초의 의도와 신념은 아니라고 하더라도 결과로 보면 계몽과 교훈으로서의 전기라는 문제 틀에서는 벗어난 셈이다.

자서전의 경우에 복혜숙의 사례는 통상의 완결된 형태라기보다는 이영일에 의한 구술 증언록의 형태로 채록된 것이다. 이러한 점에서 그것은 저자로서 구술자 자신에 의한 일정한 형식이나 구도를 가진다기보다는 면접자의 질문과 관심에 따라 구술자가 경험한 사건이나 인물, 쟁점, 혹은 사회 배경 등이 서술된다. 자서전이 대상 인물의 생전에 나오는 것은 물론이지만,[20] 대부분의 전기는 사후에 출간되는 것이 보통이다.[21] 마지막으로 자전의 구성 요소라고 할 수 있는 연보는 신애균과 최승희[22]의 사례를 제외한 대부분의 경우에서 찾아볼 수 있다.

한국 근대사회의 형성과 여성의 변화를 주제로 설정한 이 책은 모두해서 7개의 장으로 구성되어 있다. 제1장과 제7장을 제외한다면 본문으로는 5개의 장이 있는 셈인데, 시대상으로 설정된 제2장에 이어 여성 의식과 민족 인식, 사랑과 결혼, 가족과 모성의 네 가지 주제에 초점을 맞추

---

20 다만 복혜숙의 경우 이영일에 의한 구술 채록은 1976년에 이루어졌지만, 그녀가 죽은 이듬해인 1983년과 2003년의 사후에 출간되었다. 복혜숙의 전기는 그녀의 생전인 1976년에 김항명에 의해 나왔으며, 이후 제목을 바꿔 1983년과 1992년의 두 차례에 걸쳐 속간되었다. 이 책은 남녀일화 중심의 소소한 신변 이야기를 중심으로 신뢰성이 다소 의심이 가는 부분이 보이기도 하지만 때로는 다른 곳에서 찾아볼 수 없는 에피소드들을 소개하고 있기도 하다.

21 황애덕은 생전에 박화성에 의해 전기가 출간된 예외를 보인다.

22 최승희의 자서전은 일찍이 1937년에 나온 것이지만 연보가 없었던 것은 이 시기에 연보를 붙일 정도로 내세울 이력이 없었다는 점과 아울러, 최승희의 활약상을 널리 알리고 선전하는 의도에서 자서전이 기획, 집필되었다는 점 등에서 설명될 수 있다.

고 있다. 먼저 일종의 도입부로서 제2장에서는 여성의 교육과 기독교의 영향, 민족 이산과 초민족주의, 그리고 삶의 전기의 문제에 특히 중점을 두어 서술했다.

먼저 교육에서는 정정화의 경우를 논외로 한다면 이 책에 등장하는 주인공들의 모두는 근대 교육을 받은 이른바 신여성에 해당한다. 이러한 점에서 이들이 어떠한 배경과 동기에서 어떠한 경로를 거쳐 어떠한 방식으로 교육을 받았으며, 이러한 교육이 등장인물들의 삶에서 어떠한 의미를 지니고 있었는가를 검토해 보고자 한다. 이 점은 기독교도 마찬가지이다. 교육에 못지않게 이들 대부분은 근대 서구 기독교의 영향을 받았으며 이는 이들 대부분이 자유주의/민족주의 계열에 속한다는 사실과 무관하지 않다. 다음에 국권의 상실과 일제의 식민 지배를 배경으로 자신들의 삶의 과정에서 겪어야 했던 민족 이산의 경험과 그로부터 파생되는 초민족주의(transnationalism)의 양태에 주목하여 이러한 조건들이 이들의 삶에 미친 궤적을 그려 보고자 했다. 마지막으로 삶의 전기와 결단은 자신의 생애 과정에서 당면한 주요 사건들에 대하여 이들이 어떻게 그것을 받아들이고, 그에 대응했으며, 나아가서 그것이 이들의 삶에 어떠한 영향을 미쳤느냐는 문제를 살펴보고자 한다.

제3장과 제4장은 개인의 차원에서 자기 정체성의 형성을 주제로 한다는 점에서 일종의 연속성을 갖는다. 제3장은 젠더의 문제를, 그리고 이어지는 제4장은 민족의 쟁점을 대상으로 한다. 젠더와 민족의 차원에서 여성의 여성으로서 자아의식의 형성에 중요한 역할을 해 온 바로서의, 여성의 사회화 과정에서 경험하는 여성에 대한 차별의 근대 형식들에 대

김필례 《교육의 길 신앙의 길》

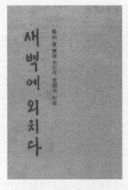

황애덕 《새벽에 외치다》

장선희 《만년꽃동산》

신애균 《할머니 이야기》

정정화 《장강일기》

최은희 《여성 전진 70년:
초대 여기자의 회고》

김메리 《학교종이 땡땡땡》

손인실 《사랑과 겸허의 향기》

이봉순 《도서관할머니 이야기》

해 검토하고자 하는 것이다. 여성의 자기의식과 정체성의 형성에 영향을 미치는 주요 변수로는 흔히 성과 민족, 그리고 신분과 계급의 세 가지 요소를 들 수 있을 것이다. 이 책의 대상 인물들이 오늘날의 중산층 지식인에 상응하는 비슷한 사회적 지위와 계급에 귀속한다는 점에서 신분과 계급의 변수에서는 사실상의 유의미한 차별성을 보이지 않는다. 이러한 점에서 성과 민족의 두 변수에 주로 초점을 맞춰 살펴보고자 한다. 거시의 맥락 안에서 미시의 경험에 주목하여 개인의 주관적 의식과 내면의 심리를 드러내 보이고자 했다.

다음의 제5장에서는 사랑과 결혼의 문제를 검토한다. 근대 여성이 현실에서 인간 실존의 본질로서 당면한 문제 중에서 가장 중요한 의미를 차지하면서도 한국의 여성사 연구에서 소홀한 주제 중의 하나를 꼽는다면 아마도 사랑과 낭만의 문제를 들 수 있을 것이다. 최근에 들어와 이 분야에서 젊은 연구자들에 의해 연애나 사랑에 관한 연구들이 나오고 있지만, 역사 자료를 동원한 소재 중심의 연구로서 다분히 피상성과 자의성 및 그리고 때때로의 선정주의를 동반하는 경우도 적지 않다. 이러한 점에서 자의식의 심층에서 이 문제가 어떠한 방식으로 제기되어 어떠한 사회관계 안에서 어떠한 방식으로 표출되었는지, 그리고 그와 관련된 사회도덕과 규범, 제도들이 어떠한 방식으로 배열되게 되었는지 등등의 문제를 검토함으로써 사랑과 낭만의 문제와 더불어 그것을 반영하는 결과 중의 하나로서 결혼의 문제를 심층의 차원에서 서술하고자 했다.

마지막으로 제6장에서는 가족과 모성의 문제를 검토한다. 한국의 근대에서 예외가 되는 소수의 사례를 논외로 한다면 일상의 차원에서 여성의 역할은 거의 압도적으로 이 부문에 집중해 왔다. 이 장에서는 생애 주기에서 아내이자 어머니로서의 역할에 주목하여 가부장제와 현모양처, 그리고 모성의 문제 등을 구체적으로 검토했다. 이 책의 등장인물 대부분이 자유주의 계열로 분류될 수 있음에도, 가족과 모성의 쟁점에서 이들에게서 나타난 보수주의와 자유주의의 복합 양태에 특히 주목하여 이를 강조하고자 했다.

제2장

。

근대 여성의 시대상

교육

이 시기의 여성 교육에 대해서는 오랜 시기에 걸쳐 일종의 거대 서사 (grand narrative)가 지배해 왔다. 즉 전통과 가부장의 억압 아래 놓여 있었던 여성들이 근대 교육을 통해서 의식이 각성되고 지식을 계발하는 근대화의 길을 걸었다는 것이다. 그동안의 여성 교육에 관한 기존의 연구들은 어떤 형태로든지 이러한 서사 구조를 따르고 있으며, 동 시기의 외국인들 역시 이와 비슷한 방식으로 조선의 여성 교육을 진단한다. 예를 들면 일본과 중국의 지식인들이 본 당대 조선 여성의 교육 현실은 다음과 같은 것이었다.

> 조선의 목하 부녀 교육은 남자에 비해서 한참 떨어지며 중국이나 일본과 비교하여 통계를 내보면 그 차이가 더욱 심하다. 중국과 일본의 남녀 교육 정도에는 차이가 있으며 (여성 교육의 부족 원인은) 대부분 학제가 불량한 데서 그 원인을 찾는다. 그러나 조선은 가정의 몰이해에 인하는 바가 크다. 부녀를 기계로 보는 동양 풍속이 고쳐지지 않아 부녀를 집안에 가두고 밥짓기, 빨래, 재봉 일을 여자의 본분으로 삼는다. 상당한 자산가의 집안에서도 여성 교육을 별로 중요하게 여기지 않는다.[1]

위의 글에서 보듯이 저자는 중국이나 일본의 여성 교육이 제도의 미비에서 기인한다고 보는 것과는 달리 조선에서는 가부장의 전통 가족 제도를 가장 큰 장애 요인으로 지목한다. 조선 여성들의 대부분은 "이른바 '서당'이라는 곳에서 1년 배우면 충분하다며 졸업"하는 현실에서 "조선 가정의 개선은 불가능"하다고 저자는 진단한다. 여성 교육이 "조선은 물론 전 인류 모두에게 촌각을 다투는 급선무"라는 점에서 여성이 "인류 평등의 대우를 받지 못하고 시종 남자의 노리개와 기계로 간주되는 한 근본 발전에 대한 희망은 희박"하기 때문이라는 것이다(彌彌 2010(1923): 459~60).

그러나 적어도 이 책에 등장하는 주인공들의 사례를 통해 볼 때 이러한 진술은 부분에서만 타당하다. 비록 가부장의 전통과 근대 교육의 상호 관계에 입각한 서사가 기본에서는 일정한 타당성을 갖는다고 하더라도 이러한 사실에 균열을 내는 모순되는 사례들도 적지 않게 찾아볼 수 있다는 점에서 이 주제가 가지는 이중의 복합성이 있다. 이러한 복합성의 다른 한쪽 끝에는 딸에 대한 교육을 적극적으로 추진하거나 격려하는 아버지, 혹은 부모가 있다. 예를 들면 황애덕의 아버지인 황석헌(黃錫憲)은 자라나는 딸들의 교육을 위해 인근의 도시인 평양으로 이주했으며(박화성 1966: 28), 마찬가지로 장선희의 아버지 장준강(張俊綱)은 둘째 딸인 장선희를 포함한 아이들의 교육을 위해 어려운 피난 살림에[2] 선뜻 이사를 결

---

1 彌彌 2010(1923): 458~9. 이 글은 일본의 무라카미 히로시(村上寬)가 쓴 〈가정 속의 신부녀〉라는 글의 일부를 번역해서 중국의 《婦女雜誌》에 수록, 소개한 글이다. 이처럼 이 시기에 일본에서 생산되어 중국으로 유통된 지식의 흐름이 드물지는 않았다.

2 그녀가 태어난 이듬해인 1894년에 일어난 동학농민운동의 전란을 피해 장선희의 가족은

행하기로 하고, 1900년 봄 안악으로 이사했다. 공부도 중요하지만 사내 아이들이 다니는 학교에 딸아이를 보낼 수 없다는 어머니의 주저함을 물리치고 신교육을 주장하는 그녀의 아버지는 남자 옷을 입혀 아들이 다니는 양산공립소학교에 입학을 시켰다.[3]

1905년 을사늑약이 체결되면서 일본에 대한 반감으로 동맹 퇴학을 주장하는 주위의 여론을 물리치고 장선희의 아버지는 국권 회복을 위해서는 선진 국가의 문물을 받아들이고 배워야 한다는 주장을 내세워 딸의 학업을 계속하게 했다(단운선생기념사업회 1985: 74~5). 교육만이 나라를 찾을 수 있는 유일한 길이라는 신념을 가지고 자녀교육에 열성을 보인 그는 1919년 3·1 만세 운동에도 딸인 장선희와 함께 적극 참여했다(단운선생기념사업회 1985: 62).

손인실의 아버지 손정도(孫正道) 역시 아들에 못지않게 딸에 대한 교육을 강조했다. 1930년 손인실의 가족이 평톈에서 베이징으로 옮겨간 데에는 일본의 만주 침략이 점차 눈앞에 다가오고 있다는 현실을 고려한 것이기도 했지만 딸들의 공부를 시키기 위한 동기 또한 강하게 작용했다. 교육에 관한 한 남녀차별을 두지 않은 아버지의 뜻에 따라 손인실을 비롯한 세 딸 모두 당시에는 찾아보기 힘든 고등교육을 받았다.[4] 또 다른

강원도 회양으로 피난을 갔다(단운선생기념사업회 1985: 68).

3 단운선생기념사업회 1985: 68~70. 남장을 시켜 여자아이를 학교에 보내는 관행이 드물다고는 하더라도 없지는 않았다. 비슷한 시기에 박인덕 역시 평남 진남포의 서당에서 남장을 하고 사내아이들과 함께 한학을 공부했다. 김경일 외 2015: 179 참조.

4 손정도는 지식만 추구하는 형식 교육이 아니라 진실된 삶을 추구하는 교육, 인성 교육을 중시했으며, 따라서 이러한 교육에서 가정의 역할에 대한 필요성과 의미를 강조했다. 남자인 경우에도 "사람 되는 교육은 가정, 즉 어머니에게 받는 것"이라는 언급에서 보듯이 그는 개인의

사례로서, 부모의 정도 모른 채 외가에서 어린 시절을 보낸 이봉순은 일본의 압제를 피해 만주로 망명한 증조부가 장손녀를 학교에 보내라는 뜻에 따라 어느 날 만주에서 온 조부 이용제(李鏞齊)를 따라 친가인 함남 신흥으로 갔다. 신흥의 시골 마을에서 유일한 여자아이로서 학교를 다니던 이봉순은 3학년 되던 해에 만주 용정으로 다시 먼 길을 떠나게 되었다. 학교가 너무 먼데다가 이봉순의 부모가 시골 학교에 마냥 둘 수 없다고 조부에게 간청했기 때문이다. 함경선 철로가 완전히 개통되기 이전이어서 원산으로 가서 배를 타고 청진으로 가서 다시 기차를 타고 두만강을 건너 용정에 이르는 긴 여정이었다(이봉순 2001: 12~3, 16~7).

위에서 언급한 두 극단, 즉 전통의 인습을 배경으로 한 교육기회의 박탈과 여성에 대한 근대 교육의 적극 수용 사이에는 어느 하나의 요인으로 단일하게 설명될 수 없는 다양한 변형태들이 있었다. 최은희는 일찍이 개화한 아버지의 영향으로 향리에 있는 소학교 여자부에 "1착으로 입학"했다. 그러나 그녀의 아버지는 3살 위인 그녀의 언니는 학교를 보내지 않았다. "열 살이나 된 처녀를 어떻게 거리에 내세우겠느냐"는 이유에서 "처음에는 어머니가 집에서 국문과 한문과 먹글씨를 가르치다가 독 선생 노인을 앉히고 한문과 먹글씨를 가르치는" 한편 "이웃의 새댁과 규수들을 모아 언니와 함께 수예, 편물, 자수, 조화 등을 가르"쳤다. 향리의 유지로서 지방의 학교 설립을 지원하기도 하고 자신이 직접 학교를 설립하기도 한 그녀의 아버지는 7살의 어린 딸인 최은희는 기꺼이 학교에 보내면

인성을 닦는 기초를 가정으로 상정했고, 이러한 점에서 가정 살림의 실제 관리자이자 자녀들의 인격 형성에 영향을 미치는 어머니의 덕을 중요시했다는 점에서(안혜령 2001: 28~9, 33), 자유주의의 고전이라고 할 수 있는 의견을 가지고 있었다.

서도 과년한 처녀를 "거리로 나다니게 할 수" 없다는 이유로 그녀의 언니는 학교에 보내지 않은 것이다.[5]

그런가 하면 신애균은 어느 날 그녀의 아버지가 아들이 다니는 학교에 가서 "서울에서 이동휘라는 참령이 오셔서 이제는 여학교도 세우고 여자들도 공부를 해야 산다, 공부 못하면 나라가 죽고 만다"는 일장 연설을 듣고 와서 향리에 여학교설립위원회를 만들어 학교를 세우고 딸을 이 학교에 입학시켜 공부를 하게 했다.[6] 그러나 정식 학교가 아닌 상태에서 학교를 유지하기 힘들었기 때문에 실질적인 교육을 하지 못하고 가까스로 명맥만을 이어나갔다. 따라서 수료나 졸업이라고 할 수 없는 그러한 상태로 이 학교를 마친 신애균은 북청군의 양잠학교에 입학하여 공부를 했다. 수료한 이후 집에서 놀면서 일을 하던 신애균은 다시 학교로 돌아가고 싶은 생각에서 부모를 졸랐다. "러일전쟁의 영향과 한일합병의 민족적 슬픔 속에서 직업을 얻지 못하고 허송세월로 늙어가는 아버지를 조르는" 자신을 철없다고 느끼면서도 그녀는 배움에 대한 욕구를 떨굴 수가 없었다. "돈 10원을 줄 테니 그 돈 자랄 때까지만 해 봐라. 돈이 떨어져도 나는 모른다. 그저 공부하러 가겠다는 소원만 풀어" 준다는 어머니의 허락

---

5 최은희는 "학교에 다니는 것을 무슨 특권처럼 여기고 한 반 아이들을 데리고 와서 언니를 성가시게 굴었다"고 회상한다. 이런 그녀에 대하여 언니는 자신의 친구끼리만 소꿉놀이를 하면서 "학교 다니는 아이는 이런 장난 안 한대"라고 하여 최은희의 "비위를 긁어주었다"(최은희 1980: vii, 22~3).

6 함남 북평의 신창에서 물산 객주를 한 그녀의 아버지는 몇 년 전 일본 오사카에 가서 "여학생도 많이 보았고 여학교 간판들도 보고" 와서 신문물의 흐름이 낯설지는 않았다. 반면 그녀의 어머니는 신애균이 어릴 적에 손금장이가 손금을 보고 남자 팔자를 타고 났다고 기적(妓籍)에 넣을 것을 권유한 사실이 마음에 걸리던 차에 "여자도 학교에 넣을 수 있다"는 말에 반가워서 학교에 보내는 것에 찬성했다(신애균 1974: 39~40).

을 받고 그녀는 아버지에게는 비밀로 한 채로 "도둑고양이처럼 살금살금 빠져 나와" 신창항에서 몰래 성진행 배를 타고 공부 길에 올랐다(신애균 1974: 62~5).

정정화는 "딸들에게 언문 이상의 공부를 시키려 하지" 않으려는 완고한 아버지 아래에서 작은오빠를 따라 아버지 몰래 서당에서 배웠다.[7] 그러나 정정화가 시집가고 얼마 되지 않았을 때 그녀의 아버지는 연희전문을 설립한 언더우드(Horace G. Underwood)가 미국으로 가는 길에 그녀를 딸려 보내고자 했다. 자신을 늘 "영리하다고 칭찬하시면서 기회가 있으면 외국으로 유학을 보내려" 했기 때문이다. 그녀가 중국으로 망명한 이후인 1921년 두 번째로 조선에 잠입했을 때에도 그녀의 아버지는 그녀에게 "이번에는 일본에라도 유학을 가겠다면 보내" 주겠다고 제의했다. 정정화의 말을 빌리면 "상해 생활이 어떠하다는 것은 손바닥 들여다보듯 뻔한 노릇이었고 그런 상황에서 목숨을 걸고 국내를 드나드는 딸자식을 조금이라도 안전하게 지내게끔 하려는" 아버지의 배려에서 나온 것이었다.[8]

7　정정화 1998: 65. 그녀의 아들인 김자동의 회고에 따르면 이후 서울에 올라와 아버지 몰래 두 오빠와 함께 가정교사 밑에서 한문 공부를 계속했는데, 하루는 가정교사가 아버지와 만난 자리에서 오빠들뿐만 아니라 동생인 정정화도 머리가 영특하여 공부를 썩 잘한다고 칭찬하는 바람에 서당 출입이 들통 나고 말았다. 가정교사는 아버지에게 그녀를 계속 공부시키는 게 좋겠다고 제의했고 시대의 변화를 눈치 챘음인지 아버지는 이 권고를 받아들여 《소학》까지만 가르치도록 허락했다는 것이다(김자동 1998: 328).

8　이 제안은 "일본에 맞서 투쟁을 하는 마당에 일본에 가서 공부한다는 것은 어불성설"이라는 정정화의 뜻에 따라 실현되지 못했다(정정화 1998: 70~1). 1922년 10월 네 번째로 조선에 들어 왔을 때 그녀는 아버지에게 미국 유학의 뜻을 밝히고 아버지의 승낙을 얻었지만 "갑작스런 아버지의 죽음으로 고스란히 깨지고" 말았다. 김자동은 당시의 정황을 다음과 같이 설명한다. 즉 할아버지인 김가진(金嘉鎭)이 세상을 떠난 이후 진로에 대해 고심하던 정정화 내외는

김메리의 사례는 또 다른 사정을 보인다. 승동교회 유치원을 거쳐 보통학교를 나온 후 4년제 배화학교를 다니다가 졸업반이던 1919년 봄 3·1 만세 사건으로 졸업을 하지 못했지만 임시 교사로서 논산의 보통학교에서 가르치던 김메리는 6개월 만에 서울로 올라와서 학교를 들어가고자 했다. 그러나 시집을 보내려는 아버지의 의견을 거슬러 그녀는 "집에서 도망갈 결심"을 하고 만주 용정의 삼촌집에서 피신처를 찾았다(김메리 1996: 25~30). 3년 후인 1923년 그녀는 서울의 이화학당 예과에 합격했으나 아버지는 학비를 대 주지 않았다. 도쿄에서 의학 공부를 하던 언니의 뒤를 이어 "의학 공부를 하면 학비를 대 주겠다"고 아버지는 제안했지만, "일본 유학만은 가지 않겠다"는 믿음을 고수한 김메리는 아버지의 지원을 포기하고 학교 기숙사에서 종 치는 일과 도서실에서 일하는 아르바이트를 하면서 학교를 다녔다(김메리 1996: 34~7).

지금까지의 사례들에서 살펴보았듯이 여성에 대한 근대 교육의 쟁점은 다양한 복합의 양상들을 보인다. 흔히 생각하듯이 아버지의 권위로 표상되는 가부장제의 작동은 언제나 일관되게 지속하지는 않았다. 그것이 기계적으로 작용했다고 볼 수도 없다. 최은희의 사례에서처럼 여성으로 아직 인식되지 않은 딸은 기꺼이 학교를 보내면서도, 여성성을 갖춘 처녀라는 이유로 그 언니는 학교 교육에서 배제해 버린 경우가 있는가 하면, 아마도 가장 흔한 경우로서 생각되지만, 신애균의 사례는 보통학교 수준의 교육에는 적극 찬동하면서도 그 이상의 단계에서는 여성 교육을

"만주로 가서 독립운동의 최전선에서 일할 것도 생각했으나 결국 현대교육을 받으려는 의도에서 (외조부의 지원을 염두에 두고) 미국 유학행을 결심"했으나 외조부의 사망으로 실천되지 못했다는 것이다. 정정화 1998: 85; 김자동 1998: 333 참조.

허락하지 않았다. 다른 정황 조건들이 작용하기도 했지만 정정화의 사례처럼 기본으로는 여성 교육에 완고한 자세를 유지하면서도 외국 유학에 대해서는 다른 태도를 보이는 모순된 이중의 태도를 보이기도 한다. 김메리는 아버지가 중등 수준의 교육까지는 허용했지만, 고등교육에서는 특정 전공을 조건부로 허락하는 기묘한 상황에 부딪히고 있다.

이러한 상황들은 근대 여성 교육을 전통 가부장제라는 단일 요인으로 환원하여 설명할 수 없다는 사실을 시사한다. 그런가 하면 여성 교육에 대한 아버지(가족)의 동기 또한 다양한 양상을 보인다. 신애균의 경우에서 보듯이 민족독립이라는 민족주의의 모티브가 작용하는가 하면 그 어머니처럼 여자의 드센 팔자라는 미신에 대한 방책으로서의 대응도 있다. 최은희의 사례는 개화(근대화)와 나아가서는 민족독립이라는 목표에서는 기꺼이 여성 교육을 용인하지만, 그 언니의 경우가 적나라하게 보이듯이 어디까지나 그러한 자발성은 여성성이 배제된 경우에 한정된다는 사실을 보인다. 그런가 하면 정정화의 경우는 식민지의 억압 아래에서 자식의 안전을 도모하고자 하는 아버지의 배려와 의도를 보이고 있으며, 김메리의 사례는 생활의 방도와 직업 활동이라는 실용의 동기를 드러낸다.

무엇보다도 이 시기 근대 여성 교육의 좌절이 전통의 가부장제에 의해 초래된 것에 못지않게 식민지의 수탈과 착취에 따른 가족의 몰락과 가난에 의해 야기되었다는 점을 인식하는 것은 중요하다. 이러한 사실은 위의 신애균의 이야기에서 잘 드러나고 있다. 복혜숙의 경우도 예외가 아니었다. 혼자 서울에 올라와서 이화학당 보통과에 입학하여 기숙사 생활을 하던 그녀는 하루 종일 굶으면서 "배곯아서 죽겠던" 상태로 학교를 다니다가 영양실조로 병원에 입원하기도 했다고 회상한다(이영일 2003:

85~6). "월사금을 내지 못해서 아주 학교를 그만 두어버리려고 생각까지도" 했던 최승희는 "선생님들의 특별하신 사랑과 동정으로 월사금 면제의 대우"를 받아 겨우 학교를 졸업할 수 있었다(최승희 1937: 4). 숙명여학교를 졸업하고 집에서 놀고 있던 시기에 "그날그날을 살아가기가 곤란한 가난한 집의 딸"이라는 사실을 깨달은 그녀는 어쩔 수 없이 "제일 돈 들지 않는 사범학교에 입학"할 것을 한때 고민하기도 했다(최승희 1937: 12~3).

덧붙이자면 흔히 근대의 공식 학교 교육을 통해서 여성의 지식계발과 의식의 자각이 가능했다는 주장에 대해서도 약간의 부가 설명이 요구된다. 한국의 근대에서 신여성의 지표로서 중요한 것이 지식과 교육이라는 사실은 널리 알려져 왔고(김경일 2016: 24~5), 나아가서 여기에서의 지식은 흔히 근대 학교제도를 통한 교육으로 이해되어 왔다. 하지만 적어도 초기 신여성의 등장과 관련해서는 이러한 공식 교육의 통로를 거치지 않은 다른 형태의 지식이 미친 영향을 먼저 고려해야 한다. 1910년 초반 일본에서 신여성 운동의 전개와 1917년 러시아에서 사회주의 혁명의 성공, 곧 이은 1919년의 3·1 민족 독립운동은 사회 전반에 의식의 각성과 개조와 진보의 물결을 불러일으켰다. 노동 문제와 더불어 부인 문제는 근대 사회가 당면한 양대 문제로 부각되었으며, 이에 따라 남녀평등과 여성해방은 바야흐로 시대사조가 되었다. 이러한 맥락에서 입센과 베벨, 엘렌케이, 콜론타이 등의 여성해방과 자유연애, 성애의 자유와 같은 근대 페미니즘과 여권주의 사조가 물밀듯이 밀려 들어왔다(김경일 2004a: 45).

이러한 맥락의 연장에서 이 책의 주인공인 정정화의 이야기는 근대 학교 교육을 통하지 않고 지식에 도달한 또 다른 사례를 제공한다. 아버지의 금지에도 불구하고 오빠들 틈에 끼어 "글을 배울 기회를 얻어 우선

신문 정도를 읽는 데는 불편을 느끼지 않았"던 정정화는 중국 상하이로 망명한 이후 임시정부에서 이미 활동하고 있던 여성들과 어울리지 못한다. 이유는 정정화가 공식 학교 교육을 받지 않았기 때문이다. 이러한 사정을 정정화는 다음과 같이 회상한다.

> 상해에는 여성들만의 모임으로 대한부인회 등이 있었으나 나는 관여하지 않았다. 이 모임의 주동 인물들은 대부분 국내에서 이화여전 등을 나온 이른바 신여성으로서 그중 몇몇은 신식 교육을 받고 앞서가는 여성입네 하고 눈 밖에 나는 행동으로 주위 사람들의 눈총을 사기도 했다. 그래서 넓지 않은 상해의 교포사회에서도 호응을 받지 못했다. 나는 그런 단체는 신식 공부한 사람들의 모임으로만 행각하고 가담할 생각조차 하지 않았다.[9]

여기에서 "보다 많은 것을 배워야겠다고 생각"한 그녀는 망명 사회의 주요 인사들로부터 적극적으로 배우고자 노력했다. 이시영이 한학과 역사 서적 등을 그녀에게 가져다주었고 유인욱(柳寅旭)은 자주 집에 들러 영어도 가르치고 미국이란 나라에 관한 얘기도 들려주었다. 중국의 고전에

---

9 정정화 1998: 65. 이 사실을 그의 아들인 김자동은 다음과 같이 적고 있나. "어머니가 처음 상해에 망명했을 무렵 상해에는 이미 신여성들이 주도하는 애국부인회 조직의 움직임이 있었다 한다. 신교육을 받지 못한 대부분의 부인들은 그러한 움직임에 관여할 생각을 못했다. 그런 일은 신여성들만이 하는 일로 생각했기 때문이다. 어머니도 예외는 아니었다"는 것이다. 이어서 그는 "그러나 사실상 그러한 단체는 주로 지식과 미모를 겸비한 신여성들의 탁상공론을 위한 모임에 지나지 않았"으며, "실제 독립운동에 기여한 일이라고 해 봐야 성명서 몇 장 내는 데 지나지 않았다"고 애써 폄하한다(김자동 1998: 332).

서부터 신학문에 이르기까지 "구할 수 있는 책이면 닥치는 대로 읽"으면서 (정정화 1998: 66) 그녀는 망명지에서 탈영토의 문화 맥락 안에 깊숙이 빠져들어 갔다. 1924년 12월 다섯 번째로 조선으로 가서 반년 동안 머무르면서 생활하는 동안에도 그녀는 결코 독서를 게을리 하지 않았다고 회상한다. 그녀는 특히 문학과 역사에 관심을 가지고 있었다. 이에 관련된 책을 늘 손에 잡으려고 애쓰면서 "학교 교육의 부족을 메우느라 내 나름대로 무진 애를 썼다"고 그녀는 회상한다. 중국으로 다시 돌아온 1925년 가을에는 유세관의 알선으로 외국인이 경영하는 혜중(惠中)학교를 한 학기 다니기도 했다(정정화 1998: 89~91).

일본의 만주 침략이 본격화한 1930년대에 들어오면서 독립운동이 소강기로 접어든 시기에 정정화는 중국말을 익히고 중국인들과 밀접하게 지내며 중국에 대한 인식이나 지식을 넓히면서 "나름대로 유용한 시간"을 보냈다. 그뿐만 아니라 세계정세의 중요성을 인식하고 중국에서 발행되는 신문, 잡지, 서적 등을 통해 국제정세의 흐름을 익히고자 했으며, 1940년대에 임시정부를 따라간 피난길에서도 "틈틈이 겨를이 생길 때마다 손에서 책을 놓지 않았다"(정정화 1998: 174; 김자동 1998: 335). 1920년대의 상하이 체류 시절 "중국의 고전이나 역사에서부터 서양 문학, 국내 역사, 문학에 이르기까지 방대한 분야를 섭렵"하는 교양을 쌓아간 기반 위에서 1930년대 중국 현지에서의 교류와 체험을 통하여 현실과 직관에 기반을 두고 "현재의 상황을 올바르게 파악하는 눈"을 기를 수 있었던 것이다.[10] 아들인 김자동은 지식을 위한 이러한 어머니의 끊임없는 모색을 다음과 같이 적고 있다.

11살에 시집가서 20살 되던 해 상해로 떠나기 전까지는 어려운 시집살이에 물론 책 들여다 볼 기회가 전혀 없었다. 그러나 어머니와 함께 이야기를 해 본 사람은 누구나 어머니의 해박한 지식에 혀를 내두르곤 한다. […] 어머니가 중국에 있는 동안 정규 교육받을 기회는 전혀 없었을 뿐만 아니라 늘 쫓기고 불안한 생활이었음에도 책을 손에서 놓질 않았고 일단 한번 잡은 책은 끝까지 독파해야 직성이 풀리는 성품이었으니 당시 전문학교나 유학 등의 정규교육을 받은 이른바 신여성들에게 조금도 뒤지지 않았다. 내가 학교에 다니기 시작하면서 어머니는 미리 내 모든 교과서를 다 자습한 후에 나를 가르쳐 주었고, 중학교에 입학한 후에도 2학년까지는 영어를 가르쳤다. 물론 어머니는 영어의 철자부터 시작해서 모두 새로 내 교과서를 보고 배워 내게 지도한 것이다(김자동 1998: 329).

정정화의 사례에서 보듯이 이 책의 주인공들은 스스로가 주체로 되어 어려운 상황을 극복하면서 교육과 지식을 추구하는 한편 그에 대한 이상을 현실에서 구현하고, 실천하고자 했다. 1919년 이래 조선 여성들 사이에 생겨난 향학열을 배경으로 "지식 훈련이 상당히 중요하다는 것을 깨"달은 이들은 "구가정의 구습을 타파하기 위해 교육에 의존해야 한다고 생각하기 시작했"으며, "새로운 조선은 교육이 아니면 건설되기 어렵다고 생각했"다는 지적(克土 2010(1923): 450~1)은 이 책의 주인공들에 대해서도 진실이었다. 이러한 맥락에서 김필례는 "기회가 생길 때마다 교육

10　이러한 점에서 김자동은 전자를 제1시기, 후자를 제2시기로 구분하여 제시하여 설명하고 있다(김자동 1998: 335).

의 필요성을 일깨워주고 싶었"고 "배운 사람이 배우지 못한 사람보다 모든 면에서 낫다는 것을 보여주고 싶었"다고 서술한다. "배운 것은 반드시 실천에 옮김으로써 배움의 힘이 얼마나 큰 것인가를 스스로 입증해 보"이고자 했다는 것이다(이기서 2012: 106).

아버지의 반대를 무릅쓰고 12살의 늦은 나이에 가까스로 학교에 들어간 권기옥은 그녀의 어머니가 노산으로 여동생을 낳자 모든 살림을 도맡아 하면서도 예비반에서 서너 살 어린 아이들과 공부했다. 아침밥을 지어놓고 부뚜막에 덮어놓고 학교에 갔으며, 저녁에는 등잔불을 밝히고 바느질을 했고, 때로는 여동생을 업고 학교에 가기도 했다(정혜주 2015: 19~21). 1918년 봄에는 숭현소학교 고등과를 졸업한 후 결혼하라는 집안의 요구와 반대를 무릅쓰고 공부를 하겠다고 버틴 끝에 같은 장로교파인 숭의여학교 3학년에 무시험으로 편입하여 입학했다. 식민지의 현실과는 대조로 학교에는 비교적 자유로운 공기가 흘렀다. 관립이 아닌 기독교 계통의 학교였기 때문일 것이다. "교육은 자아의 성장을 가져왔고, 성장한 자아는 자유를 억압하는 식민지 현실을 더 첨예하게 의식"하게 했다(정혜주 2015: 36).

배화학교 졸업반 때인 1919년 충남 논산에서 13살의 어린 나이에 소학교 교사 생활을 하다가 서울에 와서 결혼하라는 아버지의 요구를 거부하고 만주로 도망갔던 김메리는 병원 일과 교회 일을 하면서 보낸 이 시절을 "공부를 해야겠다는 열망 또한 그때만큼 확고했던 적이 없"었던 시기로 회고한다. "신앙과도 같은 배움에 대한 애정이었다고 생각"한다고 하면서 그녀는 "학문이 무엇인지도 모르면서 무조건 배워야겠다는 간절한 희망을 갖게 된 것은 명예나 출세를 바라는 것이 아닌 깜깜한

미국 컬럼비아대학 재학 시절의 황애덕

미국으로 유학 가기 전 개성에 있는 감리교 선교회 소속 고려여자관 학생들과 함께한 김메리(1929)

미시간대학에서는 아시아 여성들에게 교육의 기회를 주기 위해 바버 장학금을 신설했는데 그 첫해인 1932~3년에 김메리(앞줄 오른쪽 두 번째)와 고황경(둘째 줄 왼쪽에서 두 번째)도 받았다.

이화여전 스케이트부 선수로 활동하던
시절의 손인실

베이징 모정여자중고등학교 시절, 뒷줄 가운데가 손인실

이화여전 1학년 때 본관 앞에서,
맨 뒤쪽 왼쪽이 이봉순(1936.11)

이봉순은 미 국무성 초청 장학생으로 일리노이대학에서 유학했다. 오리엔테이션을 끝내고 각국 학생들
과 함께, 앞줄 가운데 한복 차림이 이봉순(1951)

어둠 가운데 있는 자가 새벽을 기다리게 되는 것과 같은 이치"라고 적었다(김메리 1996: 32). 이화학당을 졸업하고 1930년 1월의 몹시 추운 어느 날 그녀는 자신이 그토록 열망하던 미국 유학을 떠났다. 이 날은 "훨씬 나중이었지만 일본 천황이 죽어가는 소리로 항복을 하던 날과 함께 내 생애에 가장 기뻤던 날"로 그녀의 기억 속에 각인되어 있다(김메리 1996: 49).

여성이 여성으로서 자신의 열악한 처지를 자각하게 될 때 그로부터 벗어나는 유일한 길이 지식과 교육 이외에는 다른 대안이 없었던 이 시기의 현실에서 이들에게 학교와 배움에 대한 열망은 더욱 절실하고 그만큼 강렬한 것이 되었다. 나아가서 학교는 배움에 대한 열망과 이상을 통해서 자아의 성장과 현실에 대한 인식을 제공하는 데에만 그치지 않았다. 다른 한편으로 그것은 식민지 상황에서 이입된 형태라고는 하더라도 근대의 문화와 유행을 소비하는 장이기도 했다. 신애균은 학교 다니던 시절 "멋을 내는 돈 있는 아가씨"라야 신을 수 있었던 골로세라는 이름의 신을 아직도 기억하고 있다. "모양은 구두 덧신 비슷한데 겉은 반짝반짝하게 까만 칠을 하고 속은 린넬이라는 보드러운 솜털을 넣고 짠 것 같은 천"을 댄 이 신발은 만약 그녀가 학교에 다니지 않았더라면 접해 보지 못했을 것이었다(신애균 1974: 66). 김메리는 기숙사 생활에서 일주일에 한 번 허락된 토요일의 외출을 다음과 같이 회고한다.

학생들은 명치좌에서 조조할인 프랑스 영화를 보고 떡으로 점심을 때운 후 미스꼬시(三越)백화점 구경을 하고, 본정통의 헌책방에서 책 구경을 하기도 했다. 커피를 맛있게 끓이는 찻집에 들르는 학생들도 있지만 김활란 학감은 늘 컴컴한 찻집 같은 곳에는 가지 않는 것이 좋다고 훈시했다.

그러나 작가 지망의 문과 학생들은 문인과 지사들의 집결지인 다방에 들르는 것을 큰 낙으로 알기도 했었다(김메리 1996: 42).

그런가 하면 손재주가 뛰어났던 복혜숙은 일본에서 얼마 동안 공부하면 수예 선생이 될 수 있다는 말을 듣고 1918년 이화학당을 졸업하고 요코하마에 있는 기예 학교로 배우러 갔다. 널리 알려진 비행사 박경원을 비롯해서 조선인 학생이 5명 정도 있었던 이 학교에서 그녀는 학과 공부보다는 기숙사의 사감 선생 몰래 연극과 영화를 보러 다녔다. 급기야는 학교를 마치기도 전에 오페라와 가극을 배우기 위해 도쿄의 아사쿠사에 있는 신극무용연구소(사와모리(澤森)현대무용연구소)에 들어가기도 했다(이영일 2003: 64). 배우가 되고 싶은 열망에서 그녀는 당시 동아시아에서 첨단 근대 문명을 달렸던 일본의 요코하마와 도쿄에서 서양 영화와 가극, 악극, 오페라 등을 섭렵하면서 연극과 영화에 대한 소양을 넓히면서 자신의 꿈을 점차 실현해 갈 수 있었다.[11] 근대 문화의 이러한 세례는 일

---

11   이와 관련해서는 흥미 있는 일화가 있다. 요코하마의 기예학교 기숙사에서 복혜숙은 박경원의 도움을 받아 밤마다 몰래 가극과 영화를 보러 다녔다. 사감의 감시를 피해 기숙사 뒷문으로 가서 "수건 같은 걸 갖고 가서 감아 놓으면 빗장 소리가 울리는 걸 막을 수 있"었는데, "오는 시간에 맞춰 박경원이 나와 섰다가" 문을 열어 주곤 했다. 그러다가 어느 날엔가는 사감에게 들키고 말았는데, 어디 갔다 왔는지를 묻는 사감에게 복혜숙은 프로그램을 내놓고 설명을 했다. "오야마(女形, 가부키에서 여자 역을 하는 남자배우)로 유명한 배우가 예쁘더냐"고 묻는 사감에 대하여 복혜숙은 자신의 관람평까지 곁들여 자세히 설명했다. 이에 사감은 감탄을 하면서 다음에 갈 때는 자기도 데려다 달라고 부탁을 했다. 자신은 "일본 사람이지만 맨날 교회 앞에서만 자라고 그래서 나츠코(夏子, 복혜숙의 일본이름) 상처럼 그렇게 자세하게 모르"기 때문에 가르쳐 달라고 한 것이다. 이 일이 있고 나서부터는 마음 놓고 연극과 영화를 보러 다닌 것은 물론이다. 나중에 조선으로 돌아와서 배우로서의 발전이 없다고 생각하고 새로운 활로를 모색하기 위하여 다롄으로 갔을 때 복혜숙은 당시 다롄에서 살던 이 일본인 여선생의 도움을 받았다(이영일 2003: 99; 김항명 외 1992: 56, 71~2).

본 유학이 아니었더라면 결코 누릴 수 없는 기회를 그녀에게 제공했다.

마지막으로 이봉순 역시 1936년에 이화여자전문학교 문과에 지원하여 다니던 학창 시절을 회상하면서 "일본 사람도 일본 말도 싫어하면서 일본어 인쇄물을 읽으면서는 거부감마저 잊어버린 모순 속에서 살고 있었"던 시기라고 말한다. 전쟁으로 치닫던 1930년대 후반기의 어두운 시절을 그녀는 일본어로 번역된《세계문학전집》을 보기도 하고, 서양 영화를 관람하기도 하면서 보냈다. "이제 기억도 희미하지만 그 시절에 미쳐서 보던 영화"로 그녀는 〈무도회의 수첩〉, 〈동도〉,[12] 그레타 가르보의 〈춘희〉, 장 가뱅의 〈망향〉 등의 이름을 아직도 기억하고 있다(이봉순 2001: 38~9).

근대화와 기독교

근대화의 전반에 걸쳐 서구 기독교가 한국에 미친 영향은 여성 부문에서도 예외가 아니었다. 이 책의 주인공들 역시 기독교로부터 많은 영향을 받았다. 이들 대다수는 일찍이 기독교를 받아들인 가정에서 성장했고, 기독교 계통의 학교에서 교육을 받았으며, 또 기독교와 관련된 혹은 기독교를 통해서 직장을 얻거나 사회 활동을 했다. 실제로 이 책에 등장하는 12명의 여성은 아마도 최은희의 경우를 제외한다면[13] 직간접으로, 혹은

---

12 이 영화는 복혜숙의 사례에서도 몇 차례 언급된다. 그녀의 말에 따르면 〈동도(Way Down East)〉는 사랑을 주제로 한 프랑스 영화로서, 토월회의 박승희에 의해 새로운 연극으로 창작되어 공연되기도 했다(김항명 외 1992: 157~8; 이영일 2003: 137).

13 최은희의 경우에도 고향에서 소학교를 졸업하고 보습과라는 명칭으로 공부를 계속하던

그와 대립한 형태로나마 기독교라는 서구 종교의 자장으로부터 자유롭지 않았다.

김필례의 경우를 보면 그녀의 집안은 일찍이 기독교를 받아들이고 기독교 신앙을 일상생활에서 온몸으로 실천하고자 했다. 그녀의 어머니 안 씨는 전도를 하지 않으면 큰 죄가 된다는 믿음에서 이른바 전도부인으로서 열성을 다했다. 언더우드와 함께 들어온 선교사 화이팅(Elizabeth Fuller Whiting) 부인을 따라 황해도 일대를 걸어 다니며 전도를 했는데, 농한기인 겨울을 이용하여 주로 전도 여행을 했기 때문에 "말과 글로 다 표현할 수 없"는 갖은 고생과 난간에 부딪혀야 했다. 김필례의 전기 작가인 이기서는 "믿음만이 자신들을 진정으로 구원할 것이고, 그리스도의 사랑을 실천하는 것만이 자신들의 삶의 보람이라고 생각"하는 사람들이었다고 평가했다(이기서 2012: 43~4).

이봉순은 그녀의 증조부가 제물포에서 세례를 받고 기독교인이 되어, 고향인 함경남도 신흥으로 돌아와서 한의사 일을 보면서 교회 일과

___

중 그 지방에서 열린 예수회 지방회에 참석한 미국인 선교사 스네블리(Gertrude E. Snavely) 부인이 그녀의 어머니에게 전도한 인연으로 이 미국인 선교사의 주선으로 해주의 의정(懿貞) 여학교로 진학했다. 이 학교를 최우등 졸업한 그녀는 선교회의 지원을 받아 도쿄 유학을 가게 되었으며 그를 위한 준비로 경성여자고등보통학교로 진학했는데, 손정도 목사가 보증인이 되었다(최은희 1980: 30, 33). 그럼에도 불구하고 그녀는 이 시기 대다수 자유주의 계열의 여성들과는 달리 기독교인이 되지도 않았고 미국 선교사 조직을 배경으로 활동하지도 않았다. 해방 이후 병으로 입원할 당시 그녀는 간호원이나 환자들과 함께 교회 예배에 참석하기도 하고, 딸이 다니는 성결교회의 예배당에 따라가기는 했으나 기독교를 믿지는 않았다. 미국 유학을 가는 둘째 딸이 교회에서 "우리 어머니 교회에 나오시도록 자주 심방해" 달라는 부탁을 고맙게 생각하면서도 그녀는 "나는 내 나름대로 종교의 해석을 달리하기 때문"에 교회에 나가지 않았다고 적고 있다. 자신의 생일날 유학 간 딸을 그리며, "경건히 꿇어앉아 합장하고 내 딸의 행복을 거듭거듭 축수"했다는 것으로 미루어 그녀는 어느 편인가 하면 오히려 전통 불교의 정서에 더 친숙했던 것으로 보인다(최은희 1980: 546, 554).

전도를 하면서 믿음을 갖게 되었다. 동네에서는 그녀의 집을 "이 진사네 혹은 예수집"으로 불렀는데, 학교에서 돌아온 그녀는 할아버지 앞에서 "천자문을 배우고 고린도전서 13장을 따라 읽었"으며, 아침저녁으로는 "식구들이 모여 가정 예배를 보고 주기도문을 달달 외어야만" 했다(이봉순 2001: 11~3).

이처럼 이들이 외래 종교로서의 기독교를 받아들이게 된 데에는 몇 가지 계기가 작용했다. 비록 종교가 믿음과 영성의 정신에 관한 것이라 하더라도 무엇보다도 먼저 여기에는 일상에서 당면한 어려움을 해결한다는 생활에서의 실제 동기가 있었다. 예컨대 황애덕의 가족은 막내인 황신덕이 태어날 때 태가 나오지 않는 곤경에 처해 있을 때 감리교 선교사인 로제타 홀(Rosetta S. Hall) 부인의 도움을 받아 무사히 출산할 수 있었다. 황신덕의 아버지 황석헌은 당시 동화약국 제약의 한의사로서 안정된 생활을 하고 있었지만, 낯선 서양 선교사의 도움을 받고 나서 교회에 나와 "하나님을 믿고 그 뜻대로 행하는 것이 곧 은혜를 갚는 것"이라는 홀 부인의 말을 듣고 가족 모두가 세례를 받고 믿음의 길로 들어선 것이다(박화성 1966: 16~20, 34).

권기옥도 이와 유사한 사례에 해당한다. 권기옥이 6살 되던 해에 장티푸스에 걸리자 이웃에 사는 장대현 교회의 전도부인들이 기도를 해 주겠다고 찾아 왔다. 비록 무당을 부르지는 않았지만, 기도와 찬송을 하는 이들 부인들 뒤에서 어머니는 연신 절을 하며 비나리를 했다. 사흘 후 권기옥의 생기가 돌아오자 전도부인들의 기도 덕에 딸이 살아났다고 생각한 그녀의 어머니는 이 일을 계기로 교회에 나가기 시작했다. 하지만 권기옥이 세례를 받은 것은 이보다 한참 뒤인 16살 나던 해의 겨울이었다.

자신이 직접 선택한 세례명은 성경에서 가장 좋아하는 에스더 이야기의 주인공 에스더였다. 식민지의 가난한 집의 딸인 것만큼이나 강인한 의지와 지혜로 스스로의 운명을 극복하는 이야기가 좋아서 처음으로 자신이 선택한 이름이기도 했다(정혜주 2015: 15~6, 29).

한 개인의 삶에서 자신이 사는 집을 직접 짓는다는 것은 예나 지금이나 결코 쉬운 일은 아니다. 신애균 아버지의 새 집을 지어준 목수인 이기풍(李基豊)은 한국의 초대 교인이며 장로였다. 처음 집을 지을 때 이 목수는 "나는 예수교인이어서 주일날은 예배드리는 날이기에 쉬어야 한다"는 약조를 했는데, 집을 짓는 과정에서 전도를 받은 그녀의 아버지는 "성경 읽기를 시작하더니 정말 교인이 되어 사돈 영감까지 믿게" 했다(신애균 1974: 35). 일상의 우연한 계기로 인해 기독교를 믿게 된 사정은 손인실의 경우에도 찾아볼 수 있다. 그의 아버지 손정도는 20살 되던 해 과거를 보기 위해 평양을 가다가 우연히 묵게 된 집의 목사를 통해 기독교와 신학문을 소개받았다. 이를 계기로 기독교인이 되어 집으로 돌아와서 사당을 부숴버린 일로 말미암아 고향을 등지게 되어 평양 숭실학교에서 신학문을 공부하고 목사가 되었다(안혜령 2001: 18~9).

복혜숙의 아버지는 감리교 목사로서 그녀 자신은 유아세례를 받았다. 그녀의 아버지가 기독교를 믿게 된 것은 잦은 정변과 무질서와 혼란이 지배하던 당시의 시대 상황에서 무언가에 의지하고 기댈 수 있는 의탁처가 필요했기 때문이었다. "댈 데가 없으니깐드루 아마 그렇게 신앙생활로 들었든가 봐"라는 그녀 자신의 언급에서 보듯이(이영일 2003: 75) 이러한 사정은 무질서한 일종의 아노미 상황에서 세상에서 무엇엔가 기댈 수 있는 의지처로서 종교의 기능을 반영하는 것으로 이 시기 중하류층에서 흔히 찾아볼 수 있는 현상이었다. 그러나 충남의 대천과 논산, 강원도 금화 등지에서 목사로서 사역한 그녀의 아버지는 당시로서는 낯설었던 이 외래 종교를 받아들인 대가를 지불해야 했다. 고향인 보령에서 기독교를 받아들인 그녀의 아버지는 "계급도 없애고 제사도 지내지 말고 해서 유림이 들고 일어나서 박해를 받"았다. "저 놈 나쁜 놈이라고, 동학 하던 놈이 돼서 그런가 보다"는 비난을 받은 그녀의 아버지는 "난 동학은 아니오, 서학을 하오 그랬더니 서학은 더 나쁜 놈이라 해서 보령 옆의 남포라는 고을로 어머니까지 끌려"갔다. 동학은 그래도 같은 인종이라서 봐줄 수 있지만, "저건 계급도 모르고 봉제사도 안 하고 그런 나쁜 놈이라고 그래서" 마을에서 추방당하여 인천으로 피난을 간 것이다(이영일 2003: 76~8).

나아가서 서구 기독교는 교육에 대한 이들 여성의 필요를 깨우치고, 그에 접근할 수 있는 통로를 제공했으며, 때에 따라서는 그것을 성취하는 데 필요한 자원을 지원했다. "조선 부녀의 각성은 교육에 의거하고 있"는바, "여기서 말하는 교육은 조선의 교육이 아니며 연원을 거슬러 올라가면 일찍이 교회에서 설립한 학교에서의 교육"(克土 2010(1923): 449)이라는 언급은 이러한 맥락에서 나온 것이다. 김필례는 1920년 10월 미국 남장로교 부인조력회 창설자인 윈스보로(Halle P. Winsborough)가 광주를 방문했을 때 만난 인연으로 그 재정 후원을 받아 자신과 남편이 미국 유학을 가서 스콧(Agnes Scott)대학과 컬럼비아(Columbia)대학에서 학위를 마칠 수 있었다.[14] 1922년 12월 일본의 도쿄여자미술전문학교로 입학한 장선희

14　이 시기 미국에서 남장로교 부인조력회는 카네기가 설립한 스탠다드 오일 회사 다음으로

역시 미국에서 파견된 선교사들의 지원을 받아 학업을 마칠 수 있었다.[15] 나중에 그의 남편이 된 오학수(吳鶴洙)도 대구의 브해리(H. M. Bruen) 선교사에게 일본 고베 신학교로 유학할 수 있도록 주선해 달라고 간청하여 일본 유학을 하고 목사가 되었다(단운선생기념사업회 1985: 244~5). 이와 비슷한 사례들을 이 시기 다른 신여성들에게서 찾아보는 것은 어렵지 않다. 예컨대 널리 알려진 인물로서 김마리아나 박인덕의 미국 유학도 이러한 지원에 힘입은 것이었다.

이러한 재정 지원이 비단 서양 선교사들에 한정된 것만 아니었다. 비록 민족독립이라는 동기가 복합하여 작용했다 하더라도 신애균의 경우는 조선인에 의한 선교의 일환으로 여성 교육이 이루어진 사례를 보인다. 아버지의 반대를 피해 도망치다시피 고향을 떠나 성진의 보신여학교에 입학한 신애균은 아버지의 친구인 강 장로의 학비 지원을 받았다. 그녀가 고등여학교를 졸업하면 고향의 "차호교회에 학원을 세우고 차호 여자아이들을 가르치게 한다는 복안"이었다(신애균 1974: 70, 80). 그런가 하면 때로는 기독교 미션계 학교의 국제 네트워크는 일본의 식민지 학제의 규정과 제한을 회피할 수 있게도 했다. 만주에서 명신여학교를 졸업하고 서울의 이화여전에 진학하고자 했으나 만주에 있다는 이유로 응시 자격을 갖출 수 없었던 이봉순이 같은 캐나다 선교부 산하에 있는 함흥 영생고등여학교로 진학할 수 있었던 사례는 이러한 사정을 잘 보인다(이봉순 2001: 20).

영향력을 가진 조직으로 평가될 만큼 큰 조직이었다. 양국주 2012: 163, 166 참조.

15 윤산은(G. S. McCune) 목사의 누이 윤가태(尹嘉態)와 기안나(奇安拿)가 자신들의 봉급에서 매달 40원씩 송금해 주었다(단운선생기념사업회 1985: 246).

신애균 혹은 김마리아나 박인덕의 사례에서 유추할 수 있듯이 선교사의 지원을 받아 교육을 받은 이들은 나중에 스스로가 직간접으로 기독교의 선교와 관련된 영역에서 생계를 영위하거나 사회 활동을 했다. 한국전쟁 동안에 손인실이 주일본 미국 극동사령부의 '심리전' 담당 부서에 배치되어 미군속의 대우를 받으며 영어를 중국어로 번역하는 일을 했던 것이나,[16] 부산에서 피난민 생활을 하면서 김활란의 소개로 미8군 민사처에 취직하여 통역도 하고 타이프도 치고 서류 번역도 맡아서 하면서 생활의 안정을 되찾은 이봉순의 사례는 이러한 사실을 잘 보이고 있다(이봉순 2001: 60~1).

물론 서구 기독교의 수용이 이처럼 생활에 소용되는 세속의 실질 이익이라는 동기에 의해 추동된 것만은 아니었다. 동시에 그것은 한 개인이 태어나고 성장한 토착 사회와는 다른 차원의 문화 규범이나 에토스에 접할 수 있는 기회와 동기를 부여했다. 신앙을 통한 구원과 사랑의 실천이 삶의 보람이라고 믿었던 김필례 가족의 사례는 이 책에 등장하는 다른 인물들에 대해서도 마찬가지로 적용될 수 있다. 이러한 점에서 김필례는 "하나님의 품 안에서 모든 사람은 평등"하다는 믿음에서 "양반 상놈 구분 안 된다. 누구든 사람답게 살 권리가 있다"는 주장을 생활 속에서 실천하는 삶을 살았다(이기서 2012: 96).

모든 사람이 평등하다는 신앙의 가르침에도 불구하고 당시의 초기 교회는 "남반과 여반 사이에 휘장치고 예배 세례 받을 사람들은 휘장 앞

---

16 함께 온 아이들이 미국인 학교의 부속 유치원을 다니면서 보낸 2년이 안 되는 이 짧은 기간을 그녀는 '천국 같은 시절'로 회상한다(안혜령 2001: 104~5).

으로 나가 꿇어" 앉도록 했다. 1904년 연동교회의 풍경에서 14살의 김필례는 남자와 여자 사이에 휘장을 치고 앉아서 예배를 보았던 장면을 기억한다(이기서 2012: 45, 53). 이 사례는 토착의 신앙인들이 서양 선교사들보다도 오히려 더 기독교의 가르침에 충실할 수도 있었다는 사실을 시사한다. 이와 관련해서는 김필례가 광주의 수피아 여학교에서 가르치던 시절의 에피소드가 있다. 소아마비 증상이 심한 학생이 이 학교에 입학을 지원하자 학교에서는 그 허락 여부를 둘러싸고 논쟁이 일어났다. 만일 이 학생의 입학을 허락한다면 학교가 "자체부자유아 집단수용소"가 된다는 이유로 교사들 대부분이 반대하는 상황에서 남장로교 소속 선교사인 교장 커밍(Daniel J. Cumming, 김아각) 박사는 선뜻 자신의 의견을 제시하지 못하고 있었다. 이에 대하여 김필례는 몸이 성한 아이는 교육을 받지 않아도 제 힘으로 일어설 수 있고 생활할 수 있지만, "장애아는 다른 사람의 도움을 절실히 필요로" 한다는 이유에서 "교육을 통해 일어설 수 있는 방법, 앞으로 사회에서 다른 사람의 도움 없이 생활할 수 있는 방법을 배워야 한다"고 설득하여 입학을 관철한 바 있다(이기서 2012: 129~31). 기독교 정신의 환기와 그것에로의 복귀를 주장함으로써 장애에 대한 사회의 편견과 배제를 물리친 것이다.

비록 권기옥처럼 스스로의 선택이 아니라 하더라도 태어나면서 '삼식'으로 불렸던 김메리가 메리란 이름을 얻은 것은 어머니가 기독교 신자가 되고 나서였다. 이때부터 그녀는 "어머니 무릎 위에 앉아 '서로 사랑하라'는 성경 구절과 '예수 사랑하심은'이란 찬송가를 배웠"으며, 그때 어머니가 자신에게 심어준 "신앙심은 내 평생을 통해 깊이 뿌리를 내리면서 나의 삶을 지탱해 왔다"고 회상한다.[17] 결혼을 강요하는 아버지에 대하여 그녀는 무슨 일이 있어도 공부를 더해서 "훌륭한 선생이 되고 외국에 나가 좋은 일을 많이 해야겠다"는 결의를 가지게 되었다. 그녀는 이러한 결심을 "어려서부터 다니던 주일학교 선교사들에게 받은 영향"으로 설명했다(김메리 1996: 29). "신앙과도 같은 배움에 대한 열망"을 통하여 명예나 출세가 아닌 다른 무언가를 지향하고자 했던 간절한 희망을 스스로가 자각할 수 있었던 것은 선교사들의 덕분이라고 그녀는 지적한다(김메리 1996: 32).

나아가서 그것은 긍정의 의미에서든 부정의 의미에서든 서구풍의 가치와 취향과 문화로서의 일종의 아비투스(habitus)를 형성했다. 황애덕은 한국전쟁 시기 미국에 체류하는 동안 본국의 아들들에게 보낸 편지에서 경제관념에 대한 미국인들의 철저한 태도와 규칙과 과학에 입각한 생활양식을 강조하고 있다(박화성 1966: 204~5). 막냇동생인 황신덕의 아들 임형빈은 가족 내에서 '미국 이모'로 불렸던 황애덕의 집에는 "일제 말기에도 얻기 어려운 건포도가 떨어지지 않았"고, "거처뿐 아니라 사고방식과 생활 태도 그리고 체취가 미국적"이었다고 회고한 바 있다.[18]

이와 비슷한 사례는 손인실의 경우에도 찾아볼 수 있다. 1949년 6월 남편인 문병기가 미 국무성 장학금으로 미국 유학을 가서 아버지가 없는 상황에서도 손인실은 여자기독교청년회(YWCA)에서 만든 "과자며 사탕

---

17 김메리의 신앙이 물론 일관되지는 않았다. 때때로의 시련이 닥쳤고 시험에 빠져들기도 했다. 용정에서 3년 동안 생활하는 동안 "예배당 반주를 하면서 내 마음속에는 하나님에 대한 원망으로 가득 차기 시작했고, 신앙은 식어가고 있었다"고 고백한다(김메리 1996: 33, 118).
18 "이국적인 멋이 풍기는 책상"과 동양적인 것은 아닌, "표현하기 어려운 독특한 냄새"의 이층 방은 뭐라 표현하기 어려운 강렬한 인상을 그에게 주었다(박화성 1966: 293~4).

같은 간식거리로 아이들 선물"을 마련해서 파티를 열어 주었다. 손인실 전기의 저자인 안혜령은 "폐쇄적인 데다 체면을 중시하고 솔직하지 못한 우리 문화에서 개방적이고 놀면서 즐기는 와이의 풍습은 빈축을 사기도" 했다고 지적한다. "일부 교회에서는 와이를 세속화되었다고 비난하고 사회에서는 미국물이 들었다고 못마땅해 했다"는 것이다. 그러나 손인실의 아이들에게 "그런 사정이야 알 바 아니었으니, 엄마가 들고 오는 그 맛난 것들이 그 시절에는 귀한 음식들이었기에 아이들은 사촌들 앞에서 으쓱 대기도" 했다고 안혜령은 적었다. 실제로 해마다 크리스마스는 기독교인 답게 이 집에서 가장 큰 축제의 하나였다. 손인실의 딸인 문성자는 어머니인 손인실 스스로가 산타클로스로 분장한 1949년의 크리스마스를 특별히 기억한다(안혜령 2001: 89~91). 자신의 남편을 '대디'로 호칭하는 사실에서 보듯이(안혜령 2001: 207), 손인실에게 미국의 문화와 가치는 그녀의 정신에 신체화되어 일상을 통해 구현되었다.

일종의 아비투스로서 미국 문화에 대한 몰입은 복혜숙에게서도 찾아볼 수 있다. 어린 시절 아버지의 목사관에 선교사가 오면 "고꾸상(cook) 이 빵을 구워서 커피를 끓여" 주곤 했던 사실을 그녀는 먼 훗날까지도 기억한다. "예닐곱 살이지만 목사 딸이라고" 주었던 커피의 "쓸쓰름하고 아주 안" 된 맛을 그녀는 여전히 잊지 못한다. "설탕을 타서 들큰하게" 해서 "보름이고 이십 일이고 먹고 나면 구수하고 냄새가 먼저 들어"오는 커피에 "아주 인이 배겼다"고 그녀는 말한다. "구수하고 숭늉 같은 네스 커피" 는 "나중에 자꾸 먹고 싶어 고꾸상이 조금 싸주"곤 했다는데, 주지하듯이 복혜숙이 비너스라는 이름의 카페를 처음으로 차렸던 것도 이러한 이유에서였다고 그녀는 설명한다. "밤을 새우는 때가 있어 오후 두 시나 세 시

에 일어나도 커피를 안 먹으면 잠이 안 깨는 거 같"아 "커피를 그냥 대접
으로 먹"는 경우도 있었다. 한국전쟁이 나고 1·4후퇴 때에는 미군의 레
이션 박스(rations box)에서 나오는 은(박)지로 포장되어 깨끗한 커피를
"혓바닥으로 핥아 먹"기도 했다. "물이 없으므로 어디 가서 집이 있으면
물 좀 달라 그래서 마시고 그렇지 않으면 종일 그걸 핥고 다"녔다는 것이다
(이영일 1996: 80~1).

이처럼 이 시기 여성의 의식과 교육, 그리고 자아정체성의 형성에
기독교가 많은 역할을 했다고 해서 이들이 그에 대한 아무런 문제 제기
나 비판 의식 없이 일방으로 그것을 받아들이기만 하지는 않았다. 자신
이 독실한 기독교 신자임에도 불구하고 황신덕은 이화학당 교원으로 재
직하면서 교장인 아펜젤러(Alice R. Appenzeller)와 종종 충돌하곤 했다.[19]
일본인 교사와 조선인 교사의 차별 대우에 항의하는가 하면, 사감으로 일
할 때는 기숙사의 자치제를 요구하기도 했다. "돈은 당신네들이 내지만
경영권은 우리에게 주"라고 문제를 제기한 것이다(박화성 1966: 118).

당시 미국 유학을 갔던 한국인 대부분이 경험해야 했지만, 미국에서
겪은 인종차별은 기독교 국가로서 미국이 표방하는 자애와 평등의 국가
라는 이미지의 허상을 깨트리는 것이었다. 미국에 가서 첫 여름방학에 기
숙사가 문을 닫기 때문에 집을 얻으러 다니던 김메리가 겪은 수난도 그
러한 것이었다. "동양인(Oriental)은 받지 않는다"는 집주인의 말을 듣고

---

19 남자 선생들과 영화 구경을 간 일에 대해 품행 운운하며 미국의 풍속을 강조하거나 교장
의 허락 없이 학생들을 데리고 영화 보러 간 일을 책망하는 미국인 교장에 대하여 자기의 주
장을 굽히지 않은 일화를 소개하면서, 황신덕 전기의 작가인 박화성은 "자기의 주장을 내세우
고 개성이 강한 사람을 일반으로 싫어하는 선교사들의 관습을 타파"했다고 평가한다(박화성
1966: 116~7).

그 이유를 물으니 동양인은 더럽기 때문이라는 대답을 들은 그녀는 "난 생 처음 당하는 수모요 인종차별"이라고 비난한다. "선교사들한테 사랑을 받고 좋은 가르침만 받아 서양 사람들은 모두 친절하고 천사 같은 사람들인 줄 알았는데 면전에서 그런 꼴을 당하고 보니 분하기도 했지만, 오히려 냉정해지기조차 했다"고 그녀는 적었다(김메리 1996: 59).

이미 서술했듯이 기독교 가족에서 세례를 받은 권기옥은 중국으로 와서 생활하면서 이른바 '민족 종교'에의 접촉을 통해 기독교를 상대화하는 시각을 가질 수 있었다. 신규식이 주재하는 대종교 시교당을 방문한 그녀는 여기에서 "박은식의 배달민족사, 김두봉의 우리말에 대한 열정, 신규식의 한국혼 설강"을 듣고 최동오나 신규식과 같은 민족주의 인사들과 교유하면서 "기독교 편식에서 벗어날 수 있었다"고 회고했다(정혜주 2015: 94).

그런가 하면 전통의 유교를 숭상하는 외가와 기독교를 믿는 친가 사이를 오가며 성장한 이봉순은 "완전히 서로 다른 가풍과 종교(친가와 외가) 사이에서 어느 편에도 속하지 못하는 애매한 위치"에 처해 있는 자신을 발견했다. "자신은 둘 다 수용할 수 있었"지만, "기독교 쪽이 좀 더 독선적인 것 같았다"고 그녀는 평한다.[20] 이처럼 어릴 때부터 기독교와 유교 사이에서 방황하던 그녀는 부모가 있는 만주의 용정으로 가서 일종의 문화 충격을 경험한다.[21] 그럼에도 불구하고 그녀에게 용정은 이러한 종교 갈등

---

20 이봉순 2001: 14 참조. 그럼에도 그녀는 "기독교 가정에서 태어나 아기 세례를 받고 어른들의 신앙을 물려받아 이 날까지 살아왔지만, 어머니같이 간절한 신앙심과 믿음으로 살아 본일은 없"다고 하면서, 자신이 "이만큼이라도 일하면서 사회생활을 할 수 있었던 것은 전부 어머니의 믿음과 기도의 은덕이라 생각"한다고 말하고 있다(이봉순 2001: 34).

이 해소된 바로서의 고향과 같이 푸근한 곳이었다.[22]

아마도 기독교에 가장 비판 의식을 보인 사례로는 임순득을 들어야 할 것이다. 임순득의 생애 과정에서 기독교의 영향은 거의 보이지 않는다. 기독교의 가정에서 자라지도 않았고 기독교의 배경과는 인연도 없었다. 이화여고보 3학년이 되던 1931년 6월에 그녀는 학생동맹휴학을 주도했다는 이유로 경찰에 체포되었다.[23] 이화여고보의 교장인 처치(Marie E. Church)와는 사이가 아주 나빴던 임순득은 "용감하게 단상으로 뛰어 올라가 교장과 교사 배척문을 낭독하고 전교 동맹휴학을 선포"했으며, 이 사건으로 임순득은 나이가 어리다는 이유로 기소유예되었지만 학교에서는 퇴학을 당하고 말았다(이상경 2009: 59~64).

---

21 "어머니는 시골에서 온 딸의 모습을 보고 기막혀 하셨다"는 언급에서 보듯이 그녀의 어머니 역시 조선의 벽지에서 자란 딸을 보고 충격을 받았다(이봉순 2001: 17). 나중에 미국으로 유학을 가서 그녀는 또 다른 문화 충격을 경험한다. 가장 충격을 받은 것은 "샤워장에서 알몸으로 활보하는 광경"이었다. 아무리 "그쪽 생활풍습에 익숙하려 노력해도 도저히 알몸으로 복도를 활보할 용기는 없었"기 때문이다. 어느 날엔가는 "방 동무가 몸에 흉터라도 있느냐고 물어서 아니라고 했더니 왜 타월을 몸에 감고 다니냐"고 웃었다고 그녀는 말하고 있다(이봉순 2001: 65~6).

22 "그런 가운데서 용정은 나의 의식이 눈을 뜨고 성장하는 과정에서 고향같이 푸근함을 느끼게 해 주던 곳, 넓은 들과 산하, 그리고 실향민들의 쌓인 한과 정을 품어주는 어머니 같은 곳"이라고 그녀는 적었다(이봉순 2001: 20).

23 신문에서는 이 사건을 기독교 학교의 대표 격인 이화여고보에서 기독교 교육에 반대하는 것이라는 데에 큰 의미를 두어 보도했다(이상경 2009: 57).

민족 이산과 초민족주의

다음에 이 책에 나오는 여성들의 가족은 한반도에만 한정되지 않은 동아시아 차원에서의 민족 이산(diaspora)을 경험했다. 1980년대 이후 극대화된 속도와 이동성의 증대를 야기한 지구 차원에서의 글로벌화를 배경으로 안정성과 단순함에 기반을 둔 이민이나 임시의 이주로부터 보다 불안정하고 복잡한 형태의 새로운 이주 유형으로서의 트랜스 이주(transmigration)의 출현을 가져왔다(Mahler 1998: 73). 아쥰 아파두라이는 이러한 맥락에서 일정 지역 내의 특정한 장소를 보다 큰 초국가의 망과 연결된 하나의 입지점(location)으로서 이산의 전환점(diasporic switching point)으로 재정의하고자 한다(Appadurai 1996: 172).

비록 시기와 맥락에서 차이가 있다고는 하더라도 동아시아 차원에서 개방체제가 형성된 20세기 전반기의 동아시아 역시 트랜스 이주와 이산의 전환점에 의거하여 이해할 수 있을 것이다. 이 시기 동아시아에서 고유하게 형성된 지역성의 유형은 한편으로는 초국가의 글로벌화하는 문화와 역사 상황에서 탈영토를 지향하지만 또 한편으로는 각각의 지역 문화와 맥락 속에 철저히 연관된(이진경 2011: 336) 상황으로 비유될 수 있다. 이 책의 주인공들 역시 제국주의의 마지막 단계를 배경으로 조성된 식민과 반식민의 동아시아의 문화와 역사 상황에서 탈영토를 지향하거나 때로는 강압에 의해 밀려나면서 다른 한편으로는 해당 지역 문화의 맥락 안에서 철저히 묻힌 상태에서 생애 과정의 일정 주기를 보냈다.

황해도 장연군(長淵郡)의 소래마을에서 태어난 김필례는 서울로 올라와 연동여학교에 다니다가 학교를 마친 다음에 1908년 8월 서울에서 부산으로 가는 기차를 타고 부산에서 연락선으로 시모노세키(下關)로 가서 다시 기차를 타고 도쿄에 도착하여 도쿄여자학원 중등부에 편입했다. 2학년이 되던 1911년에 그녀는 105인 사건으로 만주로 망명한 오빠 김필순을 따라 서간도로 가려고 귀국했으나 어머니의 완강한 뜻에 따라 서간도행을 포기하고 도쿄로 다시 돌아와서 학교를 졸업하고 1916년 서울로 와서 이제는 정신여학교로 바뀐 모교에서 가르쳤다. 1918년 연동교회에서 최영욱과 결혼한 이후 오빠가 정착한 중국 헤이룽장성 치치하얼(齊齊哈軍)로 이주한 그녀는 다시 남편의 고향인 전라도 광주로 가서 시집생활을 했다(이기서 2012: 50~4, 66~7, 79~82, 97~9).

평양 외성의 배재(梨峴) 마을에서 살던 황애덕은 1900년에 하와이 이민단의 일원으로 떠나가는 오빠를 지켜보았다. 이듬해 평양 성내에 이주하여 정진소학교를 마치고 서울의 이화학당에 입학했다. 1909년 이화학당을 졸업하고 이듬해인 1910년에는 평양으로 귀향하여 숭의여학교 교원으로 가르치다가 이듬해인 1911년[24] 제1회 총독부 의학전문학교의 여자청강생으로 서울로 올라가 생활했다. 1917년에는 일본으로 가서 도쿄여자의학전문학교에 입학하여 공부하다가 1919년 3·1운동이 나자 다시 서울로 돌아왔다. 3·1운동 이후 결성한 대한민국애국부인회 사건으로 이 해 말에 체포되어 이듬해인 1920년 6월 3년 형을 언도받아 대구감옥에서 복역하다가 1년을 감형받아 가출옥했다. 출옥 이후 다시 서울로 올

---

24 이 연도는 "숭의학교에 1년 남짓 있다가 드디어 의학 전공의 뜻을 정하게 되었다"(박화성 1966: 66)는 구절에서 추산한 것이다. 총독부 의학전문학교 여자청강생은 제2회가 1918년에 졸업하는 것으로 미루어 볼 때(임선영 외: 2018: 94) 황애덕의 여자청강생 1회 입학은 1912년 이후에 일어난 것일 수도 있다.

라와 이화학당 대학부 3학년에 편입하여 1924년에 졸업하고 모교인 이화학당의 교원으로 일했다. 1925년 8월에는 서울을 떠나 부산에서 연락선을 타고 도쿄로 가서 머물다가 미국으로 건너갔다. 캘리포니아에 도착하여 당시 시카고에 살고 있던 오빠를 만나고 뉴욕 주의 시라큐스를 거쳐 뉴욕 컬럼비아대학에서 3년 동안 공부하고 1928년 6월 고국으로 돌아왔다(박화성 1966: 23, 39, 44, 66~7, 71, 78~9, 112~3, 126~8, 145~8).

장선희는 평양의 박구리(博九里)에서 태어나 이듬해인 1894년 동학농민운동으로 강원도 회양(淮陽)으로 가서 피난살이를 했다. 1900년 봄에는 회양을 떠나 황해도 안악으로 이사했으며, 여기에서 양산소학교 여자반에 입학하여 공부하다가 1905년 안신소학교가 설립되면서 1회 입학생이 되었다. 1908년에 졸업을 하고 모교인 안신소학교에서 교편을 잡다가 1911년 평양 숭의학교를 거쳐 1912년 서울의 정신여학교에 편입했다. 1914년에 정신여학교를 졸업하고 경성여자고등보통학교 기예과에 편입하여 이듬해인 1915년에 이 학교를 졸업하고 모교인 정신여학교의 교사로 일했다. 1919년 3·1운동 발발 이후 대한민국애국부인회에서 활동하다가 2년 형을 선고받아 대구감옥에서 복역한 다음 1922년 5월 출옥하여 정신여학교에서 일했다. 같은 해 12월에 그녀는 일본으로 건너가 도쿄여자미술전문학교 자수과에서 입학했다. 이듬해인 1923년에는 도쿄미술전문학교 동양화과 3학년에 편입하여 이듬해인 1924년 이 학교를 졸업하고 고국으로 돌아왔다(단운선생기념사업회 1985: 61~2, 68~9, 72, 90~92, 97, 100, 244~5, 250).

정정화는 서울에서 시집살이를 하다가 1919년 10월 상하이로 망명한 시아버지와 남편의 뒤를 따라 압록강을 건넜다. 자신이 선택한 이 "고난

1929년 이화여전을 졸업한 김메리가 개성에 있는 어머님을 뵈러
갔을 때 그곳 감리교 선교회 소속 고려여자관에서 기타를 배웠다
(뒷줄 왼쪽이 김메리).

1935년 이화여전 음악과 졸업식 때의 김메리. 건물에는 '교육보국', '지인지구'라고 쓴 일본 군국시대를
보여주는 현수막이 걸려 있다.

최초의 여성 비행사 권기옥

1935년 무렵의 권기옥(왼쪽에서 두 번째)

영국 WCTU 대회에 참석한 각국 대표들과 함께 한 황애덕

의 길"을 그녀는 1919년 말로 기억한다. 서울역에서 야간열차를 타서 의주에서 펑톈으로 가는 기차를 갈아타고 압록강 철교를 지나 선양을 거쳐 산해관, 톈진, 난징을 거쳐 상하이까지 연이어 기차를 갈아타면서 10일 이상을 열차 안에서 보내는 긴 여정이었다. 상하이에 도착하여 생활하면서 임시정부의 비참한 상황을 경험한 그녀는 자금 조달을 위해 다시 국내로 잠입하기로 하고, 상하이에서 배편을 이용해서 안동현으로 간 다음 압록강 철교를 건너 신의주를 거쳐 서울로 들어왔다. 20일 정도 서울에 머물던 그녀는 1920년 4월 초에 왔던 길을 되짚어 서울을 떠나 상하이로 되돌아왔다. 모국임에도 불구하고 "적지에 잠입해 들어왔다가 탈출해 나가는 기분"으로 돌아온 이 '작은 모험'은 "상해 망명 사회에서 제법 화제가 되었고, 나중에는 모르는 사람이 없을 정도"가 되었다. 이듬해인 1921년 늦은 봄 두 번째로 본국에 '밀파'된 그녀의 여정은 이후 1931년 초에 이르기까지 여섯 차례에 걸쳐 이어졌다.

해방 이후 1946년 귀국할 때까지 다시 본국으로 돌아가지는 않았지만, 1931년의 만주사변 이후 일본의 중국 침략이 본격화하면서 정정화는 또 다시 긴 이주의 여정을 떠나야 했다. 1934년 남편을 따라 강서성 풍성현(豊城縣)의 풍성에서 생활하다가 이듬해 무령현(武寧縣)으로 이주하여 3년 가까이 생활했다. 1938년에는 강서성을 떠나 호남성 장사시(長沙市)로 가서 임시정부와 합류했다. 이후 임시정부의 이동과 운명을 함께 하면서 광주(廣州), 삼수(三水)를 거쳐 목선을 전세 내어 주강(珠江)을 따라 광서성(廣西省)의 오주(梧州)를 거쳐 유주(柳州)에 도착하기까지 40여 일 동안을 배 위에서 생활하면서 이동했다. 1938년 2월 무령을 떠나 구강과 무한을 거쳐 장사에서 임정과 합류한 이후 다시 광주, 불산, 삼수, 오주, 계평,

석룡을 지나 유주에 도착하기까지 무려 1년 가까운 시간이 걸린 긴 여정이었다.[25] 그렇다고 해서 여정이 아직 끝난 것은 아니었다. 반 년 무렵을 유주에서 머물다가 그녀는 일행과 함께 귀주성의 수도인 귀양(貴陽)을 거쳐, 준의(遵義)를 지나 1939년 4월 말 기강현(綦江縣)의 기강을 지나 사천성의 중경에 도착했다. 장장 5000km에 이르는 피난길이었다. 중경에서 해방을 맞은 그녀는 다시 먼 길을 거쳐 조국으로 돌아와야 했다. 중경에서 목선으로 완강을 타고 와서 동정호로 와서 꼬박 나흘에 걸친 여정 끝에 호남의 악양성에 도착하여 한구를 거쳐 기선으로 남경에 도착했다. 여기에서 기차로 상해로 와서 1946년 5월 초 상해를 출발하여 사흘 후 부산의 난민수용소에서 지내다가 열차로 마침내 서울역에 도착했다(정정화 1998: 18, 50~1, 58~65, 69, 99~100, 123, 149~50, 154, 158, 162, 168, 174, 253~4, 257~8, 267~9).

평남 중화군 설매마을에서 태어난 권기옥은 러일전쟁의 와중에 성안의 장대현 고개로 이사했다. 장티푸스가 유행하면서 그녀는 중화군의 외가에 잔심부름등이로 보내졌다. 학교에 가기 위해 다시 평양성으로 온 그녀는 1912년 숭덕소학교에 입학하고 1918년에는 숭의여학교로 진학했다. 3·1운동 이후에는 여자전도대를 조직하여 단원의 지도자로서 함경북도 안주와 진남포, 그리고 경상남도로 순회전도를 가서 대구, 밀양, 경주 등 20여 개의 지역을 돌면서 순회강연을 했다. 평양에서 임시정부의 폭탄제조와 공채 전달 등의 활동을 하던 그녀는 안전에 위협을 느껴

---

25 중국 대륙의 동쪽 끝인 강소성에서부터 시작하여, 대륙의 가운데인 호남성 장사로 갔다가 남쪽인 광동성으로 내려갔고, 다시 서북쪽 광서성을 향하여 물길을 따라 올라왔다(정정화 1998: 163~4).

1920년 진남포를 거쳐 황해도 송화 포구에서 멸치잡이 배를 타고 산둥성 영성현을 거쳐 상하이로 망명했다. 상하이에서 생활하면서 비행사를 꿈꾸던 권기옥은 1921년 항저우로 가서 홍따오여학교에 입학하여 2년 2개월 만인 1923년 6월에 졸업했다. 같은 해인 1923년 12월 초에 윈난항공학교에 입학하기 위하여 홍콩과 하이난 섬을 거쳐 베트남의 하이퐁 항에서 하노이로 갔다. 여기에서 다시 기차를 타고 베트남과 윈난성의 국경도시 라오카이에 도착했는데 적당한 차편이 없어 성도인 쿤밍까지 500km의 험준한 산길을 당나귀를 타고 갔다. 그리하여 상하이를 떠난 지 3주 걸려 도착한 쿤밍에서 그녀는 그토록 바라던 윈난항공학교에 입학했다. 1924년 초였다.

1925년 2월에 항공학교를 졸업한 권기옥은 비행기를 타기 위해 쿤밍에서 상하이, 베이징·톈진으로, 광저우에서 또다시 베이징으로 헤매고 다녔다. 1926년 2월 베이징 난유안(南園)의 국민군 제1항공대의 비행사로 초빙되어 정찰 비행을 하다가 2달 후에는 만리장성의 관문인 장자커우에서 항공처 부비항원으로 정식 임명되었다. 같은 해 7월 초에 중국이 내전 상태로 들어가자 고비사막의 입구인 내몽골 쑤이위안성의 바오터우로 정착하여 11월에는 결혼한 남편 이상정과 함께 베이징에서 잠시 머물다가 톈진을 거쳐 상하이에 도착했다. 상하이에서 국민혁명군 동로군 비항원 소교(소령)로 임명된 그녀는 항저우로 가서 상하이와 난징 사이의 전선을 오가며 연락 비행을 했다. 1928년 1월 국민당 정부와 항공서가 난징으로 이동하면서 항공서 제1대 정찰대 소속 비행원으로 활동했다. 만주사변이 일어나자 1932년에는 상하이로 출격해서 일본군과 싸웠으며, 이듬해인 1933년에는 항저우 중앙항공학교의 교관을 겸직했다. 1937년에는 한구에서 조선민족전선동맹에 참여했으며, 곧이어 다시 쿤밍으로 가서 항공학교들의 통합과 운영을 하다가 1938년 충칭의 육군참모학교 교수로 재직했다. 해방 이후 한국에 돌아온 것은 3년 후인 1948년 상하이에서 인천으로 와서 서울에 왔다가 다시 상하이로 돌아갔다. 이듬해인 1949년 2월 국민당 정부를 따라 타이완으로 피난을 와서 5월에 서울로 돌아오는 기나긴 여정을 그녀는 생애 과정을 통하여 경험했다(정혜주 2015: 13~15, 64~68, 76~9, 98~100, 104~13, 125, 138 및 312~24의 연보).

1904년 서울 승동에서 태어난 김메리는 배화학교 졸업반 때 3·1운동으로 잡혀간 교사들을 대신하여 일제가 고등보통학교 졸업반 학생들을 임시 교사로 각 보통학교로 보내는 바람에 13살의 어린 나이에 1919년 논산의 보통학교 교사로 가서 6개월을 근무했다. 같은 해 11월에는 조혼의 관례를 거부하고 삼촌과 함께 만주로 가서 3년을 생활하다가 1923년 봄 만주에서의 생활을 청산하고 서울로 돌아와서 이화학당에 입학하여 공부했다. 1927년 졸업을 앞두고 미국 앤 아버(Ann Arbor)의 미시간대학 전액 장학생으로 선발되어 1930년 1월 미국 샌프란시스코를 거쳐 앤 아버에서 공부하고 1935년 귀국했다. 해방 이후에는 1947년 다시 미국으로 들어가서 거주했으며, 1977년 퇴임 이후에는 평화봉사단에 지원하여 아프리카에서 봉사활동을 했다(김메리 1996: 23, 26, 33, 48, 70, 101~3, 126~7).

1904년 충남 보령의 대천에서 태어난 복혜숙은 유아 시절 부모를 따라 인천으로 이주하여 살다가 1915년 이화학당에 입학하여 1918년에 졸업했다. 1919년 일본 요코하마의 기예학교로 유학하여 3년 동안 공부하다가 1921년 도쿄 아사쿠사의 사와모리(澤森)현대무용연구소에 입소했다. 같은 해 도쿄로 그녀를 찾아온 아버지는 강제로 그녀를 데리고 귀국하여, 복혜숙은 강원도 금화에 있는 아버지 교회의 부설 학교에서 교사로서 가르쳤다. 곧 서울로 올라와 신극좌에서 활동하던 그녀는 주먹구구식의 즉흥 연극에서는 더 이상 배울 것이 없다고 판단하고 새로운 발돋움을 위해 신극좌를 떠나 만주의 다롄으로 갔다가 곧이어 서울로 되돌아왔다(이영일 2003: 66~8의 연보 및 김항명 외 1992: 16, 54~7).

서울에서 태어나 숙명여학교를 우등으로 졸업한 최승희는 학교에서 장학생으로 선발되어 도쿄음악학교로 유학을 가게 되었으나 나이가 어린 까닭에 1년을 기다려야 했다. 이 기간에 그녀는 러시아로 가는 문제를 심각하게 고민하기도 했다. 일본 도쿄의 무사시사카이(武藏境)에 있는 이시이 바쿠(石井漠)의 무용연구소에서 공부하면서부터 점차 이름을 날리면서 그녀는 한국은 말할 것도 없고 일본, 중국, 그리고 북한에 여러 해 동안 직접 거주하면서 활동했으며, 나아가서 미국과 중남미, 유럽, 동아시아 등 세계 각 지역을 돌아다니면서 공연을 했다. 나고 자란 서울에서의 어린 시절을 제외하면 최승희는 무용가로서 일본 도쿄에서 14년 동안 활동을 했고 서울에서는 4년 동안 활동했다. 그리고 꼬박 3년 동안을 세계 순회 공연을 했고 해방 이후에는 월북하여 평양에서 18년 동안 활동을 했다. 또 중국 베이징에서는 해방 직전인 1944년과 한국전쟁 기간인 1950년에서 1952년까지 4년 남짓의 시기에 걸쳐 체류했다(최승희 1937: 12~3, 정병호 1995: 11~12, 375).

1917년 서울 동대문에서 출생한 손인실은 이듬해인 1918년 가족을 따라 평양으로 이주했다. 아버지인 손정도가 망명하여 중국 지역을 전전하다가 만주 지린에 정착하면서 1921년 겨울 5살의 나이에 지린으로 거처를 옮겨 생활했다. 1929년에는 펑톈으로 옮겨가 생활했으며, 이듬해인 1930년에는 어머니와 오빠를 따라 베이징으로 이주하여 모정여자중고등학교에 입학했다. 미국 감리교회가 운영하는 이 학교 전교생 중에 외국 국적을 가진 사람은 자신뿐이라는 점에서 손인실은 모두의 주목을 한 몸에 받았다. 1935년에 학교를 졸업한 그녀는 어머니와 함께 서울로 돌아와서 이화여자전문학교 음악과에 진학했다(안혜령 2001: 21, 25, 31~3, 36, 44~6).

1939년 봄 학교를 졸업하고 일본어를 배우겠다고 일본으로 건너간 손인실은 6개월 후 현지에서 결혼하고 서울로 돌아와 신혼살림을 차렸다. 남편이 학업을 마치자 그녀는 남편을 따라 평북 만포진에서 제2차 세계대전의 막바지 시기를 보냈다. 해방이 되던 해 1945년 10월 초 그녀의 가족은 평양을 거쳐 서울로 돌아왔다. 한국전쟁 시기인 1951년 8월에 손인실은 두 아이를 데리고 일본으로 건너가서 주일본 미국 극동사령부의 '심리전' 담당 부서에서 영어를 중국어로 번역하는 일을 했다. 생애의 끝 무렵인 1997년 5월 그녀는 80의 나이에 여생을 자식들과 함께 보내기 위해 미국으로 건너갔다(안혜령 2001: 61~2, 76, 104~5, 230~5).

마지막으로 이봉순은 함경남도 함흥의 외가인 하원천에서 태어나 본가인 동평리의 언턱마을에서 학교를 다녔다. 보통학교 3학년이 되던 해 이봉순은 조부를 따라 아버지가 있는 간도 용정으로 갔다. 함경선 철도가 완전히 개통되기 이전이어서 원산에 가서 배를 타고 청진에서 다시 기차를 타고 두만강을 건너 용정에 이르는 먼 여정이었다. 용정의 명신여학교 2년을 졸업하고 1934년 함흥 영생여자고등보통학교에 편입하여 2년을 마치고 1936년 서울의 이화여자전문학교에 진학했다. 졸업을 앞둔 1939년 용정에서 여름방학을 보내고 친구 두 사람과 함께 두만강을 건너 함경선을 타고 서울로 가는 대신 만주 쪽으로 돌아서 옌지, 신징(창춘), 하얼빈, 펑톈(선양)을 거쳐 압록강을 건너 평양을 지나 서울로 가는 여행을 계획했다. 젊은 시절의 낭만을 기대한 여행이었으나 '마적'이 시도 때도 없이 출몰하는 "위험을 동반한 모험"이었다. 해방이 되고 한국전쟁이 발발한 다음 해인 1951년에는 미국 인디애나대학교에서 공부하기 위하여 미국으로 건너갔다(이봉순 2001: 11~3, 17, 20, 35, 40~2, 53, 62~3).

지금까지 살펴보았듯이 이 책의 주인공들은 비단 한반도의 남쪽에 한정되지 않은 동아시아 지역을 넘나들며 생애의 전반부를 보냈다. 이러한 탈영토의 이주 상황은 동아시아에서 제국주의 침략과 식민지, 반식민지의 출현 등에 의해 조성되었으며, 1945년 제2차 세계대전의 종결과 해방의 도래는 이러한 흐름을 멈추게 한 주요한 계기로 작용했다. 이러한 조건에서 이들 여성은 한반도의 남쪽과 북쪽에서 시작하여 만주, 중국과 몽골, 일본, 미국과 유럽 등지의 글로벌한 영역에서 자신들의 삶을 영위했다. 실제로 이 책의 주인공 중에서 이러한 초국적의 이주에서 벗어난 사례는 신애균의 경우를 제외하고는 찾아볼 수 없다.[26] 비록 중하층 여성들의 대부분이 공간의 제약에서 벗어나지 못하고 일정한 지역 안에서 평생을 보내는 경우가 많았다 하더라도 시기로 볼 때 20세기 전반기 동아시아 차원에서 이러한 이주의 양상은 다음 시대에 올 공간의 제약과는 현저한 대조를 이루는 것이었다.

초국적의 이주 양상은 단순히 공간의 이동이라는 현상만을 가져온

---

26 또 다른 사례로 임순득의 경우는 1933년 동덕여고보에서 퇴학을 당한 후 일본으로 유학하여 '여고사'(여자고등사범학교)를 다닌 것으로 추정되고 있다(이상경 2009: 103).

것은 아니었다. 아울러 그것은 자신이 거주한 특정 지역의 문화 맥락을 새로 정주한 지역으로 가져옴으로써 해당 지역의 문화와 정취를 새로 정착한 지역으로 도입하는 것이기도 했다. 서울에서 지린, 펑텐, 베이징을 거쳐 다시 서울로 돌아온 손인실의 사례는 중국에서 배태되어 온 문화 맥락이 1930년대의 서울에서 어떻게 섞여 들어가고 있었는지를 잘 보이고 있다.

> 우선 중국에서 온 유일한 학생이라는 점이 독특했다. […] (개방과 활달함으로 특징지어지는) 북경에서 성장기를 지내고 온 손인실이었으니, 그 말투와 행동에서 '광활하고 자유롭고 활기에 찼던' 대륙의 냄새가 물씬 배어 나오지 않을 수 없었다. 손인실은 물론 참하고 예의 바른 학생이었으나, 그 예의는 조선 여자들의 몸에 밴 조신함과는 또 달랐다. 형식이나 격식에 얽매이지 않는 분방한 기질이 엿보였으며, 그 기질은 종종 장난기를 띠고 드러났다. 예컨대 서울역에서 신촌을 거쳐 들어오는 통학 기차에서 손인실은 연희전문 학생들과 이화여전 학생들이 서로 뒤엉킨 북새통에서 손잡이를 꽉 잡고 서서 곧잘 노래를 불렀다. 중국노래를. 김활란의 조카이며 영문과 선배인 김정옥이 창피해 옆구리를 쿡쿡 찔러보기도 했으나 손인실은 모르는 척하고 한번 시작한 노래는 끝까지 부르는 것이었다 (안혜령 2001: 49).

그렇다고 하여 이러한 초국적의 이주가 온전히 개인의 자유로운 의사에 따라 이루어진 것만은 아니었다. 식민지에서의 수탈과 기난, 혹은 이민족에 대한 식민 지배 권력의 적대와 억압과 같은 구조의 조건이 있었는가 하면 보다 나은 교육이나 삶의 기회를 찾기 위한 결단의 차원에서 이동이 이루어지기도 했다. 그리고 이러한 이주와 이동의 주된 계기는 제국에 의한 강제병합이나 국가들 사이의 전쟁이나 특정 국가 내부에서의 국지전, 그리고 식민 지배로부터의 해방 등을 배경으로 한 유학과 여행, 망명과 도주, 잠입, 파견, 순회공연, 혹은 모험 등의 여러 형태를 띠고 구현되었다.

삶의 전기(轉機)와 결단

우리는 누구나 자신의 삶을 살아가면서 특정한 결단의 순간에 부딪힌다. 일생을 살아나가면서 우리 모두는 매우 다양하고 무수히 많은 사건이나 상황과 맞닥뜨리지만 모든 사건이나 상황에 대하여 결단을 하는 것만은 아니다. 나아가서 특정한 상황이나 사건과 부딪히는 모든 사람이 결단을 하는 것만도 아니다. 그럼에도 불구하고 한 개인이 결단의 시간을 언제 어떻게 받아들이고, 무엇을 지향하며, 또 어떠한 방식으로 대응을 하는지에 따라 결단은 삶의 주요한 계기가 되고 그 개인이 걸어가는 이후의 삶의 양상도 달라진다. 도전에 대한 인식과 그에 대한 비전과 반응 양상에 의해 그 이후 삶의 내용과 방향이 영향을 받는 것이다. 유한한 생명을 가진 존재로서 우리 모두는 이러한 운명의 시간에서 벗어날 수 없으며, 이 책에서 등장하는 주인공들도 예외가 아니었다. 식민지의 여성이라는 이중의 억압 아래에서 이들은 자신의 생애 주기에서 다가온 이러한 삶의 전기에 자기 나름의 인식과 비전을 가지고 각자의 방식으로 도전에 응함으로써 자신들의 고유한 삶을 선택하고 또 만들어 나갔다.

자신의 생애 주기의 초반인 20, 30대에 황애덕은 이러한 결단의 순간들과 부딪혔다. 첫 번째 결단의 시간은 여자라는 이유로 아버지가 자신을 학교에 보내지 않은 때에 왔다. "오빠는 부모와 고국을 떠나서 만리 외국에도 갔는데, 여자라는 조건에서 나를 학교에도 안 보내다니 아버지로서 옳지 않은 처사"라고 생각한 그녀는 단식 항의를 하여 13살의 늦은 나이에 학교에 가고 싶다는 자신의 의사를 관철하고 있다.[27] 1909년 이화학당을 졸업하고 이듬해인 1910년 황애덕은 19살의 나이에 고향인 숭의여학교의 교원으로 왔다.

두 번째의 결단은 결혼 문제가 계기가 되었다. 고향의 정진학교에서 졸업을 앞둔 14살의 나이에 황애덕의 아버지는 시골 양반인 박 씨 댁과 아버지끼리 약혼을 한 적이 있었다. 황애덕이 졸업을 하자 박 씨 댁에서는 6년 전의 정혼을 재촉했고, 그녀의 아버지 역시 그에 부응하여 결혼 날짜를 잡고자 했다. "한번 본 일도 없는 남자와 평생을 함께 살아 가"는 것을 생각조차 할 수 없었던 그녀는 드러누워 단식하는 방식으로 항의를 했다. 그럼에도 아버지의 뜻이 꺾이지 않자 그녀는 남편이 되고자 하는 사람의 아버지를 직접 만나서 담판을 한다. "대관절 절 농촌에 데려다가 뭘 하시겠다는 거"냐고 따져 묻는 결기를 보임으로써 그녀는 약혼을 파기하고 자신이 원하는 교사 생활을 계속했다(박화성 1966: 44~6).

1925년 이화학당 전문부를 졸업하고 미국 유학을 가기로 했을 때에

---

27 향리의 정진학교를 졸업하고 서울의 이화학당으로 진학할 때 그녀는 아버지의 반대에 부딪혔으나 자신의 단식과 어머니의 '독단'으로 뜻을 관철했다(박화성 1966: 28~31, 38~9).

도 또 다른 결단의 순간이 있었다. 미국 사람들이 한국인을 얕잡아 보고 멸시한다는 생각을 평소에 가지고 있었던[28] 황애덕은 미국에 가려면 선교사의 장학금을 받아야 한다는 아펜젤러 교장의 권유를 거절한다. "학비의 원조를 받으면 귀국하여 반드시 2년간의 복무를 해야 하니까, 그것에 구애되기를 원하지 않았다"고 하지만 미국에 대한 그녀의 평소 생각을 고려해 보면 자존심의 문제도 있었을 것이다.[29] "전 어디까지나 제 힘으로 벌어서 공부할 테니깐 앞치마나 한 개 준비해 가겠다"는(박화성 1966: 125) 단호한 이 말은 미국에 가서도 그리던 오빠가 학비를 대주겠다는 제안을 했을 때에도 나왔다.[30] 오빠가 있는 시카고에서 갖은 고생을 하다가 뉴욕의 신마실라에게 가면서도 그녀는 오빠에게 알리지도 않고 시카고를 떠났다. 고생을 감수하지 못하고 이리저리 옮겨만 다니는 자신을 비웃을지도 모른다는 생각에서 "참을성이 없다는 말을 듣기는 억울하니 이번엔 그냥 가서 성공한 후에 알리리라는 배짱"에서였다(박화성 1966: 135~6).

정정화에게도 결단의 시간이 있었다. 1919년 10월 말 자신도 모르는 사이에 시아버지와 남편이 국내를 탈출하여 상하이로 망명한 사실을 알

28　박화성은 "너희는 과연 얼마나, 어떻게나 잘 살기에 우리를 깔보느냐?"는 물음이 그녀의 가슴에 서려 있는 큰 의문점이었다고 적고 있다. 그러나 실제 유학을 가서 미국 문명에 압도된 그녀는 일종의 전향(conversion) 상태를 경험한다. "이런 고도의 문명을 버리고 한국의 선교사로 온 사람들이 얼마나 거룩한가"라는 심경을 토로한 것이다(박화성 1966: 125, 138~9).

29　참고로 조카인 임형빈은 "반대하실 때에는 그 의사가 뚜렷하여 열정을 모두 쏟으신다. 그것이 흔히 격노와 불굴 정신인 고집으로 표현되는 성싶다. 특이한 점은 자기와의 반대론에 귀를 기울여 잘 들으시기는 하지만 자기의 의사를 번복한 예를 나로서는 아직 아는 바 없다"고 평하고 있다(박화성 1966: 295).

30　"난 내가 벌어서 하겠어요. 그래서 앞치마만 준비해 온 걸요"라는 말이었다(박화성 1966: 131).

고 난 사건이 계기였다. "첫아이를 잃은 갓 스물 아낙네의 말 못 할 심정, 남편 없는 시댁에서의 고달픈 시집살이"라는 상황에서 그녀가 느낀 당시의 현실을 그녀는 "앞으로 내가 어떻게 처신해야 할 것인지에 대해 판단을 흐리게 하는 안개였다. 도무지 한 치 앞을 내다볼 수 없는, 사방으로 둘러쳐진 장막이었다"고 묘사했다(정정화 1998: 45).

> 초겨울 한낮에 내리쬐는 그 따사로운 햇볕마저도 원망스럽기 짝이 없는 나날들이었고, 짧디짧은 하루해도 이 궁리 저 궁리로 여삼추같이 길게 느껴지곤 했다. 그러면서도 마음 한구석에서는 이상한 변화가 일어났다. 무엇인가 내 길을 찾아야겠다는, 마음속 깊은 곳으로부터의 거센 욕구가 일어났던 것이다. 나는 그 미세하나마 거부할 수 없는 충동을 차분하게 읽어내고 해석할 수 있었다. 그리고 그 욕구에 충실히 머리를 조아리고 따르기로 마음을 먹었다(정정화 1998: 46).

1920년 1월 초순의 어느 날 그녀는 여느 때처럼 시어머니의 호출을 받아서가 아니라 그녀 스스로가 자진해서 시어머니를 찾았다. "방문 고리를 잡을 때 순간 흔들렸던 결심을 잡아채 굳히기라도 하듯이" 그녀는 "앉자마자 거두절미하고 용건부터 꺼"내는 것으로 결단의 순간을 맞았다(정정화 1998: 46). 며칠 후 서울역에서 의주행 열차를 타고 상하이로 가는 긴 여정을 "나 자신으로부터의 탈출"이라고 그녀가 표현했던 것은 결코 우연이 아니었다. "뒤에 두고 떠나는 곳, 남기고 가는 사람들을 생각하지 않고 이 모험의 정착지와 재회할 사람들을 새삼스레 확인해 본 것은 이미 내 결심의 확고함을 증명"하는 것이었기 때문이다.[31]

이러한 삶의 전기는 최초의 '여성' 신문기자로 널리 알려진 최은희에게서도 나타난다. 자서전에서 그녀는 1924년 10월 5일을 자신이 "우리나라 초대 여기자로 조선일보사에 첫발을 내디딘 감격적인 날"로 기억한다. 당시 그녀는 일본 도쿄의 일본여자대학 사회사업학부 3학년에 재학 중인 학생이었다. 자신의 자서전에서 그녀는 조선일보에 입사하게 된 일화를 상세히 소개하고 있다. 1924년 여름방학에 귀국하여 이광수의 집을 방문한 그녀는 이광수의 부인인 의사 허영숙(許英肅)이 몇 달 전 황금정(지금의 롯데호텔 부근)에 사는 부호의 집에 왕진한 이야기를 듣게 된다. 노산으로 산고를 겪은 부호의 부인이 무사히 해산했는데도 왕진료가 비싸다는 이유로 차일피일 지급을 미루고 있다는 이야기를 들은 최은희는 자신이 한번 해결해 보겠노라고 나서서 이튿날 그 집에 가서 온종일 버틴 끝에 마침내 왕진료를 받아내고 말았다. 요즘 언론계 말로 하자면 이른바 뻗치기를 한 것이다.[32]

그녀가 조선일보에 입사한 계기는 이 일에서 비롯되었다. 당시 조선일보는 이상재를 사장으로 영입하고 안재홍 등이 주필이 되어 "신흥 기분에 여러 가지 새로운 아이디어를 안출"하고 있었으며 그 일환의 하나로 '부인 기자'를 등용하는 안을 고려하고 있었다. 그러나 "여자들이 쓰개치마를 못 벗었고 길에서 남자와 마주치면 한옆으로 길을 비켜주던 시대"에

---

31 "이 길은 모진 풍파로부터의 도피도 아니며, 안주도 아니다. 또 다른 비바람을 이번에는 스스로 맞기 위해 떠나는 길"이자, "모진 숙명을 뒤집어쓴 20세기 벽두에 태어나 자라면서 한땀 한땀 바느질을 배우듯이 스러져가는 한 나라의 숨통을 지켜본 소녀가 이젠 여인의 이름으로 그 나라를 떠나가는 길"이라고 그녀는 적었다(정정화 1998: 17~8, 49).

32 자세한 경과는 최은희 1980: 81~4에서 찾아볼 수 있다.

"활발하고 담대하고 기민하고 글줄이나 쓸 줄 아는 젊은 여성" 기자를 찾기가 쉬운 일은 아니었다. 그러다가 조선일보 중역들이 모인 자리에서 이광수가 이 일화를 이야기하면서 "그만한 배짱과 수완이면 넉넉하지 않겠느냐"고 추천을 하고, 편집국장 민태원(閔泰瑗)이 "동경서 보았는데 활발하고 붙임성이 있어 제구실은 할 것 같다"고 거들어서 채용이 결정되었다.[33]

이에 대하여 최은희는 "그때까지 나는 다른 여성들이 그렇듯이 신문기자에 대한 상식도 의욕도 선망도 없었"으며, 더구나 선진 문명을 자랑한 "일본 여자들에게서도 그러한 활동을 직접 보지 못했기 때문에 자극을 받을 데도 없었다"고 말한다(최은희 1980: 81). 그러나 막상 이러한 제안에 접하고서 그녀는 "사실상 졸업 후의 일이 막연하지 않은 것도 아니었다"는 심경을 토로한다. "여자고등사범을 마치고 나오면 교육계에 진출할 길이나 열"린다고 하지만 그녀가 전공하는 "사회사업이란 꿈도 꾸기 어려운 시대"였기 때문이다. "최초의 여기자! 나는 너무도 의외가 되어 기쁘다기보다 두려움마저 생겼다"고 하면서, 그녀는 "이것이 자의 반 타의 반으로 내 일생을 지배한 첫걸음"이 되었다고 적었다(최은희 1980: 85~6). 여기에서 그녀가 언급하고 있는 "자의 반, 타의 반", "기쁘다기보다는 두려움"이라는 표현에는 사연이 있다. 기자 생활 1년을 결산하면서 조선일보 1926년 신년호에 발표한 〈부인기자 최은희〉라는 회고는 다음과 같이 시작한다.

---

33 당시 그녀는 개학일을 맞아 고향인 황해도 백천에서 도쿄로 출발할 준비를 하고 있다가 허영숙이 보내온 장문의 전보를 받았다 이틀 후 두착한 편지에서 허영숙은 "기회는 나르는 새와 같으니 졸업을 기다릴 것 없이 우리나라 최초의 여기자로 이름을 날려 보라"는 이광수의 말을 전했다(최은희 1980: 84~5).

내가 세상에서 그리 신통치도 못한 '신문기자'의 이름을 듣게 되기는 갑자년 시월 초닷샛날부터였습니다. 당시에 나의 생활은 실로 보잘 것 없었으니, 동경으로 다시 건너가 하던 공부를 기어이 마저 마치겠다는 열렬한 희망도 없어져 버리고 에라 '아무렇게나 살다 죽자' 하던 것이 그때의 나의 생활의 전부였습니다. 사랑하는 유일의 동생을 잃은 일만 하여도 나에게는 더할 수 없는 슬픔이 되었으려니와, 그보다도 몇 백 배 더한 사람으로 차마 당하기 어려운 기막힌 사정과 원통한 경우를 맛보았으니 이러한 심리의 변동이 생겼을 것은 오히려 당연한 일이라 하겠습니다. 더구나 나는 설움을 위로하여 줄 다정한 부모도 없고 연약한 내 몸을 편히 쉬게 할 좋은 집도 없는 사람인즉, 다만 영원히 스러지지 못할 애달픈 꿈이 상한 영(靈)과 어린 생명을 싸고 한 걸음 두 걸음 절벽의 세계로 점점 더 이끌고 나갈 뿐이었습니다. 그러므로 나는 H형(허영숙―필자)으로부터 여러 번 입사의 교섭이 있을 때에도 주저하고 회피하기를 마지아니하였습니다 (최은희 1980: 157).

여기서 "사랑하는 유일의 동생"이란 17살의 나이로 죽은 그녀의 남동생을 말한다(최은희 1980: 25). 그런데 "그보다도 몇 백 배 더한", 사람으로서는 "차마 당하기 어려운 기막힌 사정과 원통한 경우"란 무엇을 말하는 것일까? 자서전의 뒷부분에서 그녀는 이에 대한 단서를 언급한다. 당시 그녀에게는 "동경 일본대학 법과 출신으로 시골 어느 고등학교 교사로 재직"한 "상사(相思)의 청년"이 있었다. 자서전에서 이름을 밝히고 있지는 않지만 이 대목에는 이광수의 추천으로 "동아일보에 《읍혈조(泣血鳥)》라는 장편소설을 연재한 문학도"라는 설명이 있다.[34] 제1장에서 이미 지적했듯

망명 시절 정정화의 가족사진.
남편 김의한, 아들 김자동과 함께

임시정부의 안살림꾼 정정화
(앞줄 왼쪽에서 두 번째)

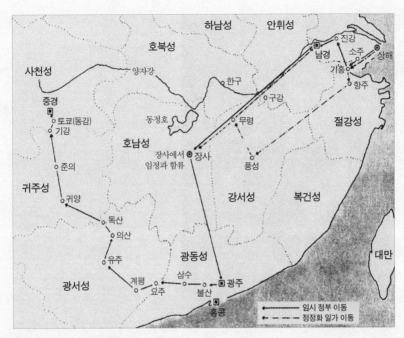

임정과 장정화 일가의 이동 경로

최초의 여성 신문기자 최은희

1929년 조선 귀국 후 찍은
최승희의 가족사진.
앞줄 왼쪽부터 최영희, 최승희,
뒷줄 오른쪽이 최승일, 석금성 부부

1935년 도쿄 자택에서
오빠 최승일과 함께 한 최승희

이 최은희의 자서전은 일종의 역사 기록이라는 문제의식에서 썼기 때문에 사실관계가 비교적 정확한 편이다. 그녀가 언급하는 소설은 1923년 6월 1일부터 같은 해 10월 28일에 이르기까지 140회에 걸쳐 연재되고 있었는데, 작가는 이희철(李熙喆)이다. 그녀의 연인은 그녀가 입사하기 몇 달 전 폐결핵으로 세상을 떠난 바로 이 사람이었다. 마치 나혜석의 첫사랑이 그랬듯이 연인의 죽음이라는 충격에서 벗어날 수 없었던 그녀는 "애틋한 첫사랑으로 그의 연모"를(최은희 1980: 261) 떠올리며 "영원한 애달픔"과 절망 속에서 비관과 자포자기의 감정에 사로잡혔다. "자의 반, 타의 반"이라는 언급에는 이처럼 고통스럽고 복잡한 감정의 결이 숨겨져 있었던 것이다.

권기옥의 경우에도 이러한 삶의 계기가 있었다. 9살의 남동생이 소학교에 입학하여 배우는 동안 학교에 가지 못한 권기옥은 소학교 다니는 동생의 지도책을 보며 세상이 넓다는 것을 깨닫고, 지도를 들여다보면서 설레는 마음을 가누지 못했다(정혜주 2015: 18~9). 그녀가 17살 되던 1917년에 미국인 비행사 아트 스미스가 평양에 와서 곡예비행을 했다.[35] 새처럼 하늘을 훨훨 날아다니며 비행기로 자신의 이름을 하늘에 새기는 것을 보면서 그녀는 "나도 한번 저렇게 날아 보"고 싶다는 꿈을 가지게 되었다.

---

34 그는 "정주 오산중학 시절부터 춘원의 애제자요 안도산 선생의 수양 동우회 회원"이었다 (최은희 1980: 261).

35 1922년 12월 10일 고국 방문비행으로 최초로 서울 하늘을 날았던 안창남(安昌男) 역시 이 미국인의 내한 비행이 계기가 되어 비행사가 되었다고 김경오(金璟梧)는 증언한 바 있다. 김경오는 이 내한 비행이 1916년에 있었던 것으로 언급한다. 아울러 1927년 12월 신용인(愼鏞寅)의 고국 방문비행에서 신문기자 동승대회에 탑승한 최은희는 이 미국인 비행사(그 이름을 '조인 (鳥人) 스미스'로 호명하고 있다)가 떨어져 죽었다고 언급하고 있다. 〈떴다 안창남 … 고국 방문 대비행 50돌 기념 좌담회〉, 동아일보 1972년 12월 9일자 및 최은희 1980: 183 참조.

"남동생이 대동강 둑에서 연을 날릴 때 강가에서 빨래 방망이를 두들"기던 그녀는 "나도 날 수 있을까? 여자라도 비행사가 될 수 있을까?"를 반문하면서 "설렘과 갈망, 비관이 뒤엉켜서 소용돌이"치는 마음을 다잡았다.[36]

식민지의 가난한 여성이라는 민족과 계급과 성의 3중 억압에도 불구하고 그녀는 중국으로 망명해서 자신의 꿈을 실현하기 위한 길을 걸어갔다. 당시 여성으로 항공학교에 입학하는 것은 결코 쉬운 일이 아니었다. 중국 대륙에 있는 네 군데의 항공학교에서 두 학교는 여성을 받지 않았고, 입학을 허락한 광둥항공학교에는 비행기가 없었다. 마지막 남은 윈난항공학교에는 "서신으로 부탁하면 거절할 것이 뻔해"서 "직접 가서 애원도 하고 생떼라도 써보"기로 하고 그녀는 3주일의 여행 끝에 윈난성의 쿤밍으로 가서 성장(省長)을 직접 면담했다. "변방이라 남자도 오기 힘든 곳인데 한낱 여자의 몸으로 왔다"는 사실과 "망국의 한을 품고 국권을 되찾겠다는 웅지를 품고 찾아왔다"는 점을 높이 산 성장의 호의로 항공학교에 입학한 권기옥은 1년 남짓에 걸친 고된 훈련 끝에 이 학교를 졸업함으로써 마침내 바라던 꿈을 이뤘다.[37]

김메리에게도 이러한 결단의 시간이 있었다. 배화학교 졸업반에서 3·1운동이 일어나면서 13살의 어린 나이에 논산의 보통학교 교사로 6개월을 근무하다가 서울로 돌아온 김메리는 아버지가 자신의 결혼 준비를

36　정혜주 2015: 30~5. 해방 이후의 좌담회에서 권기옥은 이 곡예비행이 "하늘에의 꿈을 심어주었으며, 여자도 비행사가 될 수 있다는 걸 과시하고 싶었다"고 언급한다. 〈떴다 안창남" … 고국 방문 대비행 50돌 기념 좌담회〉, 위의 글 참조.

37　1925년 2월 28일 윈난항공학교 졸업식에는 34명의 입학생 중에서 중도 탈락자를 제외하고 최종 12명이 조종사 휘장인 윙(Wing) 배지를 성장으로부터 직접 받았다(정혜주 2015: 103, 111, 125).

하고 있다는 사실을 어머니로부터 귀띔 받았다. "어린 마음에도 절대로 시집 갈 수는 없다는 생각"에서 "무슨 일이 있어도 공부를 더 해야겠다는 욕심"에서 그녀는 "결혼을 피하기 위해 멀리 도망가야겠다고 결심"하고 평소에 가깝게 지내던 다섯째 삼촌의 도움을 받아 아버지 모르게 만주 용정으로 떠났다.[38]

> 당시에는 일본 사람 밑에서 살기 싫은 이들이나 먹고 살기가 어려워진 농민들이 너도나도 만주로 떠나가던 때였다. 그래서 북간도다, 간도다, 만주다, 용정이다 하는 이름들은 나라 없는 민족에게 무언지 모를 희망을 안겨 주는 이름이 되기도 했다. 그 이름에 의지하여 불안과 희망을 안고 길을 떠날 채비를 했다. […] 배화학교 시절 친하게 지낸 선교사가 준 조그마한 영어 사전 한 권만을 소중히 챙겼을 뿐, 옷 몇 벌뿐인 간단한 행장이었다. 회령까지는 기차로도 하룻길이 걸리는 머나먼 길이었다. 늦가을의 스산한 날씨와 차창으로 보이는 낯선 북방의 풍경들이 제 나라를 떠나 알지 못할 땅으로 가는 심정을 더욱 비참하게 했다. 삼촌이 계시기는 하지만 내 손으로 나의 미래를 개척해야만 했다. 내 손으로 […] (김메리 1996: 30).

나라를 잃은 상황에서 결단의 계기를 맞은 사례는 복혜숙의 경우에도 마찬가지였다. 배우라는 화려한 이력과 활발한 인간관계에도 불구하

---

38 "지금 생각해 보면 당돌한 일이지만 논산에서 보낸 6개월이 나를 많이 성장시켜 주"었다고 그녀는 회고한다(김메리 1996: 28~9).

고 복혜숙은 "그저 어디를 가든지, 언제든지 난 혼자"였다고 말한다(이영일 2003: 69). 결단의 계기가 자신의 개체성에 대한 자각으로부터 출발한다면, 그녀가 자신의 삶에서 늘 느껴왔다는 외로움은 아마도 삶의 굽이굽이에서 부딪힌 결단을 위한 온상이었는지도 모른다. 12살의 나이에 서울로 혼자 올라와서 이화학당의 기숙사에서 학교를 다니다가 기숙사에서 나와 지인의 집에서 생활하던 어느 일요일 동갓대궐(지금 창덕궁) 앞의 수산장을 구경하던 그녀는 여기서 인생의 전기를 맞는다. 수공예품을 전시하면서 그것을 제작하는 법을 교육도 하던 수산장에서 그녀는 "일본 가서 공부하면 여기 선생으로 올 수 있다"는 말을 그곳에서 교육하는 일본 여자로부터 들었다. 조선에서 공부해 봤자, "선생 노릇밖에 더 하"겠느냐고 생각해 오던 그녀는 "일본 년들이 배워 가지고 와서 선생 노릇하는데 왜 내가 가서 배워 가지고 와서 못하겠느냐"는 생각에서 일본 유학을 결정하고 요코하마의 기예(技藝)학교에 입학했다. 연기학교가 아니라 수공예 학교를 지원해서 유학을 간 것이다(이영일 2003: 71~2). 복혜숙의 이러한 결단에는 외로움이라는 실존의 요소와 더불어 김메리의 경우와 비슷하게 식민 지배자로서 일본에 대한 반발과 저항이라는 민족의 동기가 복합되어 나타난다.

마지막으로 최승희의 사례가 있다. 이미 말했듯이 최승희는 어린 시절 집안의 가난으로 많은 고통을 받았다. "집안 살림을 다시 일으켜 보려고 아버님, 어머님이 가진 애를 쓰"는 것을 "물끄러미 바라다보는 나의 어린 가슴은 떨리기 시작"했다고 그녀는 회고한다. "그때에 나는 대체 사람이라는 것은 어찌해서 세상에 태어났으며, 또한 생활이라는 것은 무엇인가 하는 생각이 마음속에서 끓기 시작"했다는 말에서 보듯이 그녀는 가난

앞에서 무기력한 자신 앞에서 "불안과 허무와 그리고 암흑"이라는 실존의 차원에 직면한다. 그럼에도 불구하고 이러한 불안과 허무의 심연에서 그녀가 건져낸 것은 두려움이 아니라 그 반대로 일컬을 수 있는 어떤 것이었다. "이러한 무섭고 두려운 생각이 나면 날수록 이상스럽게도 나의 마음은 그와는 아주 반대로 아름다운 것, 맑은 것을 마음에 그리는 것이 점점 강해지면서 그것이 또한 커다랗게 자라고 있었다"고 그녀는 적었다.[39]

무섭고 두려운 것과는 반대되면서 마음속에 커다랗게 자라고 있었던 아름다운 것, 맑은 것의 실체가 무엇이었는지는 1926년 숙명여학교를 졸업한 16살의 봄에 보다 분명한 형태로 결정화되었다. 집안의 심각한 경제 사정으로 "무엇보다도 돈벌이가 될 확실한 직업을 가져야겠다고 마음 먹"은 그녀는 사범학교에 응시하여 7등으로 합격했으나 연령 미달로 합격 취소 소식을 듣고 "한 살만 더 먹었더라면 하고 속으로 혼자 중얼거리면서" 집으로 오면서 "16살이 되도록 오늘과 같이 속상하고 화가 난 날은 없었다"고 말한다.

'오냐 나의 적은 힘으로도 능히 집안을 구할 수가 있다. 여자는 사람이 아닌가? 나는 내년이나 후년이면 여교원이 되어서 한 달에 40원 이상 수입이 있다. 그러면 나는 불쌍하신 우리 어머님, 가여운 언니(언니는 그때 불행한 경우에 있었다)를 구하여 가면서 오빠들과 같이 집안을 구하기에 힘

---

[39] 자신의 "마음이 약하기는 하다고들 하면서도 매우 확실하고 밝은 성질이 있다고 말하는 것을 들"었다고 그녀는 말한다. "지금 내가 다소간이나마 의지가 강하고 노력하는 여성이라고 보이는 것도 여학교 시대에 받은 고생의 은덕이라고 생각"한다고 그녀는 덧붙인다(최승희 1937: 2~4, 10~11).

쓰겠다.' 이렇게 늘 부르짖었다. 그리고 참말이지 그런 생각이 나는 때이
면 나는 마치 역사에서 배운 잔다크나 되는 것과 같이도 한없는 용기가
용솟음하고 찬란한 희망의 소유자이었다.[40]

여기에서 그녀가 밝히고 있듯이 그것은 용기이고 희망이었다. 사범
학교 입학이 좌절되면서 울화와 우울증에 시달리던 그녀는 "어느 날 서
울 거리에서 우리들 젊은 사람들의 가슴을 흔들만한 한 장의 포스터"
(최승희 1937: 14)를 통해 결단의 시간을 맞았다. "일본이 낳은 유일의 신무
용단 이시이(石井)" 무용회의 공연을 보던 날의 밤을 최승희는 "나의 일생
에 있어서 가장 인상 깊은 밤"이었다고 적었다(최승희 1937: 36). 이 공연에
서 이시이의 독무인 〈수인(囚人)〉을 보고, 그녀는 "나는 그때 저것은 춤이
아니라 무엇을 표현하는 것이로구나 하고 생각하였다. 나는 여태껏 춤이
란 기쁘고 즐거운 때만 추는 것이라고 믿었다. 그러나 그는 지금에 무거
운 괴로운 것을 표현하면서 있다"고 평했다.[41] 이 해 봄 이시이에게서 무
용을 배우기 위해 일본으로 유학을 온 최승희는 "동경에 온 것은 결코

---

40 최승희 1937: 30~1. 또한 정병호 1995: 25~6 참조.

41 최승희 1937: 37. 사범학교 입학이 좌절되고 오빠로부터 이시이 공연의 소식을 듣던 며
칠 사이에 최승희는 오빠에게 무용이 무엇인가를 물었다. 그녀 자신이 고등여학교는 졸업했
을망정 "무용이란 어떠한 것이라는 것을 몰랐으며, 물론 무용을 구경하여 본 적도 없었"기 때
문이다. "사실 똑바른 고백이지 활동사진을 구경하러 극장에를 한 번도 가보지 못"했던 그녀
는 "다만 무용이란 춤이거나 이렇게만 생각"했다. "무용이란 춤이지 그리고 예술이지 사람이 가
진 예술에 최고의 역사를 가진 예술"이라고 답변하면서 그녀의 오빠인 최승일은 "너의 체격으
로 보아서나 음악을 이해하는 것으로 보아서나 네 머리를 생각하여 보아서나 후일 조선에서
한 사람의 훌륭한 창작무용가가 될 줄로 나는 믿는다"고 하면서 동생을 격려했다(최승희 1937:
35~6).

화려한 무대를 꿈꾸었다든가, 굉장한 명성을 마음속에 그리었다든가 말하자면 그러한 허영이나 호기심에서 간 것이 아니라 어린 나의 가슴 속에는 예술에 대한 걷잡을 수 없는 욕망의 불길이 타서 오르기 시작하였으니 나의 예술을 통해서 세상 사람의 머리 위를 매와 같이 높이 높이 날아서 보이고 싶은 소원이 깊이 뿌리를 박고 있었던 까닭"이라고 자신의 소회를 밝히고 있다(최승희 1937: 1~2).

그로부터 3년 후인 1929년 이시이 바쿠와의 계약 기간이 끝나던 해에 최승희는 또 다른 인생의 전기를 맞는다. 이 해에 이시이무용연구소는 내부의 분쟁으로 커다란 소용돌이에 휘말렸다. 자신들의 처우를 개선할 것과 이시이의 부인이 매니저를 그만둘 것을 요구하는 스트라이크를 벌이고 있었던 시점에 최승희는 조선으로 돌아가겠다는 의사를 표명했다. 일본의 무용계에서 서서히 명성을 얻고 있었던 최승희가 그 시점에서 나가는 것은 이시이로서도 절대로 바라지 않는 바였다. 이시이 부부는 최승희만은 나가지 말아 달라고 여러 번 만류했지만, 단원들이 파업하기 이전에 내렸던 자기 결정을 번복하는 것은 자기만 살려는 비열한 행동이라고 여긴 최승희는 스승의 부탁을 거절했다. 때마침 이시이가 눈병이 나서 실명의 위기에 처했고, 이시이 무용단 역시 해산의 위기를 맞고 있었던 상황에서 최승희가 떠나는 것은 도의로 보아 지나친 처사였다는 비난이 있을 수 있음에도 불구하고 그녀는 자신의 결심을 포기하지 않고 스승과의 관계를 냉정하게 끊어버리고 같은 해인 9월 서울로 돌아왔다.[42]

---

42 정병호는 이러한 사실이 보이는 바와 같이 최승희는 예술을 위해서는 강해지는 성격의 소유자로서, 학창 시절에 보인 강한 의지나 어머니에게 불효를 하면서까지 낯선 일본에 뛰어든 용감성을 이시이를 떠나면서도 보였다고 평한다. "고통을 이겨내는 인내력이 강하고 한번

이처럼 최승희가 이시이를 떠난 사건에 대해서는 당시는 물론이고 이후 연구자들 사이에서도 그 이유를 둘러싼 여러 가지 해석이 제기된 바 있다. 최승희 자신도《삼천리》에 발표한 수기에서 이 문제를 둘러싼 여러 억측들을 해명하고자 했다. 이 글에서 그녀는 내부 분쟁과 관련된 '경제적 타산'이나 오빠인 최승일을 비롯한 주변 인물들의 권유 혹은 '지도' 등의 동기를 모두 부정하면서, 자신의 진정한 마음을 모르고 다른 의미로 해석하는 것에 대하여 "불쾌하여 견딜 수 없었"다는 심경을 토로했다.[43] 그렇다면 그녀의 진정한 동기는 무엇이었는가? 그녀는 "자신의 예술을 세워보겠다는 한마음에만 쏠려서 고향인 서울로 급히 왔"다고 말한다. 이어서 그녀는 자신의 예술을 살리기 위한 진정한 동기를 밝히고 있는데, 그것은 바로 러시아로 가서 공부하는 것이었다.

일본에서 공부하면서 그녀는 점차 이시이 작품의 한계를 깨닫게 되면서, 새로운 무용 창작에 대한 열정을 느낀다. 나중에는 그녀도 결국 음악을 결합한 무용을 추수했지만, 이 시기에 그녀는 음악과 결부되지 않은 순수한 몸동작 자체로서의 무용에 대한 열망을 추구했으며, 그것을 실현할 수 있는 이상향으로 러시아를 꿈꾸었다. "러시아라는 나라는 내가 소녀시대부터 동경해 오던 곳"이라고 고백하면서, "러시아를 목표로 하고 수업의 길을 떠나겠다는 빛나는 몽상을 가슴 속에 품고 있었"다고 그녀

실패한 것은 다시는 되풀이하지 않는 불굴의 노력가"로서, 이러한 성격은 "가난으로 고생하면서 4년 동안 특별 장학생으로 숙명여학교를 졸업한 것에서 고통스러움을 이길 수 있는 자신이 생겼을 수 있"다는 것이다(정병호 1995: 49~50, 369).

43　자서전에서도 그녀는 "나는 결코 선생을 배반하려는 것은 아니었다. 또한 경제적 사정도 아니며 그러므로 또한 자기의 힘을 과대하는 것도 평가하려는 것도 아니었으며, 너욱이 오빠나 그의 여러 사람들의 지도를 받은 까닭도 아니었다"고 말한다(최승희 1937: 22~3).

는 고백한다. 요컨대 러시아 제실(帝室) 무용학교의 전통 무용에서 벗어나 "민중의 힘과 노동의 시가 무용화된 예술", 이사도라 던컨(Isadora Duncan)이나 니진스키(Vaslv Nijinsky)와 같이 음악에 종속된 무용을 배격하고 "무용 독자의 생명을 가진, 음악이 없는" 비그만(Mary Wigman)의 무용을 지향한 것이다. 18살의 어린 소녀답게 그녀는 과연 그러한 자신의 열망이 자신에게는 너무도 이른 것인지를 오빠에게 반문하면서, "제 마음은 요사이 마치 관솔불과 같이 탄"다고 말하고 있다(최승희 1937: 52~3). 이리하여 "그러한 유혹의 손에 끌려서 그저 기쁘다는 마음만 가슴에 치밀"어서 서울로 올 결심을 했다는 것이다(최승희 1936b: 188~9). 그러나 자세한 사정은 밝히고 있지 않지만 이 계획은 좌절되고[44] 고민 끝에 최승희는 서울에 무용연구소를 설립하여 독자의 길을 걸어갔다.

---

44   "서울의 영사관의 후원을 얻어 가지고 러시아로 가겠다는 계획"을 세웠다고 하는데, 오빠인 최승일의 회고에 의하면 "러시아 영사관에 있는 김온(金榅) 군을 통하여 러시아행 운동"을 했다고 한다. 그러나 "불행히도 여러 가지 사정이 방해를 했기 때문에 그 계획은 전혀 틀어지고 말"았다. 러시아행이 좌절된 이후 최승일은 누이인 최승희와 함께 지낸 어느 날의 "깊은 밤 고요한 방"을 떠올린다. "크라이슬러의 '인디안 라멘트'를 눈물을 흘려 가면서 안무"한 여동생을 지켜 보면서 최승일은 "러시아로 가려던 정열을 우리는 그 날 그 밤에 '인디언 라멘트' 멜로디 위에다 얹어" 보냈다고 회상한다(최승희 1936b: 189; 최승희 1937: 53). 인디언 라멘트(Indian Lament)는 드보르작의 〈바이올린과 피아노를 위한 소나티나 G장조, 작품번호 100번, 인디언의 애가〉로서 1893년 드보르작이 아들 토닉과 딸 오르카를 위해 작곡한 것이다. 1928년 미국 빅터레코드에서 같은 제목의 음반으로 발매되었으며, 1938년 말에는 〈희망의 블루스〉(박영호 작사, 이용준 작곡)에 삽입되어 소개되기도 했다.

제3장

。

여성의식과 젠더

이 책에 등장하는 여성들이 태어난 시기는 1890년대부터 1910년대 사이의 30여 년에 걸쳐 있다. 남성 중심 가부장의 전통 이데올로기가 일종의 에토스로서 강고하게 지배하던 당시의 상황에서 여성의 출생은 그 자체로 축복이나 기쁨이라기보다는 그 반대로 표현되는 어떤 것이었다. 비록 이들 대부분이 한국 여성사에서 일정한 비중을 가지고 있었음에도 불구하고, 여성으로서 출생의 차별과 설움은 이들이라고 해서 예외를 두지 않았다. 예를 들면 아들을 바라던 아버지의 기대를 저버리고 태어난 김필례는 아버지의 사랑을 모르고 자랐다. 어릴 적부터 그녀는 아버지에게 "내쫓아 버"리거나 "쓸데없이" 태어난 존재에 지나지 않았다. 아버지의 박대로 인해 그녀는 아버지로부터 자신의 이름조차 얻지 못했다(이기서 2012: 28).

자신의 자서전에서 아버지를 "개화의 선구자"로 회고하고 있음에도 불구하고[1] 이름을 얻지 못한 것은 최은희도 마찬가지였다. 어린 시절의

---

1 그녀의 아버지인 최병규(崔秉奎)는 일찍이 무과에 급제하여 경무부(警務府) 판임(判任)으로 일하다가 황해도 연백군 백천읍에 정착하여 백천읍과 인근 마을에 3개 학교를 설립한 지방의 유지였다. 자서전의 서문에서 그녀는 자신의 아버지를 일찍이 지방관과 함께 "제일 먼저 상투를 잘라 단발을 하고 노예를 해방하고 종문서를 불살라 계급을 타파"하여 "개화에 앞장선 혁명가요, 풍운아"로 묘사한다. "백 간이 훨씬 넘는 고대광실"의 부를 자랑하는 집안이었다(최은희 1980: vi, 14~5).

그녀는 '총각'으로 불렸다. 아버지가 재단의 일부를 기부한 향리의 창동(彰東)소학교 여학교에 입학하면서 출생지인 은천면(銀川面)의[2] 이름을 따서 은희(銀姬)라는 이름을 그녀는 비로소 얻었다. 이 이름은 학교에서 다시 은희(恩喜)로 고쳐주어 평생의 이름이 되었다(최은희 1980: 22, 26).

김메리는 자신의 회고록에서 "어려서 아버지의 사랑을 많이 받았다"고 회상하면서도 바로 이어서 자신이 "처음 태어났을 때 딸이라고 쳐다보지도 않았다고 한다"고 덧붙이고 있다. 아들을 바랐던 자신의 염원을 담아 김메리의 아버지는 세 번째로 낳은 이 딸에게 삼식(三植)이라는 이름을 붙여 주었다.[3] 커가면서 자식에 대한 정이 들었다고 하더라도, "용띠이기 때문에 남자라면 큰 벼슬을 할 텐데 여자이기 때문에 팔자가 사납겠다고 늘 한탄"하던 아버지의 모습을 그녀는 자서전을 쓰던 당시까지도 생생하게 기억한다(김메리 1996: 151).

권기옥의 아버지는 첫 "딸을 낳았을 때는 아기가 길게 살라고 길네"라고 불렀지만, 4년 후에 또 딸을 낳자, "이번에는 어서 가라고 갈네"라는 이름을 붙여 주었다. 이러한 차별과 저주는 다음에 아들을 낳게 되자 "터를 잘 팔아서 남동생을 끌고 나왔다"는 아버지의 기쁨이나 축복과 선명한 대비를 이룬다.[4] 비록 이 책의 전기·자서전의 당사자들이 분명히 밝히

---

2   백천읍의 바뀐 이름이다.

3   김메리의 아버지 김익승(金益昇)은 우리나라 최초로 일본 유학을 간 다섯 사람 중의 한 사람이었다. 일본에서 법률 공부를 하고 한학은 물론 일본어, 영어에 능통했으며, 외무대신을 지내다 강제병합으로 작위를 받았으면 그대로 관직에 머무를 수도 있겠지만 거절하고 물러나 변호사로 일했다(김메리 1996: 23~5).

4   정혜주 2015: 12~3. 나중에 9살이 되어 "자식 이름을 어서 죽으라고 짓는 법이 어디 있느냐"는 권기옥의 항의 앞에서 그녀의 아버지는 "칡뿌리만큼 질기게 오래 오래 살라고 지은 거"라고

고 있지는 않다고 하더라도 이들 모두는 어떤 형태로든지 세상에 첫 소리를 내면서부터 여성이라는 이유로 그에 따른 냉대와 차별, 모멸과 저주 등을 감수해야 했다.

위의 사례들은 이러한 차별과 모멸의 일차적 주체가 아버지라는 사실을 잘 보인다. '가부장'이라는 말에 걸맞게 그것은 당연한 듯이 보이지만, 문제는 그렇게 단순하지 않았다. 오랜 세월에 걸친 가부장의 이데올로기는 다른 가족 구성원들에 의해 부르디외(Pierre Bourdieu)가 말하는 바로서의 아비투스로 체화되어 일상에서 행사되었기 때문이다. 김필례는 아버지가 냉대를 하는 바람에 어머니로부터 자신의 이름을 받았지만, 어머니가 붙여 준 이름은 "계집애는 그만 낳으라는 그리고 그저 계집애로서의 도리나 다하면서 살라"는 의미에서 필녀(畢女)였다. 연동여학교에 들어가기 전까지 그녀는 이 이름으로 불리다가 학교에 들어가면서 필례라는 이름을 얻었다(이기서 2012: 28). 신애균의 사례도 이와 비슷하다. 그녀의 어머니 역시 가난한 살림에서 짚을 펼 준비도 없고 그럴 사이도 없이 남의 집 맨흙바닥에 낳은 아이가 "땅에 떨어지자마자 기운차게 울어대서 꼭 아들인 줄 알고 속으로 은근히 좋아"하다가 "계집애라는 말을 듣고 아무 말 없이 일어나 자기 집으로 가버렸"기 때문이다. 나중의 회고에서 신애균은 "태어나면서부터 버림을 받은 거나 다름이 없던 아기는 울기만 했다"고 스스로를 묘사했다(신애균 1974: 12~3).

나중에 필여가 필례로, 총각이 은희로, 삼식이 메리로, 그리고 길네가 기옥으로 되었듯이 여성은 태어나면서부터 자신의 이름으로 제대로 불리

변명한다(정혜주 2015: 17).

지도 못했다. 신애균의 경우도 어릴 적에 '쌍춘'이라는 이름으로 불리다가 차호여학교에 들어가면서 자신의 이름을 얻었다. 이름이 없기는 신애균만이 아니라 다른 여자아이들도 마찬가지여서 남학교에서 와서 가르치던 교사가 신입생들의 이름을 모두 새로 지어주면서 신애균도 오빠들 이름의 끝 자를 따라 '아주 쉽게' 애균이라는 새 이름을 얻었다. "50명가량 학생의 이름은 재미난 것도 있고 우스꽝스러운 것도 많았다"고 회고한다(신애균 1974: 17, 40). 어린아이가 보기에도 재미나거나 우스꽝스러운 것으로 표현할 만큼 여성의 이름은 하찮게 여겨지고 무시되어 온 것이다.

복혜숙 역시 이러한 사례에서 벗어나지 않는다. 위로 언니가 둘이었지만 복혜숙은 "이쁜이니 간난이니 뭐 이래가면서들"로 불렸던 언니들의 이름도 잘 기억하지 못한다. 자신의 이름은 메리라고 하면서도, "이거는 우리 형님 이름인지 모"른다고 반문한다. 죽은 언니의 이름을 대신 받았기 때문에 자신의 원래 이름은 "없어진 셈"이라는 것이다. "한문으로 쓰면 몌례(袂禮), 복몌례. 지금은 마리(馬里)"라고 한다면서도 자신의 이름의 부재와 그것의 상실을 그녀는 담담하고 또 당연하게 받아들인다(이영일 2003: 75~6, 85~6).

1920년대 초 남장로교 선교부에서 파견된 엘리제 쉐핑(Elise Johanna Shepping)은 광주에서 조직한 여성성경반에 참석한 300여 명의 여성 대부분이 자신의 이름을 가지고 있지 않았다고 보고한 바 있다. "한바탕 중병을 앓았다고 느낄"만큼 힘들게 이들의 이름을 지어주고 나서 며칠 후 몇 명의 여인들이 찾아와서 자신의 이름을 다시 말해 달라는 일화도 있었지만, 쉐핑은 이들이 자신의 이름을 통해 처음으로 자기 정체성과 자존감 및 인격의 중요성을 깨닫게 되었다고 말하고 있다(양국주 2012: 106~9).

혹자는 이러한 현상이 여성에만 한정된 것이 아닌 전통시대 유아에 대한 보통의 관습이었다고 주장할지도 모르겠다. 여기에 사회 신분이나 지역 편차를 고려할 필요도 있을 것이다. 같은 신분 내부에서도 편차가 있었다. 예를 들면 양반이라 하더라도 김메리의 아버지는 외부대신까지 지낸 고관이었음에도 딸의 아명을 삼식으로 지었지만, 수원 유수를 지낸 정정화의 아버지 정주영은 딸의 어릴 적 이름을 정묘희(鄭妙喜)로 불렀다.[5] 묘희라는 이름 이외에 다른 아명이 있었을 가능성을 배제할 수는 없다고 하더라도 위의 사실들을 전반으로 고려해 보면 여성의 호명에 대한 불인 정은 신분과 지역을 떠나 남성에 비해 광범위하고 일반화되어 있었다는 사실을 알 수 있다. 남성 중심의 전통은 여성의 출생과 존재 자체에 대한 불인정의 실체로서, 무존재의 존재로서 여성을 규정했으며, 이름을 가지지 못한 것은 그 징표였다. 이러한 전통은 자신이 여성이기도 한 어머니를 비롯한 가족 구성원과 당사자에 의해서 오랫동안 전해 내려왔다.

출생과 더불어 시작한 여성에 대한 차별은 자라면서 경험한 가족의 일상에서도 일정 형태로 지속되었다. 1920~30년대에 태어나 일제 강점기 또는 한국전쟁 당시에 시집살이를 경험한 여성들의 생애담을 통해 이야기 속 화자들이 자신의 삶을 어떻게 의미화하는가를 고찰해 보고자 한 김정경(2008)은 우리가 흔히 '시집살이'라고 표현하는 관계의 양상을 남편의 부재와 시모의 구박으로 정리한다. 후자의 며느리에 대한 시어머니의 관계는 한국의 전통 가족에서 자주 정형화된 형태로 제시되어 왔다.

---

5 정화(靖和)라는 이름은 나중에 중국 상하이에서 자신이 사용하면서 본명이 되어버렸다 (김자동 1998: 327, 343)..

예를 들면 손인실의 어머니 박신일은 아버지인 손정도(孫貞道)가 타향에서 따로 떨어져서 공부하는 동안 시집의 눈총과 문중의 냉대를 견뎌야 했다(안혜령 2001: 19). 비록 새로 결혼한 부부가 따로 떨어져 살더라도 이러한 며느리-시어머니 관계에서 벗어나는 것은 아니었다. 이봉순은 서울 오류동의 사택에서 살면서 이따금 방문한 시어머니와의 관계를 "그런대로 다 견딜 만했는데 이해가 안 되는 일도 있었다"고 말하면서 다음의 사례를 거론한다.

> 깍두기를 담구는데 둥글고 긴 왜무를 도마 위에 놓고 자르면 네모반듯한 쪽만 골라서 작은 백항아리에 아들을 위해 담그고 세모나고 못나게 잘린 것은 따로 담가서 여자들 몫이라고 하셨다. 합쳐서 세 식구인데 시모님과 아들은 겸상을 해 드리고 나는 기다렸다. 상이 나면 혼자 먹기 마련인데 못난 깍두기를 따로 떠다 먹을 생각이 나지 않았다. 나는 내색은 할 수는 없었지만 그건 쓸데없는 낭비라고 생각했다. 새 며느리 훈련시킨다고 하시는 일이지만 이해할 수가 없었다(이봉순 2001: 48).

김정경은 시집살이의 또 다른 얼굴인 남편의 부재를 근대 가족 관계의 특징으로 제시한다. 남편의 부재는 전쟁으로 집을 떠나 있는지의 여부와 무관하게 거의 동일하게 나타나는 현상이라는 것이다. 다시 말하면 한국 근대의 남편들은 일제의 강제 지배나 한국전쟁과 같은 역사의 사건들과 관련하여 이야기되는 것만은 아니며, 설령 이러한 배경 구조가 없었다 하더라도 남편들은 집안에서 아무런 역할도 하지 않았다. "살림살이 사는 것"을 모르고, "집이 어째 돼 가는지 신경"조차 안 쓰고 살았다는 말에서 보듯이, 남편들은 전쟁이나 질병, 혹은 이른 죽음이라는 특수한 상황 때문만이 아니더라도 가정에서 하는 일이 없었다(김정경 2008: 90~6).

딸의 입장에서 보면 남편의 부재는 '아버지의 부재'로서 이는 한국 근대 문학이나 역사에서도 주요한 소재로 다뤄지거나 언급되어 왔다. 나아가서 이는 한국의 경우에만 한정되지 않은 이 시기 지구 차원에서의 공조 현상이었다. 서구에서도 일찍이 1930년대 후반부터 아버지 역할을 둘러싼 정치 담론들이 아버지의 부재론을 중심으로 전개된 바 있다. 제2차 세계대전 동안 아버지들은 전쟁터에서 싸우느라 자식들을 돌볼 기회를 갖지 못했다. 1970년대 이후에는 이혼율의 증대와 더불어 한부모 가구가 증가하면서 아버지 부재(absent father)라는 주제는 다른 의미를 띠게 되었다. 별거 혹은 이혼의 결과 자녀들과 접촉이 어렵게 되거나 혹은 부권을 행사할 기회를 잃어버린 아버지의 부재 상황은 특히 이혼율이 높았던 미국과 영국에서 두드러지게 나타났으며, 이를 둘러싼 격렬한 논쟁은 아버지 존재의 유고(遺故)를 선언했다(Giddens and Sutton 2017: 443).

근대로의 이행 과정에서 아버지의 부재 현상은 소설과 같은 문학 작품들을 통해서도 표현되어 왔다. 프로이트(Sigmund Freud)의 '가족 로망스' 개념은 봉건체제를 부정하고 근대세계를 창조해 낸 근대 기획 일반에서 작동하는 집단 무의식을 이해하는 데 일정한 시사점을 제공한다. 즉 근대로의 이행 과정은 봉건체제라는 현실의 아버지를 부정하고, 새로운 근대체제라는 상상의 아버지를 호명하고 구성하는 것으로 여기에서 아버지는 부정되고, 부재하는 것으로 제시되는 것이다(김명인 2006: 333). 이러한 점에서 김남천에 의한 일련의 소년 성장소설들인 《남매》(1937), 《소년행》(1937), 《무자리》(1938)에서 식민지 1세대인 아버지의 무능이 등장했으며, 널리 알려진 채만식의《탁류》(1937)에서도 무능한 아버지의 세계가 묘사되고 있지만(김명인 2006: 340~1), 사실 한국 근대에서 아버지의 부재 현상은 이보다도 훨씬 이른 1900년대 초 이른바 신소설의 시기로 거슬러 올라간다.

전통시대에서 근대로 이행하는 구한말에 출현한 이른바 신소설 문학들에 등장하는 주요 인물들에서 아버지의 부재 현상을 찾는 것은 드물지 않다. 예컨대 1906년 7월부터《만세보(萬歲報)》에 장편소설로 연재된 이인직(李人稙)의《혈의 누(血의 淚)》에서 주인공 옥련의 아버지인 김관일은 청일전쟁(1894)의 와중에서 아내와 딸이 실종되자 평소 바라던 외국 유학을 떠나며, 이 소설에 이어 그 해 10월부터 같은 지면에 연재한《귀의 성(鬼의 聲)》에서 주인공 길순의 아버지 강동지는 딸의 원수를 갚은 후 배를 타고 해삼위(블라디보스토크)로 떠나고는 소식이 없다. 2년 후인 1908년 이인직이 신극 운동을 위해 연극 신소설이라는 이름으로 발표한《치악산(雉嶽山)》에서도 주인공인 이 씨 부인의 남편인 백돌이는 아내를 학대하는 계모 김 씨와의 관계로 집안이 시끄럽다는 이유로 아무런 기약도 없이 일본으로 유학을 떠나고 만다.[6]

아울러 최근 여성주의 시각에서 한국 근대 문학을 재해석하고자 하는 흐름의 일환으로 기존의 문학 작품을 비틀어 다시 쓰는 시도들이 나오고 있다. 이상의 단편 〈날개〉는 흔히 식민지 현실의 우울과 불안, 고통

---

6 이들 사례 이외에도 최정운은 가정을 이루기 전의 상황이기는 하지만 이해조(李海朝)의《화세계(花世界)》(1910)에 등장하는 주인공 수정의 정혼자로서 1907년의 대한제국 군대의 강제해산으로 '걸객질'을 하면서 전국을 돌아다닌 구 참령(參領, 지금의 소령)의 사례를 언급한다. 최정운 2013: 124~5 참조.

을 묘사한 심리주의 소설로 평가받고 있다. 그러나 여성주의의 입장에서 이 소설의 주인공인 '나'의 아내의 시각에서 그를 보면 전혀 다른 이야기가 펼쳐진다. 금지와 억압의 식민지 현실에서 주인공은 "박제가 되어 버린 천재"라기보다는 "돈 한 푼 벌지 못하는 놈팽이 같은 놈", "아내가 내객과 같이 있는 것을 보고도 모르는 척하고, 조석으로 닭이나 강아지처럼 주는 밥이나 받아먹고 있는 놈"일 따름이다(김보현 2018: 15). 사실주의 문학의 대표작으로 평가받는 현진건의 〈운수 좋은 날〉에서도 주인공인 김 첨지는 식민지 시대 조선인의 가난과 울분의 전형으로서 공감과 연민의 대상이라기보다는 "나가기만 하면 술 처먹고 들어오는 주제에, 제 새끼 한번 어를 줄 모르고, 제 새끼 배 채워 주는 나한테는 약 한 첩 쓰는 것도 아까워하는, 저 호로 자식 같은 놈!"이다(김이설 2018: 11).

이 책에 등장하는 여성들의 전기·자서전에서도 주인공 여성의 어머니와 당사자로 이어지는 여성의 이야기에서 이러한 편린들을 찾아볼 수 있다. 무능한 아버지와 생계를 도맡은 어머니, 그 결과로서 이들이 당면해야 했던 가난이라는 한국 근대에서 낯설지 않은 풍경은 이 책에 등장하는 여성들의 사례에서도 크게 벗어나는 것은 아니다. 예를 들면 권기옥의 아버지는 "평양 성안에서 대대로 벼슬"을 했지만 "돈 잘 쓰고 놀기 좋아하는 한량"이자 '노름꾼'으로, 집안에 고린 동전 한 푼 들여놓지 못했다 (정혜주 2015: 13~4). 가장으로서 아버지의 이러한 무능과 부재는 권기옥을 포함한 가족 전체의 삶의 현실에 부정의 영향을 미친 것은 말할 나위가 없다.

이 시기 아버지의 무능과 가난만이 아버지의 부재를 초래한 것은 아니었다. 국권의 상실이라는 민족의 비운 앞에서 빼앗긴 나라를 찾겠다는 동기에서, 이방인의 지배를 받는 것이 싫다는 이유에서, 혹은 생활의 방편이나 이념, 신앙을 지키기 위해 많은 사람이 조국을 등지고 중국이나 만주 등지의 해외로 유랑과 이산의 길을 떠났다. 드물게는 가족과 함께하기도 했지만 미지의 세계로의 모색은 대부분 가부장의 남성이 주인공이었다. 이봉순은 아버지가 만주에 거주한 사정으로 어려서부터 함경도 신흥의 외가에서 자랐기 때문에 아버지에 대한 정이 별로 없었다고 말한다. 방학이 되어 이따금 아버지가 오시면 "손님 같았고 고모들이 오라바이라고 부르는 것을 보고" 자신도 함께 그렇게 부를 정도였다(이봉순 2001: 24~5).

아버지의 부재를 가장 잘 보이는 사례의 전형으로는 아마도 최승희를 들 수 있을 것이다. 최승희는 1922년 4월 15일 숙명여학교에 입학하자마자 집안 살림이 파탄 나는 불행을 겪는다. 많은 농토를 일본 사람들의 손에 넘기고 종로에서 포목상을 했으나[7] 가난을 면치 못했던 아버지의 무능과 방탕으로 최승희는 어린 시절부터 극심한 고통과 슬픔을 경험한다(정병호 1995: 23). 자서전에서 최승희는 이를 "여학교 1년 급 되었을 때 중산계급이던 우리 집은 다른 사람들과 같이 경제적 파멸의 구렁텅이로 빠져 들어갔다"고 적고 있다. 얼마 되지 않는 오빠의 원고료를 제외하고는 아무 수입이 없었기 때문에 "하루에 두 끼 밥도 끓이지 못하는 날이 많았"으며, "아침 밥 때면 부모와 우리들이 서로 사양하여 먹지 아니하고

---

7 대개의 전기나 자서전이 그러하지만, 당사자의 지위와 어느 정도 연결되어 있다는 점에서 아버지의 직업이나 경력은 다소 모호하게, 혹은 긍정의 방향에서 제시될 개연성이 농후하다. 권기옥의 경우와 같이 대대로 벼슬을 했다거나 최승희처럼 '한학자'로서 "봉건 시대의 풍류 시인"이라는 언급이 그러하다(정병호 1995: 17).

눈에 눈물이 고이며 학교 걸상에 걸터앉아서 어머니는 잡숫지 않고 나를 먹이시던 일을 생각하면 오직 눈물이 앞을 가릴 뿐"이라고 그녀는 회고한다(최승희 1937: 4~5).

최승희는 자서전의 서두에서 "운명이란 어느 때나 기구하고 험준한 것"이라고 말한다. 자신을 에워싼 경제문제로 인해 자신의 소망과 정열도 여러 차례에 걸쳐 쓰라린 맛을 보게 되었기 때문이다(최승희 1937: 2). 1931년 3월 하순 일본으로 떠나는 최승희를 보내면서 그녀의 아버지는 "돈이 없어서 자식을 더 공부시키지 못하고 남에게 맡겨 보"낸다고 한탄하고 있다(최승희 1937: 46). 그의 오빠인 최승일 역시 〈누이에게 주는 편지〉에서 자신들은 "전기도 못 켜고 남포불을 켰었다"고 당시를 회상하고 있다(최승희 1937: 49). 그런가 하면 안석주는 최승희 자서전의 추천사에서 최승희의 "집안이 넉넉하였다면 무용의 길로 안 나아갔었는지 모른다"고 하면서, 가난했기 때문에 "무용가의 첫걸음을 걸을 때도 그 주위가 어지러웠음을 내가 보기에 딱하게 생각하였으며 또 그가 지금만큼이라도 된 것이 그 가난이 준 힘이었는지도 모른다"고 지적한다.[8]

손인실의 경우 아버지인 손정도가 평양의 숭실학교에서 공부를 하는 동안 고향에 남은 어머니 박신일은 시댁의 눈총과 문중의 냉대를 견디며 하루하루를 보내야 했다. 평양에서 손정도는 고학하며 학교를 다녔으나 남편이 공부하는 동안의 생계는 나중에 평양으로 온 아내가 평양

8　최승희 1937: 134. 정병호는 최승희가 "돈 문제에는 무섭게 냉정"했다고 하면서 그 이유 중의 하나로 "숙명여학교에 다닐 때에 가세가 기울어 어렵게 살았던" 사실을 거론한다. "돈이 없으면 죽는다는 것을 누구보다 잘 알고 있었기 때문에 이렇게 돈을 두고는 구두쇠가 되어 버렸던 듯하다"는 것이다(정병호 1995: 366).

기독병원인 기휼병원에서 잡역부 일을 하면서 도맡았다(안혜령 2001: 19). 아버지의 부재로 인한 삶은 손정도가 가족들을 남겨두고 중국으로 망명하고 나서도 계속되었다. 아내인 박신일은 "낮에는 기휼병원에서 잡역부 일을 하고, 저녁에는 재봉 일"을 하면서 5명이나 되는 아이들 점심은 "고구마로 때웠으며 땔감이 없어 왕겨를 사 지게로 날라다 풀무질을 하며 부엌일"을 하는 고단한 날을 보내며, 집안의 가장 역할을 떠맡아야 했다(안혜령 2001: 23). 몇 년 후 남은 가족은 중국으로 들어갔지만, 손정도가 길림교회에서 사목을 하는 동안에도 아내인 박신일은 정미소에 나가 쌀을 고르는 날품팔이 일을 하면서 고달픈 삶을 살았다.

비록 나이가 어렸다 해도 손인실은 어머니의 고단한 삶을 충분히 알 수 있었다고 적었다(안혜령 2001: 27). 나중에 손인실은 "너무도 크게 사신 아버지의 삶"을 알기에는 자신은 "너무도 작았고 아는 것이 없었다"고 회고하고 있지만(안혜령 2001: 35), 이는 아버지의 부재가 초래한 기억의 부재 때문이라고 할 수도 있을 것이다. "너무도 크게 살았다"는 손인실의 표현에서 보듯이 그의 아버지인 손정도는 목사이자 독립운동가로서 널리 알려져 왔다.[9] 민족 독립의 거대 서사에서 보자면 손인실의 아버지는 그 주인공이자 영웅으로서 역사에 남아 있고, 딸의 회상에서도 "너무도 큰

---

9   1911년 데라우치 총독 암살 음모 사건 조작과 관련된 '105인 사건 공모자'라는 죄목으로 체포되어 전남 진도로 유배형을 받았으며, 이후 중국으로 망명하여 상하이 임시정부 의정원 의장을 지내는 등의 독립운동을 했다. 만주에서는 김일성의 후원자 역할을 했는데, 김일성의 자서전 《세기와 더불어》 제2권 제2장의 제목을 〈손정도 목사〉로 붙일 만큼 친분을 과시했다. 이 회고록에서 김일성은 "그들에 대한 추억은 시간과 공간의 끊임없는 교차 속에서도 풍화되거나 덜어지지 않고 내 마음 속에서 세월과 함께 면면히 이어져 왔다"고 적었다(안혜령 2001: 20, 29~30).

삶을 사신 분"으로 호출되고 있다. 그렇다고 하여 그것이 이러한 가족들, 특히 여성으로서 무수한 아내와 딸들이 겪어야 했던 고난과 결핍의 부재를 의미하는 것은 결코 아니었다.

이와 관련하여 흔히 "임시정부의 안살림꾼"이라는 평을 들은 정정화의 사례도 여기에서 언급하지 않을 수 없다. 남편의 뒤를 이어 상하이로 탈출하여 임시정부에서 일하는 시아버지 김가진을 모시게 된 정정화는 '임정 어른들' 각자가 꾸려나가는 살림살이가 "그야말로 말씀이 아니었다"는 사실을 이윽고 깨닫는다. "전체 민족의 생존권 획득이 우선되어야 했으므로 개개인의 구차한 살림 형편을 크게 내세우지 않았을 뿐 이름, 명예, 자존, 긍지보다는 우선 급한 것이 생활이었다"고 하면서, 그녀는 "대의를 위해 불철주야 뛰어다니는 여러 지사들도 활동을 위해서는 생계가 유지되어야 한다는 사실을 부인하지는 못했다"고 말한다(정정화 1998: 55~6).

비록 민족 독립의 대의를 위한 망명 생활이라고는 하더라도 상하이 임시정부 사람들의 이러한 상황은 생활과 생계를 담당한 아내와 어머니의 입장에서는 사실상 아버지의 부재와 같은 상황을 의미하는 것이었다. 이에 따라 정정화는 "적지에 잠입해 들어왔다가 탈출해 나가는" 위험을 무릅쓰고(정정화 1998: 62) 살림살이를 위한 돈을 친정에서 조달하기 위하여 여러 차례에 걸쳐 상하이와 국내를 오갔다. 그녀에게 상하이 임시정부의 "웃어른을 모신다는 것은 곧 일종의 독립운동을 의미하기도 했"으며, "친정아버님의 전해준 돈은 다름 아닌 독립자금"이었다. 그리고 이러한 맥락에서 자신의 "작은 모험은 상해 망명 사회에서 제법 화제가 되었고 나중에는 모르는 사람이 없을 정도"가 되었다(정정화 1998: 52, 65).

이 시기 가족 내에서 아버지의 부재와 대조를 이루는 것이 오빠의 존재감이다. 여기에서 아버지와 오빠는 단순히 가족 내의 지위에서 그치지 않고 시간과 세대의 개념을 동시에 내포한다. 근대로의 이행이라는 과도기에 아버지가 전통의 영역을 표상한다면 근대의 표상자로서 동세대에 속한다는 점에서 오빠는 가족 내에서 이해와 공감을 공유할 수 있는 존재였다. 이는 아버지 중심의 전통 가족 제도가 도전받고 해체되면서, 오빠를 축으로 한 새로운 가족공동체가 실제로 형성되는 가능성을 시사하는 것이다. 이러한 논의의 연장에서 김명인은 한국 근대 문학에서 찾아볼 수 있는 주요한 특성으로 가족 로망스의 한 변형으로서 형제애를 제시한다. 즉 1920년대 중반 이후 이기영이나 한설야와 같은 카프 계열의 작가들은 마치 프랑스혁명의 가족 로망스가 그랬던 것처럼 그들의 수많은 형제 누이들과 함께 전혀 새로운 가족, 즉 사회주의라는 이름의 평등한 가족체계를 꿈꾸었고 그 꿈들을 형상으로 옮겨 놓았으며,《고향》(1934)이나《황혼》(1936)에서 남녀 주인공들의 연대는 곧 이광수의《무정》에서 시작된 가족 로망스의 한 변형으로서의 형제애가 한국 근대 문학에 뿌리를 내리는 증표가 되었다.[10]

이러한 맥락에서 이 시기 여성들이 근대의 신여성으로 등장하는 데에는 오빠의 존재와 후견인으로서의 오빠의 역할을 적지 않게 찾아볼 수

10　나아가서 그는 비단 이 시기만이 아니라 1990년대 이후에도 이러한 새로운 가족공동체의 양상을 지적한다. 예컨대《겨울우화》(1990),《풍금이 있던 자리》(1993) 등과 같은 신경숙의 소설들에는 아버지 중심의 가족공동체가 해체되고 대신 '오빠' 중심의 새로운 가족공동체가 만들어지는 전이 과정에서 과거로도, 미래로도 선뜻 돌아가거나 나아가지 못하는, 다시 말하면 나선형이나 지그재그의 행로를 밟을 수밖에 없는 여성 주인공들이 형상이 두드러지게 나타난다 (김명인 2006: 339, 347~8).

있다. 신여성을 대표하는 나혜석은 그 전형을 보인다. 예컨대 나혜석의 오빠인 나경석(羅景錫)은 나혜석의 가족에서 나혜석과 가장 가깝게 지내며 그녀를 깊이 이해하고 후원했다. 그 자신 사회운동과 민족운동의 경력을 가지고 활동한 바 있던 나경석은 신문화의 깊은 이해자로서 나혜석이 도쿄여자미술전문학교에 진학하여 서양화를 전공하는 데 주요한 역할을 했다. 도쿄의 유학 생활에서 나혜석과 약혼한 에피소드로 널리 알려진 최승구(崔承九)는 오빠 경석의 친구였다(최홍규 1994: 7~11). 일본 유학이나 미술을 전공하는 데 주된 영향을 미친 사실에서 보듯이 나혜석 스스로 "누구보다도 신임하는" 사람으로 오빠를 꼽는 데 주저하지 않았다(한동민 2012: 206~7).

이 책의 주인공들의 경우를 보면 예컨대 김필례에게는 넷째 오빠인 김필순이 그러한 존재였다. "오빠이자 아버지나 다름없던" 김필순은 한국 최초의 양의사로서 일찍부터 민족의식에 눈을 떠서 105인 사건에 깊이 연루된 혐의로 일제의 수배를 받아 중국 헤이룽장성의 치치하얼로 피신하여 이상촌 건설을 목표로 병원을 운영했다. 일본 유학을 가는 데에 그녀는 오빠의 도움을 받았으며, 을사늑약 이후 1907년의 군대해산 과정에서 일본군과의 교전으로 다친 병사들을 치료할 때도 그녀는 오빠와 함께 적극적으로 참여했다(이기서 2012: 31, 57~8, 60~2). 1918년 결혼 이후 김필례는 멀리 치치하얼까지 오빠를 찾아가서 함께 일했으며, 나중에 오빠가 불행하게도 콜레라에 걸려 젊은 나이에 세상을 떠났다는 소식을 듣고 "하늘이 무너지고 땅이 꺼지는 슬픔을 느꼈다"(이기서 2012: 97~9, 110).

이러한 관계의 전형을 가장 드러내는 사례로는 최승희와 그의 오빠인 최승일을 들 수 있다. 최승희는 자서전에서 자신의 성격 형성에 "진보

YWCA 창립을 위한 제1회 하령회(위)와 제2회 하령회(아래)

한국 YWCA 창립 50주년 기념식에서 김필례의 공로상 수상 전경

1920년대 YWCA에서 활동하던
이화여전 교수 김활란(우)과 김필례(좌)

서양화가이자 신여성을 대표하는
나혜석

상하이 임정의 여인들. 앞줄 오른쪽 세 번째가 정정화이고 네 번째 아이를 안고 있는 여인은 엄항섭의 부인 연미당

상하이를 탈출해 피신처 가흥에 모인 임정 식구들: 뒷줄 왼쪽 세 번째 김의한, 이동녕, 박찬익, 김구, 엄항섭, 앞줄 왼쪽 두 번째 아들 후동이를 안고 있는 정정화

적 인텔리로서 문학자로서 신극 방면에서 활동하면서 소설을 쓰고 있"던 오빠로부터 많은 영향을 받았다고 밝히고 있다. 자신에 대한 오빠의 애정과 지도가 자신을 끊임없이 격려하고 장려했으며, "오빠는 나에게 사물에 대한 정당한 관찰과 이해에 길을 열어주며 가르쳐 주었다"는 것이다.[11] 그녀가 무용을 배우게 되면서 부모를 비롯한 친척이나 주위 사람들은 기생이나 춤을 춘다는 편견과 비난, 혹은 비탄을 쏟아 부었지만 그녀는 오빠와 함께 "하나님의 시련을 받는 사람들처럼 용감하게 싸웠"다. 일본 유학보다는 조선에서 사범학교를 가라는 아버지의 의견에 대하여 그녀의 오빠는 "조선에서 여교원 노릇은 다른 분이 하실 분이 많이 있으니까 조선 예술계를 위하여 선구자로서의 태도"를 가져야 한다고 아버지를 설득하면서, 용기를 내지 못하고 망설이는 그녀에게는 "주저 말고 나가라고 격려"했다. 1931년 3월 일본 유학을 위해 최승희가 경성역을 떠나갈 때에도 그녀의 오빠는 아버지에 대신하여 그녀를 배웅했다(최승희 1937: 14~5, 42~4, 46~7).

이후에도 안막과 결혼하기까지 최승일은 최승희의 후원자이자 조언자로서 충실한 후견인 역할을 했다. 최승희의 보호자로서 이시이 바쿠와의 계약 당사자로 나섰으며, 최승희가 일본에서 공부하는 동안에도 "조선의 가혹한 현실 생활"을 깨우치기 위하여 '카프' 작가들의 작품을 누이에게 보냈다. 이시이와의 계약 기간이 끝나자 조선으로 돌아오라고 권유한

---

11 나아가서 그녀는 오빠의 영향을 많이 받아서 시와 소설을 읽었다지만, "꿀처럼 달고 꿈처럼 헛된 시와 소설은 나의 마음에 아무러한 재미도 없었다. 말하자면 현실 속으로 파고 들어가서 생활의식이 풍부한 작품을 애독하였다. 이시가와 다쿠보쿠(石川啄木)의 시와 노래를 한없이 애독하였는데 지금 생각하면 그리웁기 한이 없다"고 말한다(최승희 1937: 11).

것도 오빠였고, 러시아로의 유학을 안내한 것도 오빠였으며, 남편이 될 안막과의 결혼을 주선한 것도 오빠였다(정병호 1995: 32, 38, 49, 59). 최승희의 자서전에 수록된 최승일의 〈누이에게 주는 편지〉에는 누이동생에 대한 오빠로서의 관심과 애정이 절절히 녹아 있다(최승희 1937: 48 이하).

마지막으로 임순득에게도 둘째 오빠인 임택재(任澤宰)가 있었다. 일본 노동조합전국협의회에서 활동하다가 1933년 잡지 《신계단》의 기자를 했고, 이관술의 반제운동 등에서 사회운동가로 활동한 임택재의 삶은 임순득과 깊숙이 연관되어 있었으며, 실제로 그녀는 사상 사건을 비롯한 각종 사건과 인맥에 오빠와 함께 등장한다(이상경 2009: 35~6). 비록 그 자세한 이야기가 완전히 밝혀지지는 않았다 하더라도 최승희나 김필례, 나혜석에 못지않게 임순득의 오빠 역시 그녀의 후견인이자 삶의 동반자로서의 역할을 했던 것이다.

지금까지 살펴보았듯이 이 책에 등장하는 인물들과 오빠의 관계는 이중의 복합적 성격을 지녔다는 점을 지적하고 싶다. 한편으로 이들의 관계에서는 이미 언급한 가족 로망스의 변형으로서 형제애의 요소가 존재한다. 김필례는 오빠와 함께 일본군에 의해 부상당한 군인들을 간호하면서 오빠와의 일체감과 현실에 대한 인식을 공유했으며, 최승희의 오빠 최승일은 주위의 편견과 비난에도 불구하고 조선의 현실을 반영한 예술인으로서의 삶을 끊임없이 지지하고 격려했다. 임순득의 경우는 이 시기 카프 작가들이 지향하고자 했던 사회주의라는 이름의 평등한 가족 제도를 꿈으로서의 형상화가 아니라 현실의 실천과 연대를 통한 동료로서의 삶으로 공유하고자 했다.

이러한 연대와 형제애의 구현에도 불구하고 이들의 관계가 전통 가족 제도에서 아버지의 존재를 대체하는 혐의가 있는 것에도 주의를 기울여야 한다. 나혜석의 경우를 보면 나혜석의 큰오빠가 큰아버지(仲父)의 양자로 감으로써 나경석이 자연스럽게 이 집안의 실제 장남이 되었고, 나혜석이 가장 신임하는 오빠로서 나경석의 결정과 선택에는 가부장의 권위가 더해졌다(한동민 2012: 207). 다음의 제4장에서 보듯이 장선희의 혼인 과정에서 그녀의 오빠인 장인석(張仁錫)은 정식으로 청혼을 받는 당사자로서 실질적인 아버지 역할을 한다. 최승희의 오빠에 대한 믿음도 무능한 아버지에 대신하여 큰 오빠 최승일이 가장으로서의 실질적 역할을 했다는 사실에서 기인하는 바가 컸다.[12]

그럼에도 불구하고 중요한 것은 이들이 전통 가족에서 아버지와 딸의 역할을 전형화하지는 않았다는 사실이다. 크게 보아 의제화된 가부장으로서 오빠에 대한 일정한 의존이 있었다고 하더라도 이들은 과거의 아버지에게 그러했듯이 전통과 인습의 요구를 따르지는 않았다. 이상경은 한 여성이 예술가로 성장하는 데 후원자나 정신적 역할을 하는 오빠의 존재는 여성사에서 그리 드물거나 낯선 것은 아니라고 지적한다. 나혜석의 경우도 오빠의 지적 자장과 교우 관계에서 출발하여 나중에는 그 세계로부터 뛰쳐나오거나 버림받는 과정에서 한 사람의 여성 작가로 서게 되었으며, 이 점에서는 오빠 임택재의 세계로부터 출발한 임순득도 마찬가지라는 것이다(이상경 2009: 37). 김필례나 최승희의 사례도 여기에서 벗어나는 것은 아니었다.

---

12 극도의 가난과 결핍에 시달리던 시절에 최승희의 가족은 일본에서 대학을 졸업하고 돌아와 신극 운동에 참여한 최승일이 경성방송국 연예부에서 아나운서도 하고 연극 대본도 쓰고 연출도 하면서 간신히 최악의 가난을 면했다. 정병호 1995: 25 참조.

여성이라는 이유로 이들이 당면한 현실에서의 차별과 편견은 가족 내부에만 그치지 않았다. 주지하듯이 그것은 오늘날 우리가 지켜보는 바와 같이 일상의 모든 곳에서 여러 형태로 출현했으며, 이 책의 주인공들 역시 출생 이후의 생애 과정을 통하여 이웃과 학교, 사회, 그리고 출산가족(family of procreation)에서 아내이자 어머니로서 어떠한 형태로든지 그에 대응해야 했다. 무엇보다도 이 책의 주인공들은 사회나 민족으로 표상되는 공공의 영역은 남성이 담당하는 반면에 여성의 일은 가정을 중심으로 한 사적 영역에 한정하는 시대의 통념과 관행에 부딪혔다.

정정화는 "다람쥐 쳇바퀴 돌 듯 집안에서만 왔다 갔다 하는" 생활을 하던 자신은 바깥세상의 소식을 학교에 다니는 남편에게서 들을 수밖에 없었다고 말한다(정정화 1998: 21). 1919년에 3·1운동이 일어나자 바깥에서 일어나는 일이 궁금하기도 하던 그녀는 집에만 매여서 답답한 시집살이를 오빠에게 하소연하지만, "멀지 않아 무슨 변화가 생길 것이니 자중하고 있거라"는 충고의 말만 듣는다. "당시만 해도 집안의 아녀자들이 바깥일에 대해 관여한다는 것은 환영받을 만한 일이 못 되었기 때문에 나는 그저 잠자코 있을 수밖에 없었"다고 그녀는 자서전에 적었다(정정화 1998: 37~8). 그로부터 몇 달 후인 1919년 10월 말 정정화의 시어머니는 "무덤덤한 표정으로" 신문 한 장을 건네면서 읽어 보라고 했다. "왜 내게 신문을 보라는 것인가 의아해 하면서" 받아든 신문에서 시아버지인 김가진과 남편, 두 사람이 국내를 빠져나가 상하이로 망명했다는 내용의 기사를 읽은 그녀는 "그만 어안이 벙벙해"지고 말았다.

이럴 수가! 까마득히 모르고 있었던 일이다. 눈치도 못 채고 있었던 것이다. 도무지 믿어지지가 않는 급작스런 소식에 잠시나마 어리둥절했던 나는 이내 평온을 되찾았다. 시아버님과 성엄(남편―필자)이 집을 나가기 전에 시어머님이 내게 한 말을 떠올리면서 허둥거리던 내 마음을 다 잡았다. […] 시어머님은 어느 정도 일에 대해서 알고 계셨으리라 보는데, 어쩌면 시어머님조차도 일의 내막은 모르는 채 그저 옷을 한 벌 지으라는 시아버님의 말을 그대로 따랐을지도 모를 일이다. 이런 엄청난 일을 당하고도 나는 어째서 무심하리만큼 담담해지는 것일까? 이런 사태를 미리 감지하고 있었는지도 모른다. 아니 이런 일에 이미 익숙한 환경에서 지낸 탓일 수도 있다(정정화 1998: 39~40).

여성의 고유한 영역은 사적인 가정이라는 전통의 묵계가 여전히 작동하던 당대의 현실에서 정정화는 남편의 망명이라는 사실 자체를 모르고 있다가 시어머니가 건넨 신문을 통해 알게 되었다. 그녀가 짐작하듯이 이러한 현실은 그녀의 시어머니에게도 마찬가지였을 것이다. 그리고 이 점에서는 그녀의 오빠 또한 남편이나 시아버지와 다르지 않다. 3·1운동에 즈음한 시기의 바깥소식을 알고 싶어 하던 누이동생에게 그녀의 오빠는 상황의 변화를 암시만 할 뿐 '자중'만을 당부한 것이다. 이와 아울러 주목할 것은 이에 대한 정정화의 반응이다. 자중하라는 오빠의 말에 그녀는 여자가 '바깥 일'에 관여하는 것을 환영받을 만한 일이 아니라서 "그저 잠자코 있을 수밖에 없었"다. 남편이 자신에게는 한 마디 말도 없이 해외로 가버린 "엄청난 일"을 당하고도 그녀는 "무심하리만큼 담담"한 태도로 이를 받아들일 수밖에 없었다. 이 사례에서는 민족의 독립운동에 대한 대의라는 점에서 비밀 유지의 필요라는 특수한 사정을 감안해야 하겠지만, "이런 일에 이미 익숙한 환경에서 지낸 탓"이라는 스스로의 진단에서 보듯이 오랜 시기에 걸친 전통의 힘은 이 시기에도 여전히 살아있는 유제로서 영향을 미치고 있었다.

가족 안에서 여성이기 때문에 받아야 했던 배제와 차별은 최은희의 경우에도 적나라하게 나타난다. 그녀는 어린 시절에 "노란 비단으로 뚜껑을 하고 실을 꼬아 책을 매고 표지에 《탐진최씨 족보(耽津崔氏族譜)》"라고 쓰인 집안의 족보를 본 기억을 떠올린다. "그것을 배워 보고 싶어 하는 눈치를" 알아차린 그녀의 아버지는 "그것은 오빠들에게나 읽힐 책이다"고 하여 더 이상 보지는 못한 그녀는 "속으로 불평을 품으면서도 말을 하지 못했"다고 회상한다(최은희 1980: 8~9). 세월이 흘러 경성여자보통학교에 다니다가 여름방학을 맞아 집으로 온 그녀는 아버지로부터 집안의 "가보로 내려온 옥돌 도장함"을 받는다. "너는 가문을 지키지 못할 딸이지만, 네 동생은 아직 어리고 …"라고 말끝을 흐리는 아버지의 기억을 떠올리면서 그녀는 수십 년의 세월이 지난 후 "지금 생각해 봐도 그때의 아버님 흉중을 헤아릴 길이 없다"고 적었다(최은희 1980: 25). 어리고 병약한 그의 남동생은 후에 17세의 나이로 조사(早死)했지만, 집안을 이을 후손의 앞날이 불확실한 상황에서 딸에게 가보를 물려주는 아버지의 행위에서는 스러져가는 가부장제의 쓸쓸한 잔영이 배어난다. 아버지의 이러한 회한에 보답이라도 하듯이 그녀는 자서전에서 부계인 '탐진 최씨의 상조(上祖)들'을 여러 장에 걸쳐 상세하게 적어 두었다.[13]

황해도 장연의 소래교회 부속학교에서 배우던 김필례의 어머니는 이 학교에서 딸을 가르치던 이국보(李國輔)가 딸의 자질을 알아보고, "이 아이에게 바느질, 음식 만드는 법, 이런 것만 애써 가르치려 하지 말고 좀 대범하게 키우라"는 권고를 들었지만, 여자가 "인물이 되면 얼마나 큰 인물이 되겠"느냐고 하면서 음식 만들기나 바느질은 여자가 "마땅히 익혀 두어야 할 일"이 아니냐고 반문한다(이기서 2012: 48~9). 첫째 딸이 죽은 다음에 딸 낳기를 간절히 바라던 최은희가 원하던 딸을 분만한 날 밤늦게 들어온 그녀의 남편은 "엄마는 딸을 낳았다고 좋아하지만 나야 무슨 소용 있니 그년 자라서 아비 술이나 한잔 받아주겠니, 네가 제일이지 제일이야" 하고 아들에게 말한다. 그 모습을 옆에서 지켜보면서 최은희는 자신의 "목을 끌어안고 뺨에 뽀뽀를 하며 건성 좋아하던 (아들의) 모양이 지금도 눈에 선하다"고 회고하고 있다(최은희 1980: 499). 그런가 하면 "부모들이 싫어하는 여자아이"를 첫아이로 출산한 최승희는 "여자지만 남자를 이겨내"라는 자신의 뜻을 담아서 딸에게 '승자'라는 이름을 붙여 주었다(정병호 1995: 74).

가족 내에서 여성에 대한 이러한 차별과 편견은 가족 외부에 위치하는 사회 전반의 현상에 대한 반영이기도 했다. 남녀평등의 교리를 설파한 기독교에서도 전통의 잔재가 여전한 영향력을 행사하고 있었던 당시의 현실을 무시할 수 없었다. 이러한 사정을 반영하여 초기 교회나 성당에서는 남녀를 따로 구분하여 그 사이에 휘장을 치고 가설물을 설치하거나 혹은 출입문을 따로 했다. 황해도 장연의 소래교회는 한국 최초의 개신교 교회로 알려져 있는데, 1899년 무렵 이 교회에서 세례를 받은 김필례는

---

13 그녀가 부계만 기록한 것은 아니다. 외조부를 비롯한 외가 계열에 대해서도 일정한 기술을 하고 있기 때문이다. 최은희 1980: 2~14 참조.

"남반과 여반 사이에 휘장을 치고 예배를 드렸는데 세례 받을 사람들은 휘장 앞으로 나가 꿇어 앉"았다고 회상한다. 그 이후인 1904년을 전후하여 서울의 연동교회에 나가면서부터도 그녀는 동일한 현실을 목격했다 (이기서 2012: 45~6, 53).

그러나 이러한 차별이 오래 지속될 수는 없었다. 불과 10년 정도의 시간이 흐른 후에 몇몇 교회들에서 이러한 관행이 점차 없어지고 있었기 때문이다. 예를 들면 당시 서울에서 감리교회를 대표하는 두 교회로는 상동교회와 정동교회를 들 수 있는데 1915년 이 교회의 담임 목사로 부임한 손인실의 아버지 손정도는 "당시까지 봉건 잔재로 남아 있던 남녀유별사상을 깨기 위해 남자반과 여자반 사이에 드리워져 있던 휘장을 걷어버렸다"(안혜령 2001: 20~1). 길선주가 담임을 맡은 평양의 장대현교회는 이 도시에 처음 지어진 교회로 알려졌는데, 1893년 축성 당시에는 "남자와 여자가 다른 문으로 출입하려고 기역자 모양으로 지"었으며, "예배당 안에도 남자 여자가 따로 떨어져서 앉고 휘장이 드리워져 있었"다. 그러나 권기옥이 세례를 받은 1916년 무렵이 되면 그 휘장을 모두 걷어 버린 사실에서 보듯이 "세상은 발전하고 있고 여자들이 깨어나야 세상이 참으로 변화"한다는 말을 실감하게 했다(정혜주 2015: 24).

그런가 하면 한국에서 처음으로 여자기독교청년회(YWCA)를 설립하는 기금을 모집하기 위하여 윤치호의 집을 방문한 김필례는 "여자들이 남자를 다 찾아 오"는 '망측'한 행위를 한다고 노기가 등등해서 당장 집 밖으로 나가라는 윤치호 어머니의 책망을 들어야 했다(이기서 2012: 147). 용정에서 서울의 이화여전으로 진학한 이봉순은 졸업반 시절 여름방학이 끝나고 학교로 가면서 친구들과 함께 두만강을 건너 함경선을 타는 대신 신징과 하얼빈, 펑톈을 거쳐 압록강을 건너 서울로 가는 여행을 했던 경험담을 소개한다. 무모하다는 부모들의 반대는 어찌어찌하여 겨우 넘겼지만 옌지에서 신징까지 가는 기차표를 끊은 이봉순 일행은 "난색을 표하면서 그 위험한 길을 겁도 없이 젊은 여학생들이 무엇하러 가느냐"는 역무원의 책망을 들어야 했다. 결국은 차장실에서 자는 것으로 여행을 하기는 했지만, 이봉순은 "멋모르고 덤벼들었던 만주 여행은 낭만보다는 위험을 동반한 모험"으로 회상한다(이봉순 2001: 40~2). 여성이기에 겪어야 했던 이동의 한계와 그에 대한 사회의 제재를 이 일화는 잘 보이고 있다.

권기옥은 자신이 16살 되던 때 고향의 숭현소학교에서 지리교사로 자신을 가르친 김경희를 기억한다. "하나님은 여자와 남자를 똑같이 만드셨고 평등하다"라는 김경희의 말에 그녀는 감명을 받았지만,[14] 결혼한 후 베이징으로 이주하여 여관의 방 한 칸을 빌려 살면서 부엌일을 도맡아야 하는 현실을 살았다. 생활비를 아끼기 위해 조밥을 주로 먹었지만, "경상도 부잣집 귀공자는 조밥을 먹지 않아, 냄비 한쪽에만 조를 넣어 밥을 지어 조밥은 자신이 먹고" 남편에게는 쌀밥을 주었다. 나아가서 베이징에서 생활하면서 약간의 여유가 생기자 "기생집에 가서 술을 마시는" 남편에게 "두고두고 분이 풀리지 않았"지만, 여자라는 이유로 감내하는 세월을 살았다(정혜주 2015: 165).

이봉순의 사례에서 보듯이 식민자/피식민자, 일본인/조선인의 경계를 뛰어넘는 여성에 대한 편견과 배제는 진보/보수, 민족주의/사회주의

14　이보다도 권기옥은 김경희가 29살의 늦은 나이인데도 "여자가 시집가지 않고도 하고 싶은 일을 하면서 살 수 있다는" 사실이 더 놀라웠다(정혜주 2015: 23).

의 구분에도 무차별로 적용되었다. 이른바 혁명적 노동, 농민운동이 비합법의 형태로 전개되었던 1930년대의 식민지에서 임순득은 사회운동의 전선에서조차 남성을 보조하는 역할을 하는 여성운동자의 현실을 신랄하게 비판했다. 당시 서울에서 혁명적 노동운동을 대표하는 이재유 그룹에서 이순금이나 박진홍의 사례에서 보듯이(김경일 2007: 177 이하) 여성 사회운동가들은 운동 전선에서 자신이 직접 사회운동을 하는 경우에도 남성 운동자를 보조하는 전통적인 여성의 역할 규범을 떠맡아야 했다. 흔히 하우스 키퍼나 아지트 키퍼로 불리는 이 역할은 남성 운동자와 생활과 연락을 위해 함께 마련한 집을 지키고 살림을 꾸려 가면서 억압자의 감시의 눈길에서 벗어난다는 점에서 널리 활용되어 왔다.

바로 이러한 관행에 주목하여 임순득은 인간의 해방을 말하면서도 성별 분업과 여성에 대한 도구적 관점에 고착되어 여성을 대상화하는 것에 대해 문제를 제기했다(이상경 2009: 111~2). 임순득이 제기한 문제는 1930년대 사회운동에 참여한 많은 여성 활동가들이 부딪혔던 중요한 쟁점이었다. "노동자나 빈민 또는 인종적 정의를 위하여 목청을 높이며 사회 정의 운동에 참여하는 급진적 사상가" 중에도 "잔인하고 불친절하고 폭력적이고 부정한" 이른바 운동권의 상당수 남성들을 염두에 두고 그녀는 "젠더의 문제에 관해서라면 그들은 보수파와 다를 바 없는 성차별주의자들"이라고 비난했다(이상경 2009: 181).

임순득의 이러한 문제의식은 문단 내에서 이른바 진보 작가들에 대한 비판으로 이어졌다. 1940년에 발표한 〈불효기(拂曉期)에 처한 조선 여류작가론〉에서 임순득은 해방 이후 좌파인 조선문학가동맹에서 활동하다가 월북한 작가인 안회남(安懷南)을 비판한다. "안회남 같은 소설가는 세상에서 제일 싫은 것을 열거하기를 1. 여자가 쓴 글, 2. 글 쓰는 여자, 3. 여자가 글 쓰는 것"이라고 했다는 것이다.[15] 안회남의 사례는 당시 문단에서 진보 작가로 분류되는 지식인 남성들의 여성에 대한 혐오와 차별을 단적으로 보이고 있다.

이러한 문제의식에서 임순득은 1930년대 후반 카프 해체 뒤의 온갖 비평 언설이 난무하는 가운데 잡지의 상업화를 배경으로 평단의 한편에서 벌어진 남성 평론가들에 의한 '여류 문학' 논의에 적극 뛰어들었다. 임순득은 첫 번째 평론으로 발표한 〈여류작가의 지위〉를 통해서 여류작가는 여류이기 이전에 작가라는 사실을 이론적으로 해명했다. 이상경이 적절하게 지적하듯이 이를 통하여 그녀는 한국 문단에서 처음으로 "'여성 해방문학'에의 자의식을 가진 여성 평론가"로서, "여성으로서의 차이보다는 인간 해방을 지향하는 작가로서의 보편성을 여성 작가에 부여"하고자 했다(이상경 2009: 123, 151).

이 논문에서 임순득은 작가이기 이전에 '여류'라는 생물학의 속성을 내세우는 남성 작가들의 젠더 인식에 문제를 제기한다. 당시의 여류 문학 논쟁에서 남성 비평가들은 "여자만이 담당할 수 있는 예술 분야에 속한 일체의 여자만이 갖는 감정으로 여자만이 할 수 있는 형상화를 할 수 있다"는 점에서 여류작가의 명칭과 존재 의의를 정당화하고자 했다. 이에 대하여 임순득은 특정 작가가 '여류'라는 수식어로 일컬어질 만큼 작가로서의 여성과 남성은 본질적인 차이를 가지고 있지 않다고 반박한다. 당시 신문에 오르내리던 여성 비행사의 사례를 들면서 그녀는 중력과 거

---

15 임순득은 여기에 "순서는 틀렸을지 모"른다는 단서를 달고 있다. 이상경 2009: 141 참조.

리를 정복하는 비행에서 여성의 성이 "무슨 문제가 되고 무슨 영향을 미치는가"라고 반문하면서, 젠더 편향의 가치를 내포하는 '여류작가'라는 말에 대신하여 '부인작가'라는 용어를 사용할 것을 제안했다(이상경 2009: 125~6).

이러한 문제의식에서 나아가서 임순득은 당대 여성 작가들의 부정적 행태에 주목한다. 식민지 말기 일제의 가혹한 억압이 가중되어 갔던 시련의 시기에 그녀는 사소한 개인의 일상을 소재로 "미미한 것, 조그마한 것, 너무나 도도한 사회의 물결로부터 벗어난 강변의 어여쁜 조약돌만을 취재"하는 여성 작가들에 대하여 '여류'라는 명칭이 지닌 부당성에 대한 자의식을 가지고 여류 이전에 작가가 되기를 주문했다. "부인작가들 자신이 '여류'작가라는 칭호 속에 자신의 모욕과 비극성을 의식함 없이 의연히 '귀여운 재재거림'을 한다 하더라도 우리의 일마저 종래의 나쁜 습관에 쩔어서 왜곡되어서는" 안 된다는 것이다(이상경 2009: 126~7). 여성 작가들에 대한 비판 못지않게 임순득이 주목한 것은 당대의 문학 저널리즘에서 일하는 남성 작가와 비평가들이었다. 자신이 "이용할 수 있는 범위 내의 조폭과 경박과 우월감으로써 저주할 금일의 '여류작가'를 제조한 장본인"으로서의 역할을 했다는 점에서 이들 지식인의 준엄한 책임을 물으면서 그녀는 "특별히 시설한 자선석에 여성 문필가를 우대하는 정도의 왜곡된 페미니즘"의 전형으로 이들을 신랄하게 비판했다(이상경 2009: 143).

이처럼 여성에 대한 억압과 차별이 지배하는 당대의 현실은 중국에서 자란 손인실이 조선으로 돌아와 여성으로 생활하면서 느낀 억압과 구속감을 통해 역설적으로 적나라하게 드러난다. 개혁과 근대화를 위한 혁명의 열기가 지배하던 중국에서 남녀의 차별도 거의 없고 부모가 자식을 구속하는 것을 사랑이라 여기지 않았던 가정에서 당대의 조선 여성들과는 비교할 수 없을 만큼 자유로운 환경에서 성장한 손인실은 조선으로 돌아온 지 얼마 되지 않아 조선의 사회 관습이 중국과는 판이함을 곧 깨달았다. 중국은 "크고 덤덤한 나라"였지만, 그에 반해 조선은 유교 봉건체제의 뿌리가 깊었고, 남녀의 유별함이 극심했다. 개인의 자유보다는 조직의 질서를 앞세우는 것으로 보였고, 이 질서에서 조금이라도 벗어나면 숱한 눈총을 받아야 하는 획일화된 사회였다. "광활하고 자유롭던 중국 대륙이 그리워졌고, 활기에 찼던 그곳에 다시 가고 싶었"지만, "이미 때는 늦었고 갈 수 있는 처지가 못 되었다"고 그녀는 회고한다(안혜령 2001: 38, 47).

꿈

마지막으로 성의 자유와 여성에 대한 성희롱, 혹은 성폭력의 쟁점이 있었다. 이 문제는 이 책에 등장하는 주인공들의 사례에서 특히 각각 영화와 춤의 예술 분야에서 활동한 복혜숙과 최승희에게서 두드러지게 나타난다. 연극, 영화배우와 무용가로서 활동한 이들 여성에 대한 사회의 억압과 편견은 여성의 신체에 대한 노출이 금기시되고 성의 자유가 허용되지 않았던 당대의 현실에서 전형으로 발현되었기 때문이다. 연극배우를 하다가 신극운동 단체인 토월회와 연결되어 활동한 복혜숙은 토월회를 홍보하는 포스터 사진에서 치마를 들어 올려 다리를 드러내는 과감한 포즈를 보어 사회에 커다란 파문을 불러일으켰다. 복혜숙을 구술 면접한 이영일은 복혜숙이 자신의 "다리가 참 이뻤다"는 것을 자랑스럽게 생각한다고 적었다. 대중 앞에 여성이 드러나는 것을 꺼려하던 시기에 스스로를 "당차게 드러냄으로써 이후 여성들의 대중문화 진출 활로를 넓"혔다고 긍정으로 평가하는 것이다.[16]

여기에서 이영일은 여성들의 사회 진출을 촉진하는 계기에 다분히 주목하고 있지만, 이 에피소드에는 사실 자신의 신체에 대한 긍정과 그 과시라는 배우로서의 긍지와 자부심이 배어난다. 일본에서 현대 무용을 통해 다듬은 자신의 늘씬한 다리에 대한 복혜숙의 긍정적이고 자연스러운 자부심은 토월회 시절 행한 연극에서도 잘 드러난다. 러시아의 극작가인 안드레예프(Leonid Andreyev) 원작의 〈빰 맞는 그 자식〉을 번안하여 종합예술협회 제1회 공연으로 1927년에 내놓은 동명의 연극 무대에[17] 복혜숙은 "빤짝빤짝하는 […] 젖가리개만 허구 빤쓰만 입고 무대(에) 나"갔다. 이 공연을 보러온 김활란은 그녀의 모습과 "깔깔깔깔 웃고 하는" 대사에 '어머 쟤가, 쟤가!' 하면서 "그냥 놀래 자빠지더"라고 복혜숙은 당시를 회고한다. 이 회고에는 공연을 보러 온 "어떤 일본 녀석"이 "앗! 저 다리 좀 봐!(앗! 아노아시!, あっあの脚)"를 외치다가 졸도하고 말았다는 일화도 함께

16　이영일 2003: 63 참조. 김항명 등에 의하면 포스터에 복혜숙의 다리 사진을 넣어 토월회의 선전에 쓰자는 제안은 당시 토월회를 이끌던 박승희(朴勝喜)가 제안했다고 한다. "여자가 허벅지를 들어 보인다는 것은 정조를 잃은 것만큼이나 수치스러"웠던 당시의 현실에서 복혜숙은 "처녀가 정강이를 드러내 놓고 사진을 찍"느냐고 반문하면서도 연극에 대한 집념으로 수치심을 지워 버렸다는 것이다(김항명 외 1992: 105~7).

17　러시아에서 1914년에 출판된 이 희곡은 1916년 영화로 만들어졌으며, 1922년에는 *He Who Gets Slapped*라는 제목으로 영어로 번역되고 이어서 1924년 MGM Studios에서 무성영화로 제작되어 세계적으로 널리 알려졌다. 2012년에 이 희곡을 번역하여 소개한 오세준은 역자 서문에서(《빰 맞는 그 자식》, 연극과 인간, 2012) 이 희곡의 출간 연도를 1915년으로 표기하고 있다. https://en.wikipedia.org/wiki/Leonid_Andreyev 및 https://en.wikipedia.org/wiki/He_Who_Gets_Slapped 참조. 각각 2019년 3월 8일 17시 41분 및 57분에 접속.

소개되는데, "일본 촌놈이 한국에 와서 다리 보고 졸도"했다는 복혜숙의 언급에는 자신의 신체에 대한 자부심과 긍정이 다분히 묻어난다. "아주 정말 뇌살시키는 웃음을 웃는다구 이러면서 그냥 야단하더"라는 김활란의 반응에 대한 복혜숙의 언급에는[18] 이보다는 훨씬 더 복잡한 감정의 흐름과 평가가 잠재해 있었을 것이다. 어쨌든 무대에서 복혜숙의 노출에 대한 김활란의 반응은 금기와 편견에 의한 여성의 몸에 대한 당대 일반 사회의 통념을 일정 형태로 반영한다.

이후 영화배우로 활동하면서 이러한 금지와 편견의 시선에 공공연한 형태로 노출된 복혜숙은 폭력의 방식으로 그것을 경험한다. 1926년 이규설이 감독한 무성영화 〈조롱 안의 새(籠中鳥)〉에서 학생 역으로 거리에서 '러브 씬'을 하던 복혜숙은 쉬는 중에 구경꾼으로부터 성희롱을 당한 경험을 말한다. "사내 손이 와서 이렇게 들여다보고 그냥 빼지도 못하고 이렇게 뒤로 하니까 자꾸 손이 쫓아"왔다고 하면서 그녀는 "어이구 저것들 봐라 저것들. 사람 보는 데서 막 그냥 손을 쥐고 지랄이구나"라고 하면서 혀를 차던 행인들의 반응을 선명하게 기억한다. "참 남부끄러운 적이 많았"다는 그녀의 언급에는(이영일 2003: 125~6) 그에 대한 비판이나 분개보다는 일종의 체념과 한탄이 묻어 나온다. 이듬해인 1927년 이구영의 감독으로 금강키네마사에서 제작한 무성영화 〈낙화유수〉에서도 그녀는 지나가던 어떤 남자가 "'아휴 고거 이쁘게 생겼다' 그러면서 여기 뺨을 꼬집"는가 하면, 또 다른 사람은 연기하느라 꼼짝없이 서 있는 그녀의 "치마를 다 뒤집어 보"는 수모를 당하면서, "내가 울고 그냥 내가 야단을 하고 그랬"

---

18 이영일 2003: 155~6. 원문에는 '뇌살'이라고 하고 있지만 뇌쇄(惱殺)로 읽는다.

춤은 기생이나 추는 것이라는
주위의 편견을 극복하고
일본으로 간 최승희

1930년대의 최승희

최승희의 '학춤'(1930년대)

여성의 대중문화 분야 진출의 활로를
개척한 복혜숙

복혜숙이 출연한 영화의 한 장면

복혜숙이 출연한 영화 〈반도의 봄〉의
한 장면

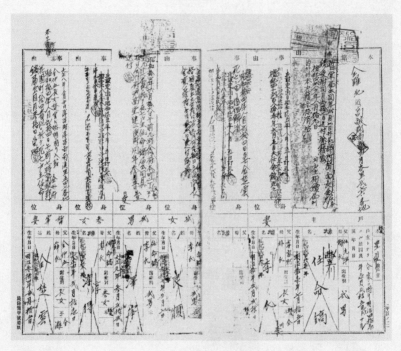

임순득의 호적

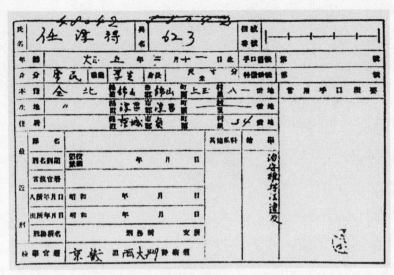

이화 맹휴 주동자로 서대문 경찰서에서 취조 받을 때 작성된 임순득의 신상기록 카드(1931.8.30)

다고 회상한다(이영일 2003: 110). 이러한 일화는 공공의 장소에서조차도 여성의 성에 대한 희롱과 폭력이 당연시되는 당대의 사회 현실을 적나라하게 보이는 것이다.[19]

여성의 성에 대한 멸시와 폭력은 지나가던 행인으로 대표되는 일반 대중에게서만 찾을 수 있는 것이 아니었다. 1935년 말에 일어난 이른바 찬영회 사건은 이러한 성희롱과 폭력이 지식인들 사이에서도 만연했다는 사실을 잘 보이고 있다. 이 사건은 당시 매일신보 기자인 정인익(鄭寅翼) 등이 선전 사진을 찍으러 간 영화배우 조경희의 버선을 강제로 벗겨 창피를 당한 조경희가 "모욕을 당했다고 울고불고 야단"한 사건에서 발단했다. "여자가 버선을 벗는다는 것은 옷을 벗는 것과 마찬가지"로 여겨지던 당시의 풍속에서 "사내들이 달려들어 버선을 벗겼다는 것은 옷을 벗겨 창피를 주었다는 것과 같"은 폭력의 행사로 받아들여졌다(이영일 2003: 133~4; 김항명 외 1992: 294). 같은 해 영화인들의 망년회에서 이 이야기가 알려지면서 분개한 영화인들이 각 신문사 편집국에 쳐들어가 경찰에 체포된 이 사건에서 복혜숙은 영화인들을 대표하여 자신이 2주일간의 구류

19　특히 직업 활동을 하는 이른바 직업 부인이 이러한 폭력에 노출될 개연성이 컸다. 강이수는 "신여성을 포함하여 공적인 공간으로 나와 활동한 직업여성 전반에 대한 사회적 공격의 가장 큰 무기는 '도덕적으로 문제가 있는 집단', 즉 섹슈얼리티와 관련하여 부정적인 혐의를 두는 것"이라고 지적한다. 직업여성을 아무 남성이나 성적 접근이 가능한 성애화된 대상이나 에로 여성으로 본다는 것이디(강이수 2005: 121~3). 이러한 사실은 여성을 대상으로 하는 직업여성도 예외가 아니었다. 당시의 한 미용사는 손님이 여성이라 성희롱을 당하는 일은 없었지만, 미용실에 물품·물건을 배달하는 남성들에게 공공연한 성희롱의 대상이 되었다고 말한다. "뒤에서 따라오고, 말 걸고, 히야까시"한다거나 "뒤로 와서 껴안으려고 하는 모욕"을 감수했다는 것이다(김은정 2012: 86). 엥겔스 식으로 표현하면 남성들에 의한 성희롱·성폭력은 여성의 영역은 가정이라는 전통의 계율을 깨트리고 사회(직상)라는 공공의 영역에 진출한 여성들이 '속죄'의 표시로 바쳐야 했던 제물이었다.

를 살고 나온 다음 "영화인들에게 둘러싸여 영웅 대접을 받으며" 자신이 경영하는 비너스 다방으로 돌아왔다.[20]

성에 대한 편견과 금지는 무용가인 최승희의 경우에도 예외가 아니었다. 최승희가 무용을 배우기 위해 일본으로 가고 싶다고 했을 때 그녀의 아버지는 "원 춤이라는 게 다 무엇이냐? 춤이란 너 아니 기생들이나 추는 거야"라고 탐탁하게 여기지 않았다. 1년을 기다려 사범학교에 보내야 한다는 아버지와 조선에서 여교원 할 사람은 많다는 점에서 조선의 예술을 선구적으로 개척하는 게 의미가 있다는 오빠의 주장이 팽팽히 맞서면서 결국 그녀의 학교 선생님들의 의견을 들어보자는 방향으로 결론이 났다. 그러나 이들은 "절대 찬성이 아니"기 때문에 그녀는 주저했다고 회고한다. 자신을 10년 동안이나 가르친 선생님들이 "그렇게 찬성하시는 눈치가 없으실 때 나는 어느 정도 용기가 줄어진 것은 사실"이라고 그녀는 말한다(최승희 2006(1937): 42~3). 오빠의 격려에 힘입어 일본 유학을 결정하고 모교인 숙명여학교에 작별 인사를 하러 갔을 때도 학교의 선생님들은 모두 반대했다. "'공부도 잘 하고 얌전한 애가 왜 기생처럼 춤추는 그런 곳에 가느냐' 하면서 안 된다고 아우성"을 했다는 것이다(정병호 1995: 31).

무용이라는 말조차 없어서 '춤' 하면 곧 기생이나 추는 것이라는 생

20　이 사건의 배후에는 이서구, 유지영, 안석영 등의 일간지 사회부(문화부) 기자들이 참여한 찬영회에 대한 토착 영화인들의 반감이 있었다. "외화 업자와 결탁해 신문에다 잔뜩 외화를 치켜 올려서 손님을 끌어들이고 나선 돈을 뜯어다가 술이나 마시는 게 그 자들이 하는 짓"이라는 언급에서 보듯이 수입 영화에 대한 이들 언론인의 태도와 대조적으로 "우리가 만든 영화를 시사회 할 때는 돈을 내라, 술을 사라 하며 가난한 제작자의 호주머니를 털어"간다고 인식한 영화인들의 반감이 배후에서 작용했다(이영일 2003: 157 및 김항명 외 1992: 293~8).

각이 보편화되어 있었던(정병호 1995: 27) 당시의 일반 통념에 비추어 보면 부모나 학교에서의 이러한 반응은 충분히 예상할 수 있는 일이었다. 무용을 배우러 일본으로 간다는 소문이 퍼지자, 최승희의 주위 친척들 역시 "춤을 추다니, 흥 기생이 된단 말야", "굶으니깐 딸을 기생으로 판다나, 양반의 집도 그러나", 혹은 "여하간 춤추는 사람을 만들어 세상에 보낸 최씨와는 섭섭하나 절연해야 하지"라는 등의 반응을 보였다. 주변의 이러한 편견에 대하여 최승희는 일본에서도 "이상하게도 문학과 예술에 대한 정당한 이해를 갖지 않고 완미한 의견을 주장하는 것을 너무나 많이 본 것이지만, 조선에서는 그것이 더욱 심하였다"고 자서전에 적었다.[21]

일본 유학을 하면서 최승희가 무용을 배우고 있는 동안에 조선에 있던 그녀의 어머니는 최승희에게 편지를 보내, "이곳 사람들은 우리 집이 구차해서 딸을 기생으로 팔았다고 수군거"리지만, 기어이 "훌륭한 사람이 되어서 이러한 사람들을 네바란듯이(보란 듯이―필자) 부끄럽게" 하라고 격려했다(최승희 2006(1937): 20). 그런데도 그녀의 어머니는 3년 후인 1929년에 최승희가 귀국하자 "어서 시집을 보내야 하겠다는 마음에서 즐거워"했다. 이와 아울러 당시의 총독인 사이토 마코토(齊藤實)를 비롯하여 각계의 인사들이 참석한 가운데 열린 그녀의 귀국발표회는 대성공을 거두었음에도, 그녀의 어머니는 "나는 즐겁지 않다. 시집은 안 가고 이렇게 몸을 내놓고 춤만 추고 있으니 말이다"고 한숨을 지었다(정병호 1995: 51, 55).

21　친척은 말할 것도 없고, 부모까지 그러한 반응을 보인 것에 대해 그녀는 "아, 참말로 슬픈 일이다"라고 하면서 "아주 슬프게 소리를 내고 우는 사람들 앞에서 나와 오빠는 하나님의 시련을 받는 사람들처럼 용감하게 싸웠"으며, "다른 사람들은 어찌했건 곧 아버님과 어머님만은 오빠와 나의 마음을 이해"해 줬다고 서술했다(최승희 2006(1937): 14~5).

옆에서 공연을 지켜본 그녀의 어머니는 딸이 반나체로 춤추는 것을 보고 "그 춤을 추지 않을 수 없겠느냐"고 했다고 석금성은 증언하고 있다.[22]

비록 딸의 앞길을 위해 마지못해 승낙했다고는 하더라도 공중의 시선에 여성의 몸을 노출하는 것에 대한 편견과 금지가 여전히 강하게 지배하고 있었던 현실에서 최승희는 때로는 불안과 두려움을 표현하면서, "역시 여자는 할 수 없는가 봅니다. 도무지 대담해지지를 못하니"라고 고뇌하기도 했다(최승희 2006(1937): 70). 그런데도 그녀는 이러한 사회의 편견과 금지를 두려워하지 않고 자신의 무용과 예술을 통하여 그것을 깨뜨리고 넘어서고자 했다. 당대 일본에서조차도 의상을 통한 표현에 의존하면서 자신의 몸을 드러내놓고 춤추는 무용가는 아무도 없었던 현실에서 최승희는 반나체로 과감하게 자신을 드러내면서 춤추는 작품을 만들어 무대에 올렸다. 오늘날에나 볼 수 있는 육체 예술을 수십 년 전에 선구자가 되어 개척한 것이다. 최승희가 "땅에 붙어서 춘다 할 동양 무용을 벗어나 나체가 되다시피 하여 땅에서 떨어져 하늘로 날아가는 자유로운 춤을 추었다"고 하면서, 정병호는 "동양에서 최초로 육체 복원의 무용인"으로 최승희를 평가한 바 있다(정병호 1995: 397). 예술의 차원에서 건강한 인간의 육체를 구현함으로써 그녀는 여성의 몸에 대한 전통의 편견과 금지를 뛰어넘어 그것을 깨뜨리는 외로운 길을 앞서 걸어간 것이다.

22　석금성은 최승희의 오빠인 최승일의 부인으로, 최승희의 올케이다(정병호 1955: 56).

제4장

。

민족과 자아정체성

이 책의 주인공들은 자신의 젊은 시절이나 어린 시절, 혹은 태어나면서부터 일제 강점기의 식민 통치를 경험한 세대이다. 이러한 점에서 세대에 따라 미묘한 차이가 있다고는 하더라도 예컨대 해방 이후의 세대들에서는 찾아볼 수 없는 민족에 대한 인식이나 가치, 혹은 태도 등을 가지게 되었다고 할 수 있다. 이는 이들에 내재하는 생리적·심리적 속성이라기보다는 식민지 상황의 경험을 통해 조성되고 조건 지워진 사회적 특성으로 보아야 할 것이다. 이러한 인식이나 가치, 태도는 식민 지배에 대한 피압박 민족으로서 억압과 착취를 공동으로 경험한 결과라는 점에서 일종의 공통 기반을 찾아볼 수 있다고는 하더라도 개인의 성격이나 지향, 가족의 배경과 성장 환경, 교육, 이후의 사회 활동과 직업경력 등에 따라 이들의 민족 인식은 다양한 차이와 편차들을 보인다.

이러한 점에서 이 책에 등장하는 각 개인의 지향과 가치가 무엇이든 간에 내재하는 그대로 그것을 관찰하는 것은 불가능에 가깝다. 다만 자서전과 전기를 통해서 이들 주인공이 그와 관련된 내용을 어떠한 형태로 어느 정도의 비중을 가지고 서술하는가에 주안점을 두고 분석하는 방법이 가장 현실적인 접근이라고 할 수 있을 것이다. 이 장에서는 그에 관련된 내용을 민족이라는 개념으로 포괄하여 검토해 보고자 한다. 근대 이래 '민족'이 타 민족과의 조우 내지는 대결을 통해서 자신의 정체성을 성립해 나갔던 사실을 고려한다면 이 장에서 분석하는 '타자'는 일본과 그에 의한 식민 통치가 압도적인 비중을 차지하지만 황애덕의 경우와 같이 드물게는 미국이나 미국 선교사의 타자상에 대한 자기 인식으로서의 민족 개념도 있다.

이민족에 의한 국권의 상실과 지배 아래에서 각 개인이 어떠한 가치와 인식을 가지고 그에 대한 관계를 설정하느냐는 당대의 식민 통치는 말할 것도 없고 탈식민 이후 각 개인의 행로와 운명을 결정하는 중요한 주제가 되어 왔다. 이러한 점에서 여기에서 다루는 민족 개념은 성이나 계급과는 달리 매우 현실적이고 정치적인 영향력의 의미와 비중을 지닌 현재하는 주제라고 할 수 있다. 비록 분단과 냉전의 상황에서 망각과 억압이 있었다고는 하더라도 일제 강점기의 독립투사와 친일 인사, 그리고 해방 이후 독립 유공자와 친일파는 극단으로 대립하는 두 개념이 되어 왔다. 자서전이나 전기가 갖는 진술의 진실과 진정성에 관해서는 이 책의 제1장에서도 이미 충분히 언급한 바 있지만, 이러한 현실에서 이 책에 등장하는 여성들의 민족에 대한 가치와 인식의 진정성을 분별하는 문제는 특히 역사적 감수성을 요구한다.

이러한 난점을 염두에 두고 이 장에서는 이들의 실제 삶의 내용과는 무관하게 자서전·전기라는 텍스트에 준거를 두고 자아정체성의 유형을 4개의 범주로 분류했다. 신념형과 생활형, 일상형, 그리고 경계형 혹은 세계인(cosmopolitan)의 유형이 그것이다. 여기에서 신념형이란 민족에 대한 확실한 신념에서 자신의 삶에 있어서 그에 대한 헌신과 활동이 뚜렷한 모티브를 가지고 지속하는 경우를 말한다. 이 유형에 속하는 인물로는 황애덕과 장선희, 최은희의 세 사람을 들 수 있는데, 특히 황애덕과 최은희가 그러하지만 이들의 자서전·전기에서 민족에 관한 내용은 중심 주제를 이룰 뿐만 아니라 그에 관한 서술에도 많은 분량과 비중을 할애하고 있다. 거꾸로 말하면 민족의 영역에서 이들의 활동은 자신들의 삶의 주요 지향을 보이는 지표이자 내세울 만한 긍지에 찬 자원으로 여겨지는 것이다.

두 번째의 생활형은 첫 번째의 유형과 비슷하게 민족에 대한 헌신과 지향을 보인다고는 하더라도 앞의 유형과 비교하여 자신들의 일상에서 그것을 뚜렷한 형태로 명시화하여 표출하지는 않는다. 다소의 편차는 있지만 이 유형으로 분류할 수 있는 사례로는 김필례를 비롯하여 신애균, 임순득과 손인실의 네 사람을 들 수 있다. 정정화의 경우가 논쟁의 대상이 되는데, 앞의 첫 번째 유형에 가까우면서도 두 번째 유형으로 분류할 수 있기 때문이다. 세 번째의 일상형은 민족 문제에 대한 인식을 기저에 깔고 있다고는 하더라도 일상을 통해서 그것이 주요한 주제를 이루지도 않을 뿐 아니라 때로는 그와 배치되거나 모순되는 상황들을 보이기도 한다. 이 유형에 속하는 사례로는 김메리와 복혜숙 및 이봉순의 세 사람을 들 수 있다. 마지막으로 경계형은 민족 문제나 민족의 경계를 뛰어넘어 일종의 세계인으로서의 지향을 보이는 사례로, 최승희의 경우가 여기에 속한다고 할 수 있다.

비록 그 인식과 지향에서 일정한 편차를 보인다고 하더라도 이들 모두는 식민지 상황에서 민족에 대한 기본 정서를 공유했다. 그런데도 예를 들면 일제에 강제로 병합되기 이전인 1890년대에 태어나 10, 20대에 식민 지배를 경험한 세대와 강제병합 이후에 태어나 식민 지배 이전의 시기를 경험하지 않은 1910년대 출생 세대 사이에는 민족에 대한 가치와 정서에서 유의미한 경험의 차이가 존재한다는 사실도 무시할 수는 없다. 신념형의 사례가 주로 1890년대 출생 세대에 집중되어 있는 반면에 일 상형이 그 이후의 세대에 분포하는 사실은 이러한 맥락에서 이해해야 할 것이다. 이러한 점을 염두에 두고 각각의 유형에 속하는 개별 사례들을 검토해 보기로 하자.

∾

먼저 첫 번째의 신념형에서 황애덕의 경우를 보면 그녀는 다른 민족 에 대해 반감을 갖게 된 계기로서 어린 시절 평양에서 일본인들이 남문 을 헐어버린 일을 떠올린다. 이 일을 계기로 "왜놈들을 미워하는 버릇"이 "거의 본능이 되다시피 뿌리를" 내리게 되었다는 것이다(박화성 1966: 34). 1910년 일제에 의한 조선의 강제병합을 그녀는 '치욕'으로 받아들였다, 일본에 대한 "증오의 감정은 극도로 격해지고 성숙해" 갔다고 그녀는 회 상한다(박화성 1966: 47). 민족에 대한 이러한 신념은 단순한 개인의 감정에 만 그치지 않고 실천의 차원으로 나아갔다. 1913년에 황애덕은 김경희, 박현숙의 세 사람을 중심으로 하는 송죽회 조직에 가담했다. 겉으로는 '여자상회'라는 소비단체를 명목으로 내걸었지만, 상하이와 베이징의 독 립운동 단체에 자금을 보내는 것을 임무로 하는 비밀결사로서, 이후 조직 을 확장하여 송죽결사대로 이름을 바꾸고 김경희가 회장을 맡았다. 이 조 직은 학교에도 공주회라는 이름의 표면 단체를 두었으며, 조직의 성원을 송형제와 죽형제로 구분하여 운영했다. 평양에서 어린 시절을 보낸 권기 옥도 이 시기에 이 조직의 죽형제로서 활동했다.[1]

1919년 3·1운동이 일어날 당시 일본에 유학하고 있던 황애덕은 도쿄유학생들이 주도한 2·8 독립선언에 참여한다. 그 전전날인 2월 6일 도쿄유학생회에서 원래는 여학생들을 배제하고 남학생들로만 일을 추진하려고 했는데, 자신이 나서서 여학생들도 함께 참여하게 되었다고 그녀는 말한다. 3·1운동이 나면서 일본 유학을 자연스럽게 중단한 그녀는 서울과 평양에서 3·1운동을 조직화하는 데 적극 참여했다. 서울에서 개성, 황주를 거쳐 평양으로 간 그녀는 경찰의 감시로 집에도 가지 못하는 바람에 그리던 아버지를 마지막으로 볼 기회조차 놓쳤다. 종로경찰서에 체포된 황애덕은 아버지의 죽음으로 그 해 8월에 가석방되었다(박화성 1966: 82~4). 풀려난 이후 황애덕은 "영구적 조직으로 구체적인 투쟁"을 하기 위하여 1919년 10월 19일 널리 알려진 대한민국 애국부인회를 창설하는 데 중심인물로 참여했다. 그러나 두 달 남짓한 12월 28일 불어 닥친 검거 선풍으로 체포된 그녀는 2년을 복역하고 1922년 5월 장선희 등과 함께 가출옥했다.[2]

1925년 이화학당을 졸업한 황애덕은 모교에서 사감 겸 교사로서 가르쳤다. 이 학교에서 그녀는 "일본 말을 가르치는 선생에겐 월급을 많이 주고, 졸업생인 우리에겐 적은 월급을 주"는 현실을 교장에게 항의하기도

1　권기옥은 평양 숭현여학교 고등과 2학년 봄 때 김경희 선생이 "일본 순사들에게 끌려가는 걸 목격"했다고 증언한다. "대일본제국을 모독하고 유언비어를 유포하고 학생을 선동했다는 이유"였다. "수업시간에 한 이야기들이 관헌의 귀에 들어가서 배일 혐의로 조사를 받"은 것인데, 김경희 선생은 "혹독한 고문으로 결핵에 걸려서 피를 토하고 면직"되어 석방되고 나서도 결국 학교에 돌아올 수 없었다(정혜주 2015: 26~8).

2　1920년 6월 29일 5년의 징역을 언도 받았으나 항소하여 3년으로 감형되었다(박화성 1966: 89~93, 99~100, 110).

하고, 국산품 애용을 장려하기도 했다. 이 시기의 그녀를 박화성은 "생리적으로 일본을 싫어하는 사람이요 선천적으로 배일사상을 타고난 듯이 보였다"고 평가했다. "일본의 물건이나, 일본의 음식이나, 일본의 냄새를 풍기는 무늬나 의복까지를 지나칠 정도로 싫어하였"으며 "철두철미 일본적인 것을 배격하기 때문에 그는 또한 생리적으로 국산 장려를 부르짖지 않을 수 없었"다는 것이다(박화성 1966: 120).

　　이러한 그녀의 민족의식은 미국인 선교사들에 대해서도 예외가 아니었다. 이들에게 기숙사 자치제를 요구하면서, 그녀는 "돈은 당신네들이 내지만 경영권은 우리에게" 달라는 요구를 하기도 했다(박화성 1966: 118). 1928년에 황애덕은 미국 유학을 가게 된다. 한국인들을 얕잡아보고 멸시하는 데 의문이 생겨서 미국 문명을 알고자 하는 동기에서 유학을 가게 되었다고 황애덕은 말한다. 미국에 가서 생활하면서 그녀는 학비를 벌기 위해 가정부 일을 하면서도 한국 옷을 입지 않았다고 회상한다. "자신이 초라하게 보이는 것은 괜찮지만 한국의 국산품"의 질이 너무 낮아서 흉보는 것이 두려워서 입지 못했다는 것이다(박화성 1996: 125, 132).

　　미국을 타자로 설정하는 민족의식의 이러한 표출에도 불구하고 미국 유학 이후에 황애덕은 점차 그에 동화되고 동조하는 경향을 보인다. "이런 고도의 문명의 생활을 버리고 한국의 선교사로 온 사람들이 얼마나 거룩한가"라는 찬탄에서 보듯이 그녀는 발전된 미국 문명에 감탄을 아끼지 않았다. 박화성은 "헤아릴 수가 없을 만큼 높았던" 미국 "문명의 도수"에 황애덕이 "항복하기에 이르렀다"고 썼다. 해방 이후 다시 방문한 미국에서도 황애덕은 미국 여성의 활동성과 근실함을 칭송히면서 철지한 경제관념에 경탄을 보내고 있다(박화성 1966: 139, 192). 이러한 점에서 미국 유학에서 돌아온 그녀가 감리교신학교 농촌사업과의 책임자로 부임하여 농촌사업 지도 학생들에게 "부지런히 일하면 다른 나라에 떨어지지 않는 다"고 말할 때 부강한 미국을 염두에 두고 있다는 사실을 금방 알아차릴 수 있을 것이다. 가난한 식민지 농촌의 현실을 한국의 농민이 '게으른 탓'으로 돌리면서, "평소 부지런하라, 부지런히 일하라"를 강조하는 그녀의 인식은(박화성 1966: 156, 171) 식민 지배의 부당성에 대한 문제의식보다는 실력양성을 앞세우는 경향을 보인 특정 민족주의자로서의 면모를 드러낸다.[3]

황애덕의 삶에서 중심 주제를 이루는 두 주제가 민족주의와 기독교라고 한다면,[4] 이는 최근에 이르기까지 미국과의 친연성을 가진 한국 지배 엘리트의 민족주의 유형의 한 흐름을 대표하는 일종의 기원으로서의 의미를 지닌 것이었다. 그녀의 전기에서 주제어로 꼽을 수 있는 말은 민족과 국가에 대한 사랑과 헌신이다. 실제로 일종의 헌사로서 그녀의 전기 뒤에 수록된 가족들의 회고는 한결같이 이 사실을 되풀이해서 강조하고 있다. 남편인 박순보는 자신이 "독특한 애국 여성을 모시기로 결심하고 결혼" 했다고 술회하고 있으며, 그녀의 자녀들 역시 자신들의 어머니가 "조국과 민족에 대한 뜨거운 사랑"과 "평생을 오직 나라를 중심으로 살아" 왔다는 사실을 강조한다. 동생인 황신덕은 "나라와 민족의 번영 이외에 개인 생활은 안중에 없"어서, "나라에 미친 늙은이, 민족과 연애하는 할마씨라고

3　황애덕의 민족주의의 면모는 일찍이 평양에서 기독교의 강한 영향을 받았다든지 조만식의 국산품 애용과 물산 장려 운동의 공감을 보인 사실에서 잘 드러난다. 서울에서도 박희도, 송진우, 김성수와 같은 민족주의 계열의 인사들과 주로 교유했으며(박화성 1966: 63, 79), 이 시기 지식인 사회를 풍미한 사회주의 사상에 대해서도 초연했다.

4　박화성은 이를 "애국심과 마찬가지로 생명이 된 것은 절대적인 신앙"이었다고 서술한다 (박화성 1966: 219).

놀려"댔다고 언급하기도 한다(박화성 1966: 282~3, 290).

1951년 2월 5일의 일기에서 그녀는 "내 것, 내 나라, 내 민족, 내 가정, 내 사업 이 모든 것을 위해 일생을 보냈건만 그중의 하나도 내 것이 된 것은 없다고 생각할 때 실의가 너무도 크다"고 적은 바 있지만(박화성 1966: 265), 그럼에도 불구하고 그녀는 "3남 1녀의 자녀를 가진 유복한 주부"로서 한국전쟁의 와중에서도 두 아들과 조카인 황신덕의 딸의 장학금을 미국에 교섭해서 유학을 보냈다(박화성 1966: 205, 291, 295~6). 가장 아끼는 셋째 아들이 미국 유학을 할 때 병역 문제로 어려움을 겪자, "수학의 천재가 병역 때문에 썩을 수 있느냐고 화를 냈"다는 일화는(박화성 1966: 294) 기독교와 미국을 중심 주제로 하는 한국의 주류 민족주의가 지닌 자기모순의 한 단면을 여실히 드러낸다.

장선희의 삶의 궤적은 황애덕과 상당한 정도의 유사성을 보인다. 1905년 안악에서 소학교에 다니던 시절 안창호를 비롯한 연사들의 강연회에 빠지지 않고 참석한 그녀는 "듣는 이의 간장이 으스러지는 것 같았다"고 당시의 소감을 피력하고 있다. 1907년 16살의 나이에 그녀는 자수와 꽃봉투를 만들어 시장에서 팔아 국채보상금으로 기부했던 기억을 회상하고 있다(단운선생기념사업회 1985: 78, 298). 1912년 서울로 올라와서 정신여학교에 다니면서도 그녀는 수업이 끝나고 저녁에 기숙사에 모인 학생들에게 "민족혼을 일깨"우는 이야기와 더불어 나라를 되찾아야 하는 당위를 강조했다(단운선생기념사업회 1985: 94). 1919년 당시에는 정신여학교의 동창인 김마리아, 이성완, 이정숙 등과 함께 3·1 만세 시위에 참가하는 한편, 3·1운동으로 감옥에 갇힌 사람들의 옥바라지와 가족들의 생활 구제를 위해 혈성부인회를 조직하여 재무부장 겸 조직부장으로 활동했다. 이후 조직된 대한민국 애국부인회에도 참가하여 항소심에서 2년을 선고받아 복역하다가 1922년 5월 만기를 석 달 앞두고 황애덕 등과 함께 가출옥했다.[5]

장선희는 자수 공예의 독특한 경지를 개척한 인물이라는 점에서 이채로운 경력을 가지고 있다. 그녀는 여성의 자수 공예를 통해 나라와 가정에 이바지한다는 믿음에서 직업 활동을 했다. 민족과 나라에 헌신하는 방도로서 그녀는 자수 예술이라는 직업을 여성의 소명으로서 개척한 것이다. 해방 이후에도 장선희는 1961년 3월에 열린 제2회 3·1운동 찬하회에서 회고담을 말하고 있으며,[6] 1967년 4월에 발족한 3·1여성동지회의 참여를 주도했다. "우리나라 여성독립운동사에서 여성의 빛나는 업적을 기리고 또 그 힘으로 여성운동의 추진력을 삼기 위"함을 표방한 이 단체의 초대 회장은 위에서 말한 황애덕이 맡았다. 독립운동의 역사에서 "겉으로 드러나는 혁혁한 공로는 모두 남자 투사에게 돌아가고, 여자는 숙식이나 연락을 맡았다는 기록만 간혹 눈에 띌 뿐"이라는 언급에서 보듯이 여성의 활동이란 결국은 '내조'라는 정도의 평가밖에 받지 못하는 현실을 비판하면서, 식민지에서 여성의 독립운동과 사회 활동이 역사에서 갖는 의미를 그녀는 역설한다(단운선생기념사업회 1985: 295, 320).

마지막으로 앞의 두 여성과 10년 정도의 나이 차가 있던 최은희는

---

5 이 사건의 담당 검사인 가와무라(河村靜水)는 "조선의 독립을 운동하는 것은 당연하다고 공술한 말과 남자가 활동하는데 여자가 활동하는 것은 당연하다고 공술한 점"에서 엄벌에 처해야 한다고 논고했다(단운선생기념사업회 1985: 217).

6 3·1운동의 참가자 중에서 생존자에 대한 찬하회는 조선일보사의 후원과 중앙여고의 주최로 1960년 3월 4일 제1회 발족식을 했다(단운선생기념사업회 1985: 295).

자신의 학생 시절은 "소녀다운 기분도 없었고 낭만도 없었다"고 회상한다. "그저 열심으로 공부하고 우리의 힘을 모아 유사지추(有事之秋)에는 국권 회복을 조금이라도 돕겠다는 결심 뿐"이었다는 것이다. 1980년 자신의 회고록을 출간하면서 그녀는 "나는 지금 생각해도 내가 공부를 하려 학교를 다녔는지 배일 운동을 하러 학교를 다녔는지 분간할 수 없다"고 적었다(최은희 1980: 42). 실제로 최은희는 1919년의 3·1운동에서 재학 중이던 경성여고보에서 만세 시위를 주도하는 데 주요 역할을 했다. 구한말 관립 한성여학교의 후신으로서 경성여고보는 식민지 여성 교육의 전범으로서의 중요성을 지닌 만큼이나 이 학교에서 만세 시위는 일제의 여성 교육을 부정한다는 중요한 의미를 지닌 것이었다. 1917년부터 최은희는 당시 기독교 중앙감리교 전도사이자 나중에 민족대표 33인 중 한 사람인 박희도와 연락하면서 비밀결사를 조직하여 강연회와 좌담회 등을 참석하는 등의 활동을 하고 있었다.[7] 1919년 2월 28일 최은희는 박희도에

---

[7] 최은희 1980: 34, 54. 최은희의 자서전은 경성여고보의 시위에서 박희도의 영향만을 언급하고 있지만 고수선 등의 증언에 의하면 강평국, 최정숙 등의 제주도 출신 학생들은 당시 경성고보 2학년에 재학 중이던 박규훈 등과 밀접한 연락을 하면서 시위를 계획했다고 한다. 3월 1일 당일에도 이들은 최은희와는 다른 경로로 탑골공원에서 만세 시위를 하기로 했으며, 박규훈은 이 사실을 알리기 위해 기숙사까지 찾아왔다. 최은희와 마찬가지로 학교를 빠져나와 시위대에 합류한 강평국은 안국동 쪽으로 행진해 갔다가 3월 5일의 제2차 시위에서 검거되었다. "죽을 것을 각오했기에 속옷에 주소, 성명, 학교, 고향, 부모 이름까지 써 붙이고 파고다 공원에 갔다"고 회고록에서 썼던 최정숙은 진고개 쪽으로 가다가 당일 체포되었다. 또한 최은희가 언급하지 않은 3월 5일의 제2차 시위에서는 경성여고보의 교사인 유철경 선생 집에 모여 '일편단심'을 뜻하는 수천 개의 빨간 머리띠를 만들어 박규훈 등 경성고보 학생들을 통해 각 학교 학생들에게 전달하는 대규모 만세 시위를 조직했다. 경성여고보의 이 비밀결사의 대표를 맡은 최정숙은 이 비밀결사가 사범과 학생 79명으로 조직된 '소녀결사대'라고 증언한 바 있다. 〈경성여고보 3·1 만세 이끈 '소녀결사대'를 아십니까〉, 《한겨레신문》 2019년 2월 28일자, 강우일, 〈고백과 위안〉, 《한겨레신문》 2020년 7월 16일자 참조.

게서 3·1 독립선언서 1장을 전달받고 내일 정오에 전체 학생들과 탑골공원으로 나오라는 말을 듣는다. 기숙사에 돌아와서 결사대원들과 함께 선언서를 펼쳐 본 최은희는 "우리가 갈망하던 독립운동이라는 것을 직감하고 서로 손들을 붙잡고 감격과 흥분으로 어쩔 줄을 몰랐다"고 술회한다(최은희 1980: 40).

이어서 최은희는 학교 측에 의해 잠긴 기숙사 문을 강제로 빠개고 만세 시위에 참여한 이야기를 길게 서술한다. 경복궁을 향해 가는 시위 도중 그녀가 시위를 방관하는 남학생을 공격하는 모습은 자못 극적이다. 흰 두루마기에 학교 모자를 쓴 제일고보 남학생이 "권련을 빨"면서 지켜보는 모습을 본 그녀는 "껑충 뛰면서 보기 좋게 뺨을 한 개 갈겼"고, "불의의 습격을 당한 그가 반격을 할 겨를도 없이 남학생들이 달려들어 발길로 차고 주먹으로 치고 엎어 놓고 때려주고" 했다(최은희 1980: 55). 그런가 하면 그녀는 시위 도중 그리고 이후의 과정에서 느낀 민족애의 경험을 인상 깊게 서술한다. 경복궁에서 숭례문으로 내려가는 길에서 목이 말랐던 최은희 일행은 길가의 초가집으로 들어간다. 만세를 부르느라 "목이 쉬어 말이 나오지 않"은 이들은 말을 하지 못하고 "손으로 물 달라는 형용을 했더니 상 옆에 놓인 꿀 항아리를 열고 꿀을 타서 세 사람에게 한 대접씩" 주었다. 초가집의 조선인 노인들은 "인절미에 꿀을 찍어 주며 먹으라고 권"했지만, 점심을 먹지 않았는데도 배고픈 줄 몰라서 그대로 나왔다고 최은희는 적었다(최은희 1980: 56).

당일 경찰에 체포된 최은희는 남산 아래에 있는 경무총감부로 끌려가서 유치장에 수용되었는데, 여기에서도 그녀는 "첫날 저녁부터 먹지 않는 것을 딱하게 여겨 조금 난 창구멍을 열고 야단치는 체하면서 빵이나 떡을 들여놓기도 하고 사이다병에 마개 뽑기를 달아 들여 주기도 하"는 조선인 순사들의 은밀한 호의를 받았다. 어느 날엔가는 화장실에 따라온 조선인 순사가 "거적문을 들추고 삶은 계란과 카스테라 꾸러미를 들여보내 주"기도 했다. 그녀는 "자지러지게 놀랐으나 그것들을 받아 치마 속에 감추면서 눈물이 핑 돌았"다고 하면서 "동족이 무엇인지"라고 여운을 남기면서 감동을 표현하고 있다(최은희 1980: 59). 또한 출장 검사의 심문을 받고 당일 밤 서대문감옥에 수감된 다음 날 점심부터 최은희를 비롯한 수감 학생들은 청진동 27번지 차순경(車順卿)이라는 이름의 쪽지가 붙은 "진미의 사식"과 칫솔, 치약, 타월, 비누, 휴지와 같은 물품의 차입을 날마다 받았다. 3주 남짓의 구류기간을 마치고 출감한 다음날 그녀는 "그 고마운 유지"를 찾아갔으나 찾을 수 없었으며, 해방 이후에도 수소문해 보았지만 영영 알 길이 없었다. "그 순수한 동족애를 길이 잊지 못하고 마음 깊이 감사할 뿐"이라고 그녀는 말한다(최은희 1980: 66). 감옥에서 나와 기숙사로 돌아온 최은희는 사감 등은 내다보지도 않는 데도 기숙사에서 일하는 아주머니가 자신의 돈으로 고기 반 근을 사다가 두붓국을 끓여주는 대접을 받는다. "아! 동족!"이라고 하면서 그녀의 일행은 "그 아주머니의 손을 이끌어 상머리에 앉히고 이야기꽃을 피웠다"고 회상한다(최은희 1980: 68). 졸업반이었던 그녀는 교장실에서 졸업 증서를 주려는 교장에게 "마루바닥에 침을 탁 뱉고 돌아서며 '대정(大正) 연호를 쓴 졸업장 따위는 안 받아도 좋아요' 하고 뛰쳐나"와 버렸다. 이 졸업 증서는 나중에 그녀의 고향인 백천으로 우송되었다.[8]

석방 이후 백천으로 내려가면서도 최은희는 서울의 남학생들에게서 받은 〈동포여 일어서자〉나 〈경고아이천만동포(警告我二千萬同胞)〉와 같은 삐라와 독립신문 등을 버들고리에 넣어서 갔다. 고향에서 그녀는 언니와 어머니를 비롯한 가족과 함께 형부인 송흥국(宋興國)이 주도하는 만세 시위를 도왔다.[9] 최은희는 이 일로 징역 6개월에 2년의 집행유예를 받아 출감했다(최은희 1980: 44, 80). 특별 복권된 이후 도쿄로 유학을 가서도 최은희는 한복을 즐겨 입었으며, 특히 학교의 특별 행사나 학급 회합에서는 "자랑스럽게 한복을 입"고 다녔다고 회고한다(최은희 1980: 44). 그런가 하면 조선일보에서 여성 신문기자로 일하면서 최은희는 당시 조선비행구락부장이던 신용인(愼鏞寅)의 고국방문 비행 행사의 하나로 신문기자동승대회에 참가하는 기자의 1인으로 뽑혀 1927년 12월 비행기를 타고 서울 상공을 비행하는 이채로운 경험을 한다. 비행기 위에서 서울 도심을 내려다보면서 그녀는 다음과 같이 감회에 잠긴다.

> 비행기는 머리를 돌려 남산 상공을 지나간다. 남산 위에 새로이 시설된 크나큰 건축이 나의 시선을 끌지 않은바 아니요 나의 머리를 두드리지 않은바 아니로되 오늘날 부질없는 소리만을 지꺼릴 필요가 없는 것이다.

8　최은희의 자서전에 따르면 서대문 감옥에서 풀려난 것은 1919년 3월 24일인데, 위의 《한겨레신문》기사에 따르면 경성여고보의 졸업식은 다음 날인 3월 25일이었다고 한다. 최은희와 비슷하게 이 시위에 참여한 최정숙과 강평국도 "일본 국가를 부르며 참석할 수 없다"며 졸업장수여를 거부하여, 나중에 우편으로 졸업장과 교사 자격증을 받았다. 최은희 1980: 68 및 위의 기사, 《한겨레신문》 2019년 2월 28일자 참조.

9　최은희 자매는 그녀의 아버지가 소장했던 "태극기를 견본으로 반지 위에 대접을 엎어서 원을 그리고 꼬두선 물감에 소금을 쳐서 끓인 것과 먹을 사용하여 태극의 음양과 사괘를 배치"했고 그녀의 어머니는 "사동을 시켜 헛청에 쌓아놓은 섶나까리를 헤쳐 싸리개비를 골라 매끈하게 깃대를 깎"는 등 "우리 3모녀는 형부의 등사를 돕는 일, 태극기를 만드는 일 등으로 철야 작업"을 했다(최은희 1980: 72).

[…] 비행기는 내 몸을 싣고 한양을 떠나려 한다. 내가 30만 시민의 건강과 행복을 그윽히 빌며 여의도 착륙장을 향하여 날아갈 때 넘어가는 저녁 햇빛이 고요히 비치는 서대문형무소를 어찌 무심히 볼 수 있었으랴? 도시가(도대체가―필자) 사람의 아들들이 만들어 놓고 사는 땅덩어리인지라 아무리 풍진 세상을 떠나 천계의 사람이 되었어도 좋거나 그르거나 있는 것만은 적나라하게 눈앞에 전개되고 말았다.[10]

여기서 "남산 위에 새로이 시설된 크나큰 건축"이란 1925년에 완공된 조선신궁을 말한다. 검열을 의식하여 "부질없는 소리만을 지꺼릴 필요가 없"다고 하면서도 남산 위에 버티고 서 있는 조선신궁을 내려다보면서 "나의 시선을 끌지 않은바 아니요 나의 머리를 두드리지 않은바 아니"라는 소회를 토로하는 것이다. 조선신궁과 대조를 이루는 것은 독립운동가들이 수감되어 있는 서대문형무소이다. 그것을 "어찌 무심히 볼 수 있"느냐고 반문하면서 그녀는 아무리 현실을 초월하고자 해도 "있는 것만은 적나라하게 눈앞에 전개되고" 마는 식민지 피압박의 현실에 대한 감회와 아울러 민족에 대한 공감을 내비치고 있다.

1927년 근우회의 발기인으로 참여한 최은희는 이 단체의 성립과 함께 서기와 중앙집행위원·재무부장을 역임하면서 4년 동안 일했다. 1930년 근우회가 해체된 이후에는 별다른 단체 활동을 하지 않았으며, 이 해에 결혼한 이후 1932년 병으로 신문사를 그만 둔 이후 해방이 될 때까지 14년 동안 사회 활동을 거의 하지 않았다(김경일 외 2015: 463). 이러한 사정을 배

---

10 원문은 《조선일보》 1927년 12월 16일자에 수록된 것으로 최은희 1980: 189 참조.

경으로 그녀는 1930년대 말 전시 동원기 일제에 대한 협력의 시련에서도 자유로울 수 있었다. 그렇다고 하여 그녀가 전시 체제에 전혀 관여하지 않은 것은 아니다. 최은희는 일제 말기 서울 전역에 설치된 국민저축조합의 조합장을 맡아 "저축해서 해를 입는 법은 없으니 티끌 모아 태산이라고 푼전을 허수히 알지 말자"고 권유했다는 사실을 밝히고 있다. 그녀가 맡은 조합은 나중에 실적이 우수하고 장부 정리를 잘했다는 이유로 모범 조합장으로 표창을 받았는가 하면[11] 국민총력연맹이 주관한 애국반의 방공 훈련에서도 그녀는 서대문구 전체 모범훈련의 총지휘를 맡았다. 이러한 "저축과 방공 훈련이 친일의 구실은 되지 않을 것"이라고 하면서 그녀는 자신이 "일제에 그만한 협력을 하였다는 것을 숨기지 않는다"고 말한다(최은희 1980: 273).

'국민저축'을 독려하고 방공훈련을 지휘한 것도 결국은 전시 체제의 수행에 대한 협조라는 점에서 엄밀하게는 친일 행위로 볼 수 있겠지만 최은희는 그것이 개인 차원의 저축과 안전을 위한 방공이라는 점에서 자신의 행위에 대하여 비교적 관대한 태도를 유지하고자 했다. 사안이 가볍다고 생각한 탓도 있겠지만 자서전을 통해서 당당하게 이러한 사실을 밝히고 있는 사례는 찾아보기 어렵다. 이러한 그녀였기에 그녀는 해방 이후 친일파 문제에서도 단호하게 자기 목소리를 낼 수 있었다. 자서전에서 일제 말기 부분의 첫 대목에 〈친일의 여군상(女群像)을 나는 안다〉는 소제목을 붙인 것은 이러한 맥락에서일 것이다. 전시 협력한 여성으로 추정되는

---

11 "서울 안에 일본인 및 조선인 몇 백으로 헤아리는 조합장이 있는데 장부가 변변치 않으면 '조센징' 소리를 면하지 못할 것이라는 생각에서 퍼뜩 정신을 가다듬었다"고 그녀는 술회하고 있다(최은희 1980: 272).

독립운동가 황애덕(왼쪽)과 농촌운동가
최용신

수원 샘골 최용신이 살던 집

애국부인회 사건으로 4년간 복역하고 출옥한 후 동지들과 함께(왼쪽에서 두 번째가 장선희)

포인세티아 꽃을 만드는 꽃 할머니, 장선희

근우회를 탄생시킨 〈세 까틀〉 멤버들, 왼쪽부터 최은희, 유영준, 황신덕

서울 보건부인회원의 방역활동(회장 최은희)

손위 여성과의 대화 형식을 택한 이 글은 일제 말기 지식인들의 친일 행각을 자신이 집필하고 있는 《조국을 찾기까지》에 기록할까를 상대방에게 묻는 것에서 시작한다.[12] 지나간 일을 새삼스레 뭐하게 들추냐고 다소 떨떠름해하는 상대방에게 최은희는 다음과 같이 말한다.

지난 거니까 역사가 되지요. 당장 일어난 일이면 보도게요? 한편에서는 일제에 항거하느라고 학교 문을 닫아걸고 학교를 점령하러 온 일군(日軍)의 총 앞에 마주 서서 두 팔을 쩍 벌리고 '쏠 테면 쏴라! 나 죽기 전, 내 학교에 한 발자국도 못 들여놓는다' 하고 기염을 토한 기개 높은 여성도 있었지만 어느 여자전문학교의 책임자 여성은 남의 귀한 자제들을 지원병에 나가서 개죽음을 하라고 강권하는 순회 연설을 다니지 않았습니까? 해방 후 그 분이 반민특위에 걸렸었는데 영어가 귀한 때니까 좀 이용하겠다 하고 입을 쓱 씻고 문제를 삼지 않았다는 이야기가 있었지요. 그 덕분에 송사리들은 환문 한 번 당하지 않고 넘어갔다데요. 여학교의 책임자들이 대화무자(大和撫子)[13]라는 미명 아래 여학생들을 일본의 위안부로 내보내라는 그 악랄한 정책에 굴복하는 이가 있는 등 여성들의 반역 행위가 해방

---

12 최은희는 자신의 자서전에서 실명을 밝히고 있지는 않지만, 친일 여성의 대표 사례로 김활란과 황신덕, 박인덕을 거론하고 있다. 여기에서 최은희와 대화하는 상대방은 황신덕으로 추정되지만, 1973년에 출판한 《조국을 찾기까지》(하권)에서는 김활란과 황신덕만 언급하고 박인덕은 아예 거론조차 하지 않았다. 자서전에서의 서술과는 대조적으로 최은희는 이 책에서 일정한 거리를 두고 이들의 친일 행적을 기록하면서도 기본적으로 우호적인 시각에서 이들의 입장을 변호하고 있다. "홀로 일본인의 꼽박과 모욕 속에 끈질긴 인내로 학교를 지켰다"거나 "교육자에 대하여 가시 채찍과 같은 가혹한 시련"과 같은 서술이 그러하다(최은희 1973: 274, 323).
13 '야마토 나데시코'로 일본 여성의 아칭(雅稱)으로 흔히 통용되는데, 여기에서는 정신대로 차출된 여성을 호도하는 말로 쓰이고 있다.

된 뒤에 관용을 받는다는 것은 말도 안 되는 일 아니예요? 더구나 대한민

국의 국민훈장을 받다니요?[14]

　　최은희의 신랄한 비판에 상대방은 당시에는 당사자에게 학교의 존속

이 걸린 문제라서 "죽으라면 죽는 시늉이라도 해야" 하지 않았느냐고 반

문하지만 이에 아랑곳하지 않고 최은희는 비판을 이어가고 있다(최은희

1980: 268). 이미 말했듯이 위의 인용문에서 말하는 김활란에 대한 서술은

전술한 《조국을 찾기까지》에서의 언급과는 상당한 대조를 보이는데, 곧

이어 최은희는 "친일파 대장", "일본의 일등공신"이라는 별명으로 김활란

을 호되게 비판하고 있다(최은희 1980: 270). 자신을 '산증인'으로 자처하면

서 "내가 입만 벌리면 지금의 그 숱한 애국 여성들의 얼굴에 무엇을 칠해

야 될는지"라고 반문하면서, 그녀는 황신덕에 대해서는 "친일파 여중대

장"이라는 별명을 소개하고, 박인덕에 대해서는 "얼굴에 침이라도 탁 뱉

아 주고 싶은 충격을 느꼈다"고 신랄하게 비난한다.[15]

　　최은희는 자서전의 후기에서 일제 강점기에 자신은 "신문기자로서

14　최은희 1980: 267. 이 인용문의 앞에서 말하는 '기개 높은 여성'은 임영신이고 뒤의 친일
여성은 김활란을 말한다.

15　최은희 1980: 268~9, 271 참조. 《조국을 찾기까지》와 자서전의 두 책을 비교해 보면 세
여성에 대한 최은희의 평가에는 미묘한 온도차가 있다. 언니 동생으로 친하게 지낸 황신덕에
대해서는 두 책 모두에서 비난의 수위를 조절하면서도, 김활란에 대해서는 전자에서는 비교적
가치를 개입하지 않은 서술이 보이지만 후자에서는 본격적인 평가와 신랄한 비난을 아끼지 않
고 있다. 이러한 차이는 교유 관계의 개인 친분도 작용했지만 자서전 출간의 시점에서 김활란
이 이미 고인이 된 사실도 영향을 미쳤다. '송사리'에 해당한다고 할 수 있는 이숙종이나 배상
명, 송금선 등의 친일 행적을 언급하지 않는 것도 이들 여성이 최은희의 자서전 출간 당시 생존
해 있었기 때문일 것이다. 마지막으로 박인덕에 대해서는 전자에서 아예 언급조차 하지 않는다
거나 후자에서 신랄한 비판을 하는 것에서 보듯이 강한 비난과 경멸의 태도를 보이고 있다.

의 사명감을 발휘했을 뿐 그 후에도 진흙에 물들지 아니하고 초연한 위치에서 깨끗하게 지내온 것만을 자랑으로 여긴다"고 적었다(최은희 1980: I). 전시 동원 체제로 이행하면서부터는 "점점 악랄해 가는 총독 정치와 타협하지 않으려고 두문불출, 창씨개명도 아니하고[16] 신사참배도 아니하고 배급을 거절당하면서 무료하게 지내다가" 해방을 맞은 최은희는 "어쩔 줄을 모르게 기쁘기만 해서 소위 여성운동을 한답시고 날마다 외출을 하"는 바쁜 나날을 보냈다(최은희 1980: 539). 민족 문제에 한정해 볼 때 해방 이후 그녀의 활동은 크게 보아 국방의 후원과 독립운동의 역사 보존이라는 두 영역을 중심으로 전개되었다.

전자의 영역에서 최은희의 활동은 세 단체를 통해서 구현되었다. 대한부인회와 대한국방부녀회, 그리고 여자국민당이 그것이다. 먼저 대한부인회와 관련해서는 일찍이 해방 직후인 1949년에 창설된 대한부인회의 서울시 본부 창설위원으로 위촉된 그녀는 서울시 본부의 부회장 겸 문화부장으로 8년 동안 일하면서 군사 원호에 주된 노력을 기울였다. 일선 장병을 위문하고 입대 장정 환영회를 개최하는가 하면 출정 군인 환송회를 주관하면서 그녀는 "'적구(赤狗)를 몰아내자'는 표어는 너도나도 부르짖는 만인개창(萬人皆唱)의 구호가 되었다"고 말한다. 최은희는 이 단체 명의로 발표된 격려사나 입대 장정 환영사, 출정 군인 환송사 등을 도맡아서 작성했다(최은희 1980: 323~4). 한국전쟁이 아직 끝나지 않은 1952년

---

16 일제의 창씨개명 강요에 대하여 그녀는 "창씨를 안 하고 전부 남편의 성을 따르라 함으로 아명 금주(金珠)를 따서 이금주라 하고 '스모모 가네다마'라고 불렀다"고 말한다(최은희 1980: 370). 일종의 소극적 저항을 한 것으로 평가할 수도 있겠지만, 다른 면에서 보면 그녀의 말과는 달리 창씨개명 정책을 따르지 않은 것은 아니었다.

7월에 중동부 전선을 위문 방문한 기행문에서 그녀는 군인들이 개선하고 돌아오는 날 "금지옥엽같이 고이 기르는 우리의 딸들을 한꺼번에 풀어내어 합동결혼식을 거행하여 주겠"다고 하면서 특히 "다섯 명의 중공군을 생포한 다섯 명의 용사에게는 신부 선택의 우선권을 주기로 약속"했다는 일화를 소개한다(최은희 1980: 333~5).

이러한 인식은 최은희가 작성한 1953년 10월에 조직된 대한국방부녀회의 창립취지서에서도 잘 드러난다. 같은 해 1953년 7월 27일에 체결된 종전협정에 대하여 이 취지서는 "3천만 겨레의 피 끓는 호소와 절규도 보람이 없이 무너지고 우리의 주권을 무시한 굴욕적인 조인은 드디어 성립되고야 말았다"고 하면서, "통일 없는 휴전은 민족의 죽음"이라고 선언했다. 이러한 민족의 현실에서 이 취지서는 특히 여성의 각성을 강조한다. 논개와 나이팅게일, 잔 다르크 등을 "전국(戰國) 여성의 귀감"으로 거론하면서 이 글은 "'약한 자여 네 이름은 여자이니라' 한 옛 시대는 흘러갔고 '굳세다 네 이름은 여성이니라' 할 때가 왔다"고 주장했다(최은희 1980: 350~1).

이러한 활동은 1952년 임영신이 주도한 여자국민당에서도 이어졌다. 1952년 12월에 조직된 여자국민당 서울시 당부의 당수 겸 총무를 맡은 최은희는 당의 주력을 주로 군사 원호에 집중하여, 각 사단과 야전 병원을 방문하거나 부대 사열식에 참여하여 감사문과 위문품을 전달했다(최은희 1980: 294~6). 1958년부터는 당이 주최하여 한일 강제병합이 체결된 이른바 경술국치일인 8월 29일을 전후한 시기를 국민정신 앙양 기간으로 정하고 여러 활동을 전개했다. 선전 플래카드를 만들고 강연회나 좌담회 등을 개최하는가 하면 가두행진과 라디오 방송 등을 통하여 "국민

의 애국정신 발양"을 도모하고자 한 것이다.[17]

이처럼 '군사 원호'의 영역에서 나타난 해방 이후의 활동에서는 두 가지 점이 주목된다. 하나는 이 시기 최은희의 민족주의가 일제 강점기에는 찾아볼 수 없었던 강력한 반공주의의 요소와 결합하여 표출되었다는 점이다. '적구'나 '멸공 전사', '멸공 필승'이라는 표현에서 보듯이(최은희 1980: 333~5) 그녀의 민족 인식은 이 시기에 이르러 극단적인 반공주의의 방향으로 인도되었다. 전쟁의 참화라는 민족의 비극 앞에서 이러한 편향은 비단 그녀의 경우에만 한정되지 않았다고는 하더라도[18] 일제 강점기에 민족에 대한 남다른 인식을 실천해 온 그녀가 이 시기에 예컨대 친일 경력을 가진 우파의 다른 여성들과 별다른 차별성을 보이지 못하고 함께 반공주의에 매몰되어 궁극에서는 이승만 독재체제를 뒷받침한 극우 민족주의로 수렴되어 버린 것이다.

두 번째로 이러한 민족주의-반공주의에서는 여성의 개체성에 대한 자각이나 인식이 들어설 자리가 거의 없다는 점도 주목해야 한다. 1952년의 중동부 전선 위문 기행문에서 보듯이 그녀에게 여성은 민족을 위해 싸운 용사들에게 일방으로 제공되는 존재에 지나지 않는다. "딸들을 한꺼번에 풀어내어" 결혼식을 거행해 주겠다거나 '용사'에게 신부 선택의 우선권을 주겠다는 언급은 사랑과 결혼에서 남성의 주도권과 여성의 종속

---

17 예컨대 라디오 방송에서는 첫해에는 "선열의 정신을 이어 받들자, 안중근 의사"를, 둘째 해에는 "민영환 씨의 충절"을 방송했다(최은희 1980: 290~1).

18 예컨대 한국전쟁 발발 당시 미국에 체류하고 있던 황애덕은 이 전쟁은 "북괴를 몰아내는 절호의 기회"라고 하면서, "맥아더 전략대로 유엔군은 압록강까지 갔어야 한다"고 강연 연설을 했다(박화성 1966: 202).

성을 전제한 상태에서 여성의 성 결정권을 무시함으로써 민족주의의 제
단에 여성의 개성과 인격을 희생으로 기꺼이 바쳐야 한다는 인식의 단면
을 드러낸다. 이 유형의 민족주의-반공주의가 이러한 여성성의 수동성과
동시에 강한 여성상을 동시에 호출하는 것은 자기모순이자 징후적이다.
전국(戰國)의 여성으로 논개와 나이팅게일, 잔 다르크 등을 들면서 굳센
여성의 창출을 강조하는 것은 민족주의를 통해서 자기의식과 개체로서
의 독립을 위한 근거를 마련한 구한말 애국계몽기 여성의 현실과 기시감
을 느끼게 하지만(김경일 2004a: 42~3), 동시에 그것이 최은희가 그토록 거
리를 두고자 했던 1940년대 전시 동원기 '군국의 어머니' 상을 재현하는
느낌도 지울 수가 없다.

두 번째의 영역인 독립운동의 역사와 기억에서 최은희의 활동은
1958년 이후에 주로 집중되어 있다. 이 해 3·1절 기념행사의 하나로 정
부 공보실이 주관한 3·1운동 사건 사료 공모에 응모한 최은희는 국사편
찬위원회의 최종 심사에 "전국에서 단 1명으로 사재(史材)에 당선"된다.[19]
이를 계기로 당시 동덕여고 교장인 조동식과 이화여고 교장인 신봉조를
비롯한 서울의 사립학교 교장 모임인 구인회(九忍會)에서 이를 단행본으
로 출판하여 학생들에게 부교재로 읽히자는 의견이 나와서《근역(槿域)의
방향(芳香)》이라는 제목으로 1만 부를 찍어 배포했으며, 1963년 3월 30일
에는 경기여고 강당에서 그 출판기념회를 개최했다(최은희 1980: 395~6).
그런가 하면 같은 해인 1958년 3·1절 경축 행사의 하나로 문화단체총연

---

19 대한민국애국부인회 사건을 기록하고 그 증빙서류로 그들의 재판 판결문을 첨부하여 제출
했다(최은희 1980: 290, 393).

합회가 주최하고 공보실이 후원한 '3·1운동 회상 가장행렬'에 참석하기도 했다(최은희 1980: 391~2).

이와 아울러 최은희는 1967년에 들어와서 서울 시내에 3·1공원을 조성하는 사업을 추진했다. 1960년 이래 3·1운동에 참여하여 투옥된 전국의 여성들이 정기적으로 모여 기념하는 행사가 있었는데, 1967년의 모임에서 그녀는 "이제 나머지 생애에서 무엇을 조국에 바칠 수 있을까" 하는 문제를 제시했지만, 결론을 내지 못하고 헤어졌다. 이후 그녀는 4월 5일 식목일을 계기로 3·1운동을 기억하는 장소로서 서울 근교에 무궁화동산을 조성하자는 계획을 구상했다. 《동아일보》에 기고한 글에서[20] 그녀는 "망각 속에 사그라져 가는 그날의 분노와 저항을 되새기고 그날을 기려 정의와 조국, 자유와 독립의 상징인 민족의 날로 영원히 기억하자"는 제안의 취지와 의의를 밝히면서, 이 무궁화동산을 독립공원으로 일컫고 있다. 이에 따라 1967년 5월에는 '3·1녹원' 조림식을 거행했으며, 1968년에는 '삼일공원'으로 정식 인가도 받았다(최은희 1980: 437~9, 462). 자서전에서 상당한 분량을 할애하여 길게 서술하고 있는 것에서 보듯이 3·1운동 기억의 장소로서 독립공원의 조성은 1969년에 이르기까지 많은 애정과 심혈을 기울여 추진한 사업이었지만, 실현되지는 않았다. 자서전에서 이 이야기를 쓰면서 그녀는 "애지중지 기르던 일곱 살짜리 첫 딸을 잃었던 그 슬픔에야 비길 수"는 없겠지만, "3·1공원 이야기를 쓰자 하니 가슴이 아프고 쓰리고 저리다"고 적었다.[21]

20　최은희, 〈독립공원 설립을 제의한다〉, 《동아일보》 1967년 4월 15일자. 2년 후에 조선일보에도 비슷한 취지의 글을 기고했다. 〈3·1공원에 나무를 심자〉, 《조선일보》 1969년 3월 18일자 및 최은희 1980: 444~8 참조.

지금까지 살펴본 바와 같이 신념형에 속하는 이들 세 여성은 자신들의 민족 관념의 형성에서 아버지의 역할을 공통으로 언급한다. 황애덕은 아버지인 황석청이 서양인 선교사가 고향에 설립한 학교에 한국의 지리와 역사에 관한 시간을 늘려달라고 진정서를 냈다가 거절되자 딸들의 등교를 막았던 일화를 소개한다(박화성 1966: 35). 어린 시절 국채보상운동에 참여하기 위하여 자수와 꽃봉투를 만들었다는 장선희의 이야기는 이미 언급한 바 있거니와, 그녀의 이러한 작업은 사실 아버지의 영향에서 시작한 것이었다. 딸들과 함께 그녀의 아버지는 "서화를 해서 나무에 도장을 새기고 봉투에 난초 같은 그림을 그려서" 판매한 대금을 국채보상운동에 기부한 것이다(단운선생기념사업회 1985: 298). 그런가 하면 최은희는 "개화의 선구자요, 백천 지방에 문명을 불러일으킨 직접적인 은인"으로 아버지를 회상하면서, "내 생전에 태극기를 다시 걸어보지 못하고 죽는 것이 서럽다"고 자주 말했다는 일화를 언급한다(최은희 1980: 26).

이처럼 아버지로 거슬러 올라가는 공동의 기원에서 형성된 이들의 민족의식은 근대 민족주의에 내재하는 남성중심주의의 속성을 시사한다. 해방 이후 최은희의 민족주의-반공주의에서 보듯이 이들 모두의 민족 인식에서 여성의 고유한 속성이나 여자다움에 대한 강조와 그것의 구현을 위한 계몽의 기획은 찾아볼 수 있을지언정 여성의 자기의식이나 개체로서의 자각이 거의 나타나지 않는 것은 이러한 사정을 반영하는 것이다. 이러한 인식에서는 일제 식민 지배를 수행하는 이데올로그조차도

---

21 최은희 1980: 437. 이후 그녀는 파고다공원에 3·1정신 앙양 식수 행사를 기획하여, 1975년 4월 13일에 제1차, 1978년 4월 20일에 제2차 기념식수를 했으며, 같은 해 10월 25일에는 식수 기념비 제막식을 가졌다(최은희 1980: 467~71).

"축복을 베풀어 준 일본 아저씨"로서 호출되면서,[22] 비록 신념형이라 하더라도 스스로 표방하는 바로서의 민족에 대한 헌신과 대의에 일정한 균열을 내는 것을 피할 수 없었다.

∽

다음에 두 번째의 생활형은 첫 번째 유형과 비슷하게 민족에 대한 헌신과 지향이 있다고는 하더라도 앞의 유형과 비교하여 자신들의 일상에서 그것을 뚜렷한 형태로 표출하지는 않는 유형이다. 이 유형의 첫 번째 인물로서 김필례는 1901년 서울의 연동여학교에 입학했다. 비록 선교사들이 세운 학교지만 그녀는 여기에서 배우면서 민족에 대한 자각과 민족의식을 깨우칠 수 있었다. 예를 들면 한문 과목을 담당한 김원근(金瑗根)은 한문을 가르치는 데에서 나아가 "기울어 가는 나라의 운명을 바라보면서 학생들에게 민족정기를 일깨"우는 교육을 했다(이기서 2012: 52). 1907년 8월 군대 해산을 계기로 서울 시내에서 한국군 보병대대와 일본군 사이

---

22 최은희는 1920년대 유영준, 황신덕과 자신의 세 사람이 조선의 '세 까틀', 혹은 '서울의 삼인조'로 불릴 정도로 의기투합하여 친하게 지낸 사실을 말하면서, 이를 두고 당시 조선총독부의 언론통제와 조선인 공작에 깊숙이 간여한 아베 미쓰이에(阿部充家)를 자서전에서 언급한다. 자신들 세 사람을 두고, 아베가 "둥근 물건은 세 발로 괴어 놓아야 자리가 안정되는 것처럼, "둥근 지구를 너희들 세 사람이 버티고 일어서면 세계의 평화는 유지될 것이다" 하고 농담 섞인 축복"을 했다는 것이다(최은희 1980: 205). 아베는 일제 초기에 경성일보 사장 등을 지내면서 조선총독부의 언론통제에 관여했으며 사이토(齋藤實) 총독 아래에서는 언론정책이나 민족운동자의 매수공작, 재일유학생의 동향파악과 그 대책, 해외 정보의 분석 등을 맡아 중심 참모로서 활동한 인물이다. 그에 관한 연구가 일본의 조선 지배 정책에 관한 주요 문제를 해명할 수 있는 열쇠와 같은 의의를 지닌다고 한 강동진(1980: 23)의 평가에서 보듯이 당시 그는 식민지 정계의 막강한 배후 실력자로 군림했다(김경일 2004b: 304~5).

에 시가전이 벌어지자 김필례는 김마리아 등과 함께 세브란스병원에서 후송된 부상병들을 열흘 동안 간호했다. 비록 넷째 오빠인 김필순의 권유를 받았다 하더라도 부상병 간호를 통하여 그녀는 "뜨거운 조국애와 동포애가 샘물처럼 솟아나는 것을 느꼈다"(이기서 2012: 62).

1913년 일본의 도쿄여자학원에 유학을 가게 된 동기도 "가난하고 불쌍한 우리 동포들에게 새로운 지식을 많이 배워와 전"하기 위한 것이었다. "새로운 학문과 문물을 빨리 익혀, 우리 동포들을 무지몽매에서 깨우쳐 나라의 힘을 키우"기 위한 동기에서 일본 유학을 결심한 것이다. 자신이 일본에 가는 것은 "나 개인 김필례로 가는 것이 아니"며, 따라서 "나는 내가 아니라 조선"이라는 각오로 그녀는 8년에 걸친 일본 유학 생활을 보냈다(이기서 2012: 57, 62~3). 김필례 자서전의 저자인 이기서는 자서전의 말미에 부록 형식으로 덧붙인 글에서 김필례의 교육관은 기독교의 소명의식을 배경으로 민족과 조국을 떠난 교육은 존속될 수 없다는 확고한 신념에서 비롯된 것이라고 평했다. "한시도 민족을 잊은 적이 없었고 민족과 조국을 벗어나 떠나서 생활해 본 적이 없었"으며, "생활의 전부라고 할 수 있는 그의 종교 생활 역시 기울어져 가는 조국을 재건하고, 꺼져 가는 민족정기를 고취하는 초석"으로서의 소명에서 비롯되었다는 것이다(이기서 2012: 267~9).

신애균은 어릴 때 살던 함남의 차호에 개설된 사설 여학교에서 한국의 역사, 지리와 함께 "중국의 오숙경, 프랑스의 잔 다르크 등 여성의 애국적인 활동"을 배우면서 자랐다. 이와 아울러 장지연의 《여학독본》에 나오는 온달의 처 평강공주를 통해서는 "여자가 가정을 이룰 때나 나라를 사랑할 때나 자기 자신을 희생해야 한다"는 말을 듣기도 했다(신애균 1974:

41). 해방 이후 한국전쟁의 와중에서 최은희가 여성의 귀감으로 잔 다르크 등을 거론한 것은 이미 언급한 바 있거니와 신애균 역시 어린 시절부터 여성의 자기희생과 함께 애국 여성에 대한 교육의 세례를 받으면서 자란 세대였다. 수업 시간에 장차 하고 싶은 일을 말할 때도 "국가를 위해 여러 가지 일을" 할 수 있는 운동가가 되겠다는 포부를 밝힌 것은 이러한 맥락에서였다(신애균 1974: 42). 강제병합이 되고 나서 성진의 보신여학교로 진학한 1913년 무렵 그녀는 일본어 시간에 일본어 교육에 대한 반감에서 수업을 빠트렸다고 손바닥을 회초리로 맞아 가면서 배워야 했지만, "이러한 반항심은 다른 애들도 다 가지고 있었다"고 그녀는 말한다.[23]

1915년 무렵 함흥에서 영생고등여학교 2학년을 다니던 때에 몇몇 학생들 사이에서는 "독립운동에 대한 열정이 절정에 달했다"고 신애균은 말한다. 자신을 포함한 9명의 친구들은 "생사를 같이 하며 나라를 위해 몸을 바치자고 맹세"하고 그 표식으로 "송(松) 자 돌림으로 이름을 지어 가졌고 또 사진도 찍어서 서로 나누어 가졌다".[24] 그 해 여름 신애균은 친구들과 함께 독립군에 입대하자는 계획을 세운 일화를 소개한다. "아무리 애국심이 끓고 또 철없는 소녀들이기는 하지만 처녀의 몸으로 그런 무모한 짓은 할 수 없다"고 해서 결국 주저앉고 말았지만, 이 일화는 평범한 일상을 살아가던 여학생들 사이에서 민족에 대한 자각과 민족의식이 분출되던 이 시대 집단 정서를 보이는 것이었다.[25]

---

23 성진의 여학생들은 어릴 때부터 이동휘와 그 딸들로부터 받은 교훈으로 배일 반항심이 뿌리박혀 있었다고 그녀는 설명한다(신애균 1974: 71).

24 선생이던 기태진에게 "독립을 위해 몸을 바치겠다"고 하고 호를 지어달라고 부탁해서, 송 자 돌림으로 9명의 이름을 나눠 가졌다고 한다(신애균 1974: 72~3).

성진에서와 마찬가지로 함흥의 이 시절에도 그녀는 성진에서 함께 온 친구들과 함께 불편한 마음으로 일본어 시간을 맞아야 했다. 함흥의 학생들과는 달리 이들은 선교사인 교사가 "읽어주는 것을 받아 적을 때에는 성진 아이들이 받아 읽지 않아도 함흥 아이들 목소리에 숨겨져서 어물어물 넘어갔"지만, 어느 날엔가는 일본 국가인 기미가요(君が代)를 부르라는 교사의 말에 자신을 포함한 다섯 명의 학생들은 일어서지 않았다. 결국 이들은 교장실에 불려가 "철없이 행동한 것을 책하고 말을 함부로 지껄이면 안 된다"는 '훈화'를 들어야 했다. "일본 말을 우리 국어라고 배우기 때문에 늘 골치가 아프고 문제가 많았으나 조선어 작문 시간은 언제나 재미있었고 또 칭찬받았다"는 그녀의 언급은(신애균 1974: 78~80) 식민지 여학생이 겪은 일상의 한 단면을 잘 드러낸다.

신애균이 1919년의 3·1운동을 맞은 것은 차호 보신학당 교사 시절이었다. 학생들을 가르치다가 휴식 시간에 만세 소리를 들은 그녀는 "태극기 물결을 그 높은 언덕에서 내려다 보"면서 두근거리는 가슴을 억제할 수가 없었다고 회상한다. 아마도 그녀는 집안의 아버지와 큰오빠가 뭔가를 준비하고 있다는 사실을 어렴풋이 알고 있었던 듯하다. "나도 그 물결에 함께 밀리고 싶었지만 아마 그 대열 속에 여자는 없으리라는 생각이 들었다. 아버님이 그 일에 대해서 지나치게 비밀을 지키셨구나 하는 섭섭한 생각도 들었다"고 서술하고 있기 때문이다.[26] 비록 3·1 만세

25   그 대신 이들은 매일 밤 12시 기숙사에 모여서 독립을 위한 기도를 하기로 만장일치로 결정하고, 실행에 옮겼다. 나중에 신애균은 함흥에 가서 공부할 때도 친구들과 함께 이를 계속했다. "기숙사에 모여 공동기도를 소리 낮춰 하기도 하고 묵도만 하기도 했으나 나 혼자 대표로 기도할 때도 있었"던 이 기도회를 신애균은 졸업할 때까지 계속했다(신애균 1974: 73, 77~8).

시위에는 직접 참가하지 못했지만 신애균은 같은 해 조직된 애국부인회의 함북지부장으로 일하면서 독립운동 자금을 모아서 전달하는 등의 활동을 했다. 이 시기의 활동에 관하여 그녀는 "그러면서도 내 마음 한 구석에는 불안한 그늘이 없지 않았다. 이 무서운 돈을 이렇게 보내도 되는지, 본부에서는 어떠한 활동을 하고 있으며, 그 돈은 무엇에 쓰는지 궁금해서" 원산에 사는 은사인 이혜경을 찾아가 물어보기도 했다(신애균 1974: 89~94). 이 일로 그녀는 징역 3년에 집행유예 3년을 선고받았다(신애균 1974: 123).

상하이로 망명한 시아버지와 남편을 따라 상하이로 간 정정화의 경우는 그 자신이 "상해 임시정부 정청(政廳)에 나가 일선에서 직접 일을 하지는 않더라도 나는 이미 그 현장의 일원이 되었다"고 말하듯이(정정화 1998: 52) 독립운동에 평생을 바친 것으로 표상된다. 상하이의 조선인 망명 사회에서 며느리와 아내로서의 역할은 자신의 가족만이 아니라 임시정부를 중심 반경으로 하는 인사들의 가정으로 흔히 확장되었으며, 정정화는 이러한 상황에서 "웃어른을 모신다는 것은 곧 일종의 독립운동을 의미하기도 했다"고 말한다. 그뿐만 아니라 임시정부의 재정 사정이 악화되면서 서울에 잠입하여 친정에서 돈을 얻어 온다는 애초의 사사로운 계획은 임시정부 법무총장 신규식의 지시에 따른 공공의 임무로 바뀌었고(정정화 1998: 57). 이에 따라 그녀는 '적지'와 마찬가지인 조국에 "잠입해 들어왔다가 탈출해 나가는" 여행을 감행했다. 긴장된 여행을 마치고 나서

---

26 그녀의 아버지와 오빠는 경찰에 체포되어 반년 후에 집행유예로 석방되어 돌아왔다(신애균 1974: 82~3).

황애덕이 활동한 여성단체 총협의회 제4회 총회(위), 대한부인회 총재 황애덕의 귀국 환영 기념사진
(아래)

1958년 멕시코에서 열린 세계 YWCA 협의회 참가자들과 함께 한 손인실

다리회 창립기념일을 맞아 회원들과 함께 한 손인실(1962.12). 4·19혁명을 계기로 작은 일이라도 사회에 뭔가 도움이 되는 일을 하고자 만든 모임으로 처음 이름은 '겨자씨'였다.

"나의 작은 모험은 상해 망명사회에서 제법 화제가 되었고 나중에는 모르는 사람이 없을 정도"라고 그녀는 자서전에 적었다(정정화 1998: 65). 적어도 1945년의 해방에 이를 때까지 그녀의 민족 서사는 이러한 모험과 긴장, 수난과 자기희생의 끊임없는 연속으로 점철되어 있다.

임순득은 사회주의자인 오빠의 영향으로 스스로가 사회주의에 일정 정도 공감하고 또 그러한 문제의식에서 작품 활동을 했다는 점에서 대부분이 자유주의로 분류되는 이 책의 다른 등장인물들과는 다소의 결을 달리한다. 임순득은 1937년 2월 《조선문학》에 발표한 〈일요일〉이라는 단편 소설에서 노래도 없이 떼로 몰려다니며 골목길에서 노는 아이들의 정경을 묘사하면서, "한없는 민족의 비애를 예감케 하는 것 같은 과장된 생각이 제쳐도 제쳐도 끈적끈적 달라붙었다"고 적었다.[27] 어찌 되었건 그녀에게서도 역시 민족의 비애나 민족 문제에 대한 인식이라는 점에서 다른 자유주의 여성들과 공유하는 부분을 찾는 것은 어렵지 않다. 이러한 점은 일제 강점기 말에 일제가 강요한 창씨개명에 대한 태도에서도 마찬가지로 적용된다. 1940년 8월 5일자로 임순득의 집안은 본관을 가져다 씨로 설정하던 관례를 좇아 도요가와(豊川)로 창씨했으며, 이에 따라 호적에서 그녀의 이름은 도요가와 쥰(豊川淳)이 되었다. 이상경은 지금까지 알려진 바로는 임순득이 이 이름으로 발표한 글이 없다고 하면서, 실생활에서 그녀가 이 이름을 쓰지는 않은 것으로 추정한다(이상경 2009: 177).

27　이상경은 뛰어다니며 놀지만 노래는 부르지 않는 아이들에게서 '민족의 비애'를 '예감'한다는 것은 쉽지 않은 표현이라고 하면서, 이 작품이 발표되기 얼마 전인 1936년 손기정의 베를린 올림픽 마라톤 우승과 일장기 말소 사건을 상기하면서 '민족의 비애'라는 말에 담겨 있는 울림은 매우 절박한 것이라고 평하고 있다(이상경 2009: 114, 236).

손인실은 임시정부 임시의정원 의장을 지낸 손정도 목사의 딸로서 독립운동가의 집안에서 자라났다. 1930년 베이징에서 모정여자중고등 학교에 입학하여 다니면서도 그녀에게 중요한 가치는 조국이었으며, 학 교에서도 "조국을 대표한다는 생각으로 매사에 조심하"는 삶을 살았다. 학교를 대표하여 전 중국 학교 모임에 참석할 때도 조선 노래를 즐겨 불 렀으며, 이처럼 "작은 일"을 통해서라도 그녀는 "조선 사람의 긍지와 자존 심을 한껏 살"리고자 했다(안혜령 2001: 37). 고등학교 졸업반에 올라간 그 녀는 "무엇을 해야 나의 조국에 도움이 될 것인가"를 되물으면서 자신의 앞날을 모색하고, 조선에서 공부하는 길을 선택한다.[28] 1935년, 13년 만에 밟은 조국의 땅에서 손인실은 "식민지 지배하의 현실을 비로소 실감했으 며, 그 암울한 전망에 절망스러웠"던 자신의 심경을 피력한다.[29]

다음에 세 번째로 민족 문제가 일상의 주요 주제를 이루지도 않을 뿐

---

28   졸업 선물로 받은 세계 명인 전기에서 페도로프스키라는 유명 피아니스트가 빼어난 피아 노 연주로 적국 원수의 마음을 움직여 조국 독립에 큰 역할을 했다는 이야기에 감동한 그녀는 음악을 전공하고자 이화여전 음악과에 진학할 뜻을 서울의 언니에게 전달했으며, "손정도 목사의 딸이라면 언제 와도 좋다"는 김활란의 허락으로 서울에서 공부하게 되었다(안혜령 2001: 44).

29   해방 이후 민족주의-반공주의에 의한 최은희의 삶의 궤적과 비슷하게 손인실도 그러한 사조에 기반을 둔 보수주의자로서의 단면을 보인다. 1980년의 5·18 광주민중항쟁 과정에서 손인실은 "광주의 참상을 보고 비감"해 하면서, "숱한 주검 앞에서 숙연"해 하면서, "육이오 때 도 이보다 덜했던 것 같다. 동족끼리 이래서 되겠는가" 하고 장탄식을 했다지만, 이때의 탄식은 "나라가 없어지면 국민 모두가 고생"한다는 의미를 지닌 것이었다. 그것은 "광주시민들의 극한 적인 투쟁 방식을 나무라는 어조"였으며, 나중에 손인실은 "불순세력에 대한 염려"를 좌담회에 서 표명하기도 했다(안혜령 2001: 46, 180~1).

아니라 때로는 그와 배치되거나 모순되는 상황들을 보이기도 하는 일상형의 첫 번째 사례로서 김메리는 1919년의 3·1 만세 시위를 회상하면서 "유관순의 순국은 당시 우리 이화 학생들에게 뚜렷한 민족정신을 심어 주었다"고 말한다. "식민지의 딸들로서 모두들 비밀결사 조직에 들어가기를 원했고, 어떻게 하면 총독부에 불을 지를까 하는 생각을 하기도 했"다는 것이다(김메리 1996: 44~5). 비밀결사에 들어가거나 총독부에 불을 지르거나 하는 생각을 할 정도로 민족정신에 불탔던 젊은 날의 모습은 이보다 5년 전쯤이기는 하지만 위에서 살펴본 신애균이 함흥의 여고보에 다니면서 만주로 가서 독립군에 합류한다는 계획을 세울 정도로 학생들 사이에 민족의식이 고양되었던 분위기와 통하는 바가 있다. 그럼에도 그녀 역시 일제 말기에는 "하늘나라로 가는 문"이란 뜻의 야마시로(天城)로 창씨를 한 김활란과 마찬가지로 소가와(澊川) 메리로 창씨개명을 했다(김메리 1996: 86).

민족과 민족 문제에 대한 인식에서 복혜숙은 복합적이고 모순적인 다양한 양상의 감정을 보인다. 서울에서 이화학당에 다니다가 우연한 기회에 종로에 있는 공예품전시장(수산장)을 둘러보던 복혜숙은 그곳에서 일하던 일본 여자가 일본에 가서 공부하면 여기 선생으로 올 수 있다는 말을 듣고 일본 유학을 결심한다. "그때 생각에는 일본 년들이 배워 가지고 와서 선생 노릇하는데 왜 내가 가서 배워 가지고 와서 못하겠느냐"는 생각이 일본 유학으로 그녀를 이끈 것이다(이영일 2003: 92).

일본 요코하마의 기예학교에서 공부하면서 민족 차별을 경험한 그녀는 이에 대하여 분개하고 또 항의한다. 교내 연극 공연이 일본인 중심으로 조직되는 것을 본 그녀가 담당 교사에게 이의를 제기한 것이다.

"연극을 하고 싶다기보다 차별대우하는 일본 선생과 싸우겠다는 기분"에서 항의했다고 그녀는 말한다. 일본인 교사가 마지못해 동네 할머니 역을 그녀에게 배정하자, 당사자인 복혜숙이나 조선인 학생을 모욕한다고 생각한 조선인 친구들은 그만두라고 조언한다. 그러나 복혜숙은 그만두는 것은 일본인에게 지는 것이기 때문에 "그럴수록 악착스럽게 해야 한다"고 하여 자신의 뜻을 관철하고 있다(김항명 외 1992: 40~2).

연극인에서 영화인을 거쳐 생활을 위해서 요릿집에 기생으로 나가던 시절의 에피소드도 흥미롭다. 이인과 김병로 등이 참석한 술자리에서 복혜숙은 일본 말을 하면서 일본 여자로 접대하다가 조선 사람을 위해 변론한다는 김병로의 말을 듣고 반가운 마음에 조선말로 응대하다가 "호! 그년 난 일본 년인 줄 알았더니 그 조선 년이로구나!" 하는 말을 듣는다. 얼굴빛이 변할 정도로 놀란 복혜숙은 이 일을 계기로 이후로부터는 일본 말을 절대 하지 않겠다고 결심하고 실천에 옮겼다. 일단 이처럼 결심을 하고 나니 "일본 말이 정말, 딱 입을 안떼니깐드루" 나오지 않았다고 그녀는 말한다. 종전 직전에는 영화사에서 광고 영화 영상물(CM) 섭외를 받고 일본 말을 하려다가 되지 않아 하는 수 없이 대역을 쓴 일화도 있다. "일본 말 안 하기로 아주 작정을 한 년"이라고 스스로를 묘사하지만, 그러다가도 일상에서는 얼떨결에 일본 말이 튀어나오기도 한다고 그녀는 고백한다.[30]

식민 지배 체제에서 피지배민에게 지배어와 피지배어의 사용 문제는 특히 지식인의 경우 미묘한 복합의 반응을 불러일으키는 것이 보통이

---

30 "그래도 어쩌다가 나도 모르게 그럴 적엔 말이야 또 일본 말을 하고 있"다는 것이다(이영일 2003: 166~7).

지만, 복혜숙의 경우에도 이는 예외가 아니었다. 일상의 주요 국면에서 어쩔 수 없이 생활을 위해 일본어를 사용하면서도 적어도 민족의 정서가 개입하는 장면에서 동족에게만은 그러한 모습을 보이고 싶지 않았던 피지배자의 심정을 복혜숙의 사례는 잘 보이고 있다. 그러면서도 일본어를 절대 사용하지 않는다는 그녀의 결의에서 보듯이 일상의 어떤 측면에서는 스스로가 설정한 규준을 지킴으로써 민족 정서를 손상하지 않는 것을 통해서 스스로의 자존감을 유지하고자 하는 심리 상태가 드러난다.

이러한 심리는 식민 지배자에 대한 그녀의 태도와 대조를 이룬다. 1930년대에 종로에서 복혜숙이 비너스 다방을 경영한 것은 널리 알려져 있지만, 이와 관련하여 그녀는 이러저러한 사유로 경찰서를 자주 드나들게 된다. 처음에는 그녀를 일본 사람인 줄 알고 있다가 조선인이라는 사실을 알고 대우가 달라지면 그녀는 "어째서 일체(내선일체를 말함―필자)라고 말하면서 일본인과 조선인이 다릅니까"라고(이영일 2003: 173~4) 항의 겸 야유를 하고 있다. 여기에는 식민 지배 체제에 순응해야 하는 피지배민의 초라하고 비굴한 일상의 단면이 있지만, 이와 아울러 그녀 나름의 방식으로 식민 지배의 모순을 조롱하고 야유하는 심리가 아울러 개입하는 사실도 부정할 수 없다.

일제 말기 그녀가 총독부에서 만든 〈반도의 봄〉, 〈우리들의 전장〉이라는 두 작품에 강제 동원되어 일본 말로 출연한 적이 있다고 하지만 (김항명 외 1992: 371), "못할 걸 하느라구 벌벌벌벌 떨면서 하였"다는 고백에서 보듯이(이영일 2003: 142), 내몰린 상황에서도 그녀는 민족에 대한 자의식과 민족 정서에 대한 자존감의 단면을 표출하고 있다. 해방 후에 "근신하느라고 여덟 달을 방송국에 안 나오다가" 이인이 국회의원을 하면서 방송국까지 와서 후원해 달라는 부탁을 받고 비로소 나갔다는 일화(이영일 2003: 167) 역시 같은 맥락에서 이해된다.

이봉순은 어린 시절 주일 학교를 다니면서 소녀 가극에서 부르던 〈십일월어양(十日月魚洋)〉이라는 노래 구절을 자서전에서 떠올린다. 전체를 "맞추면 조선이란 글자가" 되는 이 제목은 출연자들이 짝을 지어 춤추고 노래하면서 '조선'이란 글자를 만드는 내용으로, 잃어버린 조국을 공동으로 기억하는 일종의 집단 상징을 만들어내는 의례였다. 그런가 하면 만주의 명신여학교에 다니던 시절 삼일절이 되면 태극기를 내걸고 애국가를 부르며 통곡하던 선배들에 대한 기억도 선명하게 떠올린다.[31] "일본 사람도 일본 말도 싫어하면서"도 일본어로 번역된 《세계문학전집》과 같은 "일본어 인쇄물을 읽으면서는 거부감마저 잊어버린 모순 속에서 살고 있었다"고 이봉순은 1930년대의 자신을 회고한다(이봉순 2001: 38). 복혜숙과 비슷하게 이봉순 역시 식민 지배라는 현실을 한편으로는 거부하면서도 다른 한편에서는 그에 탐닉하는 모순과 복합의 일상을 살아가야 했다. 해방되고 나서 그녀는 일본 군수품 회사인 소림(小林)광업회사에 다닌 남편과 일본식 집에 산다는 이유로 이웃으로부터의 비난과 적대에 직면했다.[32]

---

31 용정에 있는 일본 영사관의 감시가 심하다는 것을 알고 있었기 때문에 "숨어서 조용히 하는 일이었지만 겁이 나고 떨렸다"고 그녀는 말한다(이봉순 2001: 18~9).

32 살고 있던 집이 "적산 가옥이라고 동네 사람들이 와서 내놓으라고" 하고, "집에 난데없이 돌이 날아 들어오기 시작"하여, 당황한 그녀는 소사에 있는 친정으로 피신해야 했다(이봉순 2001: 49).

마지막으로 경계형은 민족 문제나 민족의 경계를 뛰어넘어 일종의 세계인으로서의 지향을 보이는 사례로, 최승희의 경우가 여기에 속한다고 할 수 있다. 이시이 바쿠의 경성 무용발표회를 계기로 당시로서는 낯설기도 하고 일반의 편견이 심했던 무용을 전공하기로 결심한 최승희는 자서전에서 "조선을 대표해서 향토의 전통과 풍습을 다시 살리게 하는 무용을 만들어내야 하겠다"는 각오에서 자신에게 맡겨진 "커다란 책임과 높은 자랑을 생각하게 되었다"고 썼다(최승희 1937: 21). 이시이 바쿠의 무용에서 그녀의 마음을 사로잡은 것은 "'수인(囚人)'이라든가 '메랑고리'라든가 인생의 고뇌를 표현한 억센 힘"이었다. "오랫동안 기구한 운명에 시달리던 조선 민족의 고뇌를 무용을 빌어서 세상에 호소하고 싶은 생각이 그때 조그만 내 가슴에도 하나 가득 찼"다는 말에서 보듯이(최승희 1937: 69), 이시이 바쿠의 무용에서 느낀 '수인'이나 '멜랑콜리'의 이미지를 식민지 민족의 비애와 고통에 투사하면서 공감한 것이다.

일본으로 건너가 이시이 바쿠의 무용연구소에서 공부하던 최승희는 오빠인 최승일이 보낸 카프 계열 작가들의 작품을 통해 조선의 가혹한 현실을 인식했으며, 1927년 5월에는 모교인 숙명여학교 학생들이 일본인에 의한 교육을 반대하는 동맹휴학 소식을 듣고 공감과 분노를 느끼기도 했다.[33] 정병호는 이와 관련한 최승희의 일화를 소개한다. 1927년 12월

---

[33] 정병호 1995: 38.《동아일보》보도에 따르면 1927년 5월 25일 숙명여학교생 400여 명이 일본인 교사 배척 등을 내용으로 하는 6개 조항의 요구 조선을 내걸고 동맹휴학을 단행했다. 이 신문은 일본인 교사의 행태가 "개인에 대한 것이 아니라 조선 민족 전부에 대한 것임을 (학생

일본 왕 다이쇼가 죽어 연구소가 있는 철로변에 장례 열차가 지나가게 되어 모든 사람이 엎드려 고인의 명복을 비는데, 그 전 해인 1926년의 6·10 만세 운동과 모교의 동맹 휴교가 생각난 최승희는 자신도 모르게 몸을 뒤로 돌려버렸으며, 이시이 바쿠는 몹시 놀라 충격을 받았다는 것이다.[34]

1929년 서울로 돌아온 최승희는 5회에 걸친 신작 무용발표회를 하는 등 일정한 성과를 거두었으며, 1933년에는 다시 도쿄로 돌아가 이시이의 무용연구소에서 배웠다. 1934년의 제1회 신작 무용발표회를 전후한 시기 조선인으로서 차별 경험을 최승희는 언급한다. 무용연구소의 연구생들이 발표회 포스터에서 '최승희'라는 이름을 보고 "이상한 얼굴을 하면서 거절"을 당하기도 했고, 경찰의 허가를 받는 데도 "여간 시끄럽지가 않았"다. 이러한 "핸드캡을 씌우는 사람들이 있"었다고 하면서도 최승희 자신은 그것이 특별하지는 않았다고 말하고 있기는 하지만(최승희 1936a: 205), 이러한 차별의 경험들이 민족의식의 기저에 깔려 있던 것은 부인할 수 없을 것이다.

그 연장에서 1935년 평소에 꿈꾸던 히비야 공회당에서 제2회 신작 무용발표회를 한 최승희는 자신이 조선의 무용가라는 사실을 강조해 "코리안 댄서"라는 사실을 내세웠다(정병호 1995: 103). 이 시기 그녀는 가

들이) 느껴 불만과 분개가 뭉쳐 폭발"했다고 하면서 "이번 사건은 철없는 학생의 경동이 아니고 현재 학교 교육 제도에 대한 일대 경종"이라고 평하고 있다. 〈숙명여고생 단연히 맹휴〉, 《동아일보》 1927년 5월 27일 및 〈숙명생 맹휴 쎄고 싸힌 분개〉, 《동아일보》 1927년 5월 30일자 참조.

34 당시 최승희의 나이는 16살이었는데, 이시이 바쿠의 부인인 이시이 야에코는 최승희가 어린 나이지만 상당히 강한 민족의식을 가진 사람이라고 생각했다(정병호 1995: 39~40).

는 곳마다 뜨거운 환영을 받은 일본 순회공연에서 자신이 조선 사람임을 의식하고 "눈물겹게 기쁨을 느"끼면서 일본인들에게 무용에 대한 자신의 뜨거운 정열을 "거꾸러질 때까지 보여주고 싶"었다고 말한다(최승희 1937: 54). 1936년 8월 베를린 올림픽에서 손기정이 마라톤 우승을 하자 프라 이팬을 가지고 춤을 추었는가 하면, 언론 인터뷰에서 "일본이 이겨서 기 쁘다. 그러나 조선 사람이 이겨 주어서 더욱 즐겁다"고 말하기도 했다. 그 런가 하면 조선인 서정권이 권투시합에서 일본인 선수를 이기자 서정권 을 초청하여 잔치를 베풀었고, 도쿄에서 평양 축구 선수단이 일본 축구팀 과 시합을 할 때는 시합장에 나타나 한국 팀을 응원하기도 했다.[35]

세계 공연을 1년 정도 앞둔 이 무렵에 그녀는 "조선의 '리듬'—크게 말하면 동양의 '리듬'을 가지고 서양으로 싸움을 하러"간다고 하면서, "어 떤 경우라도 민족은 망하지 아니하고 그 민족의 예술도 결단코 망하지를 않는다"고 단언하고 있다(최승희 1937: 55). 미국 공연에서 그녀는 한편으로 는 그녀가 반일 운동을 한다는 일본에서의 소문에 시달리면서도 일본을 통하지 않고서는 공연을 할 수 없는 나라 없는 식민지 예술가의 서러움을 뼈저리게 느끼는 모순의 상황에 놓인 자신을 발견했다. 이러한 의미에서 그녀는 자신이 조선 사람이라는 민족의식을 자각했으며, 1939년의 유럽 공연에서는 자신의 이름을 최승희의 일본어 발음을 영어로 표기한 사이 쇼키라고 하면서도 일본이 아닌 코리안 댄서로서의 정체성을 강조했다.[36]

---

35 손기정의 사례는 손기정 자신의 증언으로 정병호는 이를 두고 "어지간한 사람은 감히 하지 못할 말"이었다고 하면서, "자기 나름대로 민족의식도 있었고 그 마음속의 저항감이 강했다"고 평가한다(정병호 1995: 111~2, 367).

36 1939년 일제가 강제한 창씨개명에 의해 최승희의 집안은 가야마(亘山)로 성을 바꾸었지만,

그럼에도 불구하고 위에서도 잠깐 언급했듯이 미국과 유럽 등 해외 공연에서 최승희는 민족정체성과 관련하여 모순에 찬 복합의 자기의식을 역설로 경험했다. 민족에 대한 자신의 감정이나 의식과는 별개로 객관적으로 그녀는 일본 국민으로서 공연이 있는 나라와 도시들에서 일본대사관·영사관의 적극적인 협조와 보호와 아울러 감시를 받았다. 이와 동시에 최승희가 미국 공연을 하던 1939년 당시 미국 국내에서는 일본에 대한 배일 감정이 심했기 때문에 일본에서 온 무용가로 알려진 최승희는 그에 따른 배척과 수모를 감당해야 했다. 뉴욕에서의 공연 후에 최승희는 배일 시위의 여파로 고통스러운 시간을 보내야 했으며, 로스앤젤레스 공연에서는 일부 재미 동포와 유태인이 가세한 반일 단체들이 공연장 입구에서 반일 배지를 팔면서 시위를 벌였다. 반일 시위로 엉망이 된 로스엔젤리스의 공연을 마치고 다시 뉴욕으로 돌아와 공연을 준비하던 최승희는 라디오 방송으로 배일 연설을 해 달라는 '협박' 전화를 받았으며, 이를 거절하자 공연장 앞에서 '일화배척'의 배지를 팔고 최승희를 배격하는 유인물이 극장 입구와 길바닥에 살포된 사건을 겪어야 했다.[37] 1940년 남미의 칠레와 콜롬비아의 공연에서도 현지 신문은 그녀가 '일본 간첩'이라는 기사를 실었다(정병호 1995: 410).

일은 여기에서 그치지 않았다. 미국에서 최승희의 활동을 보도한 일부 일본 신문과 잡지에서는 그런데도 최승희가 반일 운동을 한다는 악의

자신은 이 이름을 쓰지 않고 '최승희'를 일본 발음으로 읽은 '사이 쇼키'라는 이름으로 공연을 했다. 정병호 1995: 22, 149~51 참조.

37 이는 미국 내에서 독립운동을 하던 흥사단을 중심으로 한 재미 동포와 독일에 반감을 가진 유태인 및 사회주의자들이 주도했다(정병호 1995: 142~6).

에 찬 기사를 내보냈으며, 도쿄에 있는 최승희의 연구소에서는 순회공연을 하던 최승희에게 다시 이 소식을 알렸다. 이 때문에 최승희는 잘 아는 도쿄의 평론가인 후루사와 다케오(古澤武夫)에게 편지를 보내 자신을 변호해야 했다.[38] 1940년 말 세계 공연을 마치고 일본으로 돌아온 최승희는 전시 동원의 파시즘 체제에서 일본 제국에 대한 헌신과 충성의 레토릭을 공표하는 시련의 삶을 살았다.[39] 1944년 그녀는 중국의 일본군을 위문하고 동양 무용을 연구하기 위한 임시 베이징 연구소를 개소한다는 명분으로 비밀리에 도쿄에서의 살림을 정리하고 서울을 거쳐 베이징으로 '탈출'했다. 당시 조선과 중국, 일본을 포함한 동아시아 차원에서 일본의 군부와 정부, 언론, 최승희에게 호의를 가진 일본인 지식인과 문화계 인사들과의 사이에서 협력과 감시, 호의와 의심 등이 교차하는 이 시기의 시대 상황에 대한 정확한 사실은 얻기가 힘들다. 1945년 2월 몽골에서 최승희 무용 공연을 하던 즈음에 최승희는 도쿄의 막역한 지인인 다카시마 유사부로(高嶋雄三郎)에게 보낸 편지에서 "하늘에 해가 두 개 존재할 수 없듯이 최승희가 두 명 있을 수 없"다는 점에서, "새 날이 올 때까지 마음을 갈고 닦아서 새로운 무용사 창조의 길로 나아가겠"다고 썼다.[40] 그런가 하면 해방

---

38 남편인 안막이 대필하여 뉴욕에서 보낸 이 편지에는 "아무리 제 나이가 어리다고 하더라도 어찌 자신을 자살로 몰고 갈 매국적 행위를 저지를 수 있겠"느냐 든지, "내가 반도 출신이라는 특수한 입장 때문에 그와 같은 소문이 그럴듯하게 들리는 것"이라는 구절이 보인다. 구체적인 내용은 정병호 1995: 147~8 참조.

39 "구미 공연 때에 마음이 든든한 것은 일본의 위대한 국력 덕분이었으며 여기에 대해서는 새삼스럽게 조국에 감사하는 마음을 강하게 가졌다"거나 "어깨가 우쭐하는 마음을 가지게 된 것은 일본의 위대한 국력으로서 새삼 조국에 대한 감사의 념을 강하게 한 것"이라는 언급이 그러하다. 〈국산 무용의 수출 최승희가 말하는 포부〉,《고쿠민일보》1940년 12월 15일자. 정병호 1995: 189~91 참조.

이후 전시 광기의 안개와 장막이 걷히면서 일본 신문은 노기 준이치(露木順一)를 인용해서 최승희가 해방 이전에 베이징으로 탈출했다고 보도했다(정병호 1995: 241, 411).

민족 문제는 무용가로서 최승희가 무대에서 구현한 춤에 대한 평가와 관객의 수용이라는 점에서도 살펴볼 수 있다. 무용계에 데뷔한 시기에 따라 차이가 있다고는 하더라도 다른 여느 무용가와 마찬가지로 최승희는 서양무용을 본령으로 하면서 '조선적인 것', 혹은 조선의 정서를 자신의 무용을 통해 구현하고자 했다. 스승인 이시이 바쿠의 조선 공연에서 "오랫동안 기구한 운명에 시달리던 조선 민족의 고뇌"(최승희 1937: 69)를 읽어냈던 최승희로서는 식민지 피지배민으로서 자신의 민족무용과 전공으로서 서양무용과의 화해가 자신의 예술이 궁극에서 지향하는 바라는 사실을 다른 누구보다도 뼈저리게 자각하고 있었다.[41] 자신의 춤이 일본에서 일종의 이국정서(exoticism)로서 수용·해석되는 것을 다분히 경계하면서 그녀는 무용에서 보편성과 특수성의 조화를 지향하는 진정성을 모색하고자 했다.[42]

40　다카시마는 "일본의 최승희가 아니라 조선만의 최승희일 수밖에 없다"는 의미로 이를 해석하면서, "뒤통수를 세게 얻어맞은 것 같았다"는 심경을 토로했다(정병호 1995: 243~4).

41　"민속무용으로서 독창적 경지를 전개해 나가기 위하여 본령인 서양무용 가운데 그 민속무용을 잘 째넣어야만 되므로 거기 나의 고심이 있다"고 하면서, "양무용가로서의 기교를 깨뜨리지 않는 한 우월한 향토예술을 세상에 소개하는 것이 나의 사명이라고 생각"한다는 언급은 (최승희 1937: 71) 이를 잘 보이는 것이다.

42　"내가 조선 태생이라는 핸드캡을 역용해서 선전효과를 내고 있는 듯이 오해를 하면 곤란하겠어서 앞으로의 공연에는 조선 것을 좀 주릴 생각"이라는 최승희의 언급이나, 그녀의 오빠인 최승일이 누이에게 보내는 편지에서 일본에서 최승희의 명성이 높아지면서 조선에서는 "'최승희는 조선을 팔아먹는다' 이러한 '데마'가 돈다"고 지적한 사실 등은(최승희 1937: 57, 70, 137~8) 이러한 맥락에서 이해된다. 서울에서 최승희의 무용에 대한 험담은 최승희 스스로도

최승희와 손기정. 두 사람은 식민지 조선인들에게 가장 많은 사랑을 받은 문화체육계 인사였다. 1911년 생인 최승희와 1912년생인 손기정은 오누이처럼 다정했다. 이 사진은 손기정이 1936년 베를린 올림 픽에서 마라톤 우승을 하고 경성 명월관에서 손 선수의 우승 축하연을 열었는데 최승희도 참석하여 찍은 것이다.

1938년 로스앤젤레스 윌턴 극장 공연 당시 최승희

서양무용을 본령으로 하면서 조선의 정서를 구현하고자 한 최승희

그러나 이러한 노력에도 불구하고 아마도 그녀의 스승인 이시이 바쿠를 논외로 한다면[43] 일본의 지식인과 평론가들의 대부분은 조선의 정서와 개성을 지닌 조선무용의 시각에서 최승희의 무용을 이해하고자 했다. 예를 들면 해방 이후인 1968년에 노벨문학상을 받은 가와바타 야스나리(川端康成)는 1930년대 최승희의 무용이 지니는 "독특한 민족적 냄새"를 강조한 바 있다. "빈핍한 조선의 무용을 재건해서 길러가는 것이 나의 크나큰 즐거움인 동시에 에레지라고 생각"한다는 최승희의 말을 인용하면서 그는 "최승희의 조선무용은 일본의 양무용가들에게 민족의 전통에 뿌리박은 강력(强力)을 가르치는 것"이라고 평가한 바 있다.[44] 일본의 미학자로서 한국에도 널리 알려진 야나기 무네요시(柳宗悅) 역시 조선인으로서 최승희의 예술이 지니는 동양미와 조선미를 강조하고 있으며, 당시 '좌익 연극평론가의 제1인자'로 널리 알려진 무라야마 도모요시(村山知義)는 "오래된 시대의 반도의 융성시대의 풍요한, 그리고 그 후 거진 인멸된 예술의 자태"를 표현한 최승희의 춤이 "'일본적인 것'의 어머니의 어머니,

---

삼천리 기자와의 대담 기사에서 지적하고 있다. 조선무용이 일본에서 많은 환영을 받는다는데 어떻게 생각하느냐는 기자의 질문에 그녀는 서양무용을 바탕으로 조선무용을 일정 범위에서 '카리카츄아라이즈(caricaturize)'하고자 했는데 "속으로는 늘 향토의 사람들에게서 욕이나 얻어먹지 않는가 걱정"한다고 하면서, 서울 일부에서는 "최승희는 제 땅을 ××(팔아—필자)먹는다고 욕하는 사람"도 있다고 언급하고 있다(최승희 1936: 205).

43 최승희 자서전의 후반부에는 최승희의 무용에 대한 일본과 조선 지식인들의 평가를 수록하고 있는데, 이시이 바쿠는 최승희 무용의 일본적인 부분을 강조하는 거의 유일한 예외이다. "외국에서 수업하고 돌아온 무용가도 아니며, 새로이 귀조(歸朝)한 팔팔한 사람도 아닌, 말하자면 화제품(和製品)이며, 전부가 국산"이라는 언급에서 보듯이(최승희 1937: 73), 서구 유학파나 조선 토착이 아닌 자신의 문하생이라는 사실을 강조하는 것이다.

44 최승희 1937: 82~3. 해방 이후 1951년에 그는 최승희를 소재로 한 장편소설《무희(舞姬)》를 발표했으며, 이는 같은 제목으로 한국에도 소개된 바 있다(이진아 역,《무희》, 문학과 지성사, 2012).

또한 어머니의 숨소리를 깨달을 수 있"게 해 주었다고 평가했다(최승희 1935: 165; 1937: 94, 101). 그런가 하면 작가이자 평론가인 니이 이타루(新居格) 는 "반도의 무희"로서 최승희의 무용이 색과 향기에서 "특수한 '오리엔탈 리즘'을 창작"했다고 논평했으며(최승희 1937: 97), 여기에서 나아가서 평론가인 나카무라 아키이치(中村秋一)는 창작무용, 즉 서구무용보다는 오히려 조선무용에 전념할 것을 최승희에게 주문했다.[45]

서양무용을 본령으로 하여 조선 민속무용의 독창성을 거기에 버무리고자 한 최승희의 의도에도 불구하고 이처럼 최승희 무용의 민속성에 주목하는 일본의 시각은 1938년 2월 미국 샌프란시스코에서 시작한 세계 공연에도 반영되었다. 미국 공연의 프로그램에서 최승희는 조선과 서양의 춤을 적당히 안배하면서도 전자를 주로 선택했으며, 비록 다른 전통과 형식에서 나온 서양춤이라고 하더라도 그것은 조선춤과 마찬가지로 동양(Oriental)의 리듬을 가지고 있었다. 1939년의 유럽 공연을 거쳐 1940년 중남미로 이어진 순회공연에서 최승희는 '코리안 댄서'를 표방하면서 몇몇 동양무용을 제외하고는 조선무용 작품을 주로 무대에서 선보였다(정병호 1995: 133, 382). 이러한 사정에서 비록 조선과 일본에서는 최승희를 '세계적 무희'로 일컬었다고 하더라도, 서양에서 최승희는 근대 무용가의 반열에서라기보다는 조선의 민속무용가로서 인식, 평가되었다.[46]

---

45 그는 '보편' 무용에 대한 최승희의 지향을 "고향의 춤을 간판으로 한 것과 같이 생각되어서 핸디캡을 하기를 두려워"하고, "조선무용의 지방색을 필요 이상으로 굳게 생각"했기 때문이라고 이해하면서도, 최승희의 춤이 "조선이라는 것은 결코 한 지방색이 아니라 그 자신이 그의 개성을 충분히 살릴 무용의 기초라는 의견을 실증"했다는 점에서 그녀의 "조선무용과 창작무용은 동일한 모체에서 생겨난 쌍생아"라고 평가했다(최승희 1937: 90~2).

46 예컨대 1946년 《뉴욕타임스(*The New York Times*)》의 무용평론가인 존 마틴(John

그러나 당시로는 드물게 일본은 물론이고 세계 순회공연을 통해 조선인의 명성을 드높인 최승희에 대한 조선인의 긍지와 자부심은 대단했다. 중국의 조선족 무용평론가인 최봉석은 1942년부터 여러 차례에 걸쳐 주로 만주 지역을 순회한 최승희의 중국 공연에서 현지의 조선인들은 최승희를 '우리 민족의 꽃', '세계적 무희'로 불렀다고 증언한다. "춤을 잘 추고 미인이라는 점도 있었지만 그토록 눈물을 흘리게 되고 박수를 치는 것은 그 춤을 통해서 나라는 없지만 우리 민족은 살아 있구나 하는 것을 깨닫게 되었기 때문"이었다. 옌볜의 조선인들은 정치에서 이준과 안중근, 체육에서 손기정과 함께 예술에서 최승희를 '민족의 영웅'으로 일컬으며 자랑스러워했다는 것이다(정병호 1995: 208, 375). 일제의 패망이 짙어가던 1944년 1월 27일부터 2월 15일 사이 도쿄의 제국극장에서 20일 동안 무려 23회에 걸친 제2차 최승희 독무(獨舞) 공연에서 나타난 조선인들의 반응 또한 이채롭다.

전시 동원기의 막바지임에도 불구하고 회마다 대만원을 이룬 이 공연에서 독일, 이탈리아의 '동맹국' 대사나 일본 군부의 주요 인사들이 2층을 차지하고, 조선인들의 대부분은 3층에 자리 잡았다. 최승희의 등장과 함께 뒷좌석에 앉은 조선 사람들은 "일제히 조선말로 최승희를 성원하는 함성"을 지르면서 열렬하게 환호했다. 정병호는 이러한 반응은 "성원이라기보다는 최승희가 휘두르며 추는 검무에 맞춘 민족의 함성으로 보였"으며, "아마 그때 이 공연을 본 일본 사람들치고 공포감을 느끼지 않은 사람

Martin)이 쓴 무용안내서인 《댄스(The Dance)》를 보면 최승희는 하와이나 중국, 일본의 민속무용가와 함께 소개되고 있는데, 이 사진에서 최승희는 한복을 입고 장구를 맨 상태에서 왼쪽 버선발을 살짝 치켜든 춤동작을 하고 있다. Martin 1946: 22 참조.

이 없었을 것"이라고 말한다(정병호 1995: 229~30, 375). 해방 이후 재일 조선인 작가 김달수(金達壽)는 최승희의 무대는 세계였다고 하면서, "그 여자가 존재한다는 것은 그 자체가 우리들에게는 하나의 희망"이었다고 회상한 바 있다(김달수 1981: 246~7; 정병호 1995: 377).

이처럼 무용가로서 최승희가 높은 명성을 얻은 것은 조선 고유의 정서와 전통을 단순히 민족의 범위에 그치지 않고 동양과 나아가서는 세계 차원으로 고양했기 때문이다. 세계 공연을 앞두고 〈형제에게 보내는 글〉에서 최승희는 '민족무용의 양식화'를 통하여 "동양적인 빛(色)과 냄새(향기)를 캐내어 보고 찾아" 봄으로써 근대무용과 민족무용의 거리를 단축해 보겠다는 포부를 밝히고 있다. 세계무대에서 "세계 각국의 모든 무용을 똑바로 배"워서 그 안에서 "나의 무용의 창조성을 발견하고 자립성을 밝"힘으로써 "조선무용의 민족무용으로서의 양식화를 세계인에게 보"이겠다고 하면서, 그녀는 "지금부터 벌써 나의 전신의 근육은 긴장되고 있"다는 말로 글을 맺었다(최승희 1937: 65~7). 세계 공연을 마치고 귀국한 직후인 1941년 1월 도쿄에서 가진 《삼천리》 기자와의 인터뷰에서 최승희는 세계 순회공연에서 서양의 비평가들이 "순 서양춤 추는 것을 좋아하지 않고 동양의 문화, 동양의 색채, 냄새를 띤 동양춤"에 주목하는 경우가 많았다는 점에서, "본국 있을 때에 알지 못했던, 깨닫지 못했던 동양 정서를 많이 발견"하게 되었다고 말한다.[47]

이 시기 이후 최승희는 조선과 일본, 중국을 포괄하는 동양무용의

47　이러한 점에서 대개의 무용가들이 구미 공연에서 서양춤을 수입해 오는 것이 보통인데 자신은 반대로 동양춤을 수입해 왔다고 언급하고 있다(최승희 1941a: 214).

정립을 지향하고자 했다. 정병호는 1941년부터 1945년에 걸친 최승희의 공연은 동양무용, 조선무용, 일본무용의 차례로 안배를 했다고 지적한다. 고도의 예술성을 통하여 조선의 선(線)과 중국의 형(形), 일본의 색(色)을 조화시킨 동양의 무용 예술을 창작하고자 한 것이다.[48] 동시에 이는 일제에 의한 전쟁 협력의 강요를 회피하는 최승희 나름의 소극적인 대응 방식이기도 했다. 전시 동원과 협력의 광기에 찬 분위기에서 그녀는 이러한 정치와 예술 사이에서 아슬아슬한 줄다리기를 하면서 동양무용의 정립을 표방했다. 중국에 주둔한 일본군 위문 공연이나 앞에서 언급한 1944년 초의 제국극장 공연 등에서 보듯이 그녀는 동양의 불상이나 벽화, 전설, 비극과 같은 고전 양식을 소재로 동양예술의 미학과 작품성을 구현하고자 했다.[49]

그러나 일제 말기 시련의 시기에 최승희가 민족을 '배반'하고 친일 행위를 노골화한 것도 사실이었다. 세계 공연에서 돌아온 이후 최승희는 메이지신궁과 야스쿠니신사를 참배하고 '무용보국'을 맹세하는가 하면

---

[48] 정병호 1995: 204, 235. 선과 형, 색이라는 동양 3국의 이러한 특성화는 선의 아름다움에 근거하여 조선의 미학을 비애미로 규정한 야나기(柳宗悅)에서 비롯된 것이다. 그는 자연으로 대표되고 역사로 표현되며 예술로서 구현된 세 나라의 특성을 다음과 같이 서술한다. 즉 "대륙과 섬나라와 반도─하나는 땅에 안정되고, 하나는 땅에서 즐기고 하나는 땅을 떠난다. 첫째의 길은 강하고, 둘째의 길은 즐겁고, 셋째의 길은 쓸쓸하다. 강한 것은 형태를, 즐거운 것은 색채를, 쓸쓸한 것은 선을 택하고 있다. 강한 것은 숭배되기 위하여, 즐거운 것은 맛보이기 위하여, 쓸쓸한 것은 위로받기 위해서 주어졌다"는 것이다(柳宗悅 1994(1922): 92~3; 이주미 2007: 352).

[49] 정병호 1995: 382, 387. 이미 언급한 무라야마 도모요시는 1957년 6월 11일 《아사히신문》에 기고한 글에서 이러한 사정을 다음과 같이 밝히고 있다. "태평양 전쟁이 치열할 때에 다른 무용가들은 전부 국책에 순응하여 전의 앙양을 위한 무용을 하였는데, 최승희는 이러한 것을 거부하였을 뿐만 아니라 그러한 춤을 하나도 추지 않았다. 자기 혼자서 제국극장에서 24회 공연을 계속할 때에도 프로그램에 국책적인 작품은 하나도 포함시키지 않고 조선무용이나 동양의 불교적인 춤만 추었다"(정병호 1995: 241).

신작 무용공연의 첫날 입장료 전액을 군부에 헌납하고, 침략 지역의 일본군 위문 공연을 하는 등 "마침내는 조국이 일본인양 노골적인 친일 발언과 행동"을 했다(정병호 1995: 189, 410~1). 그럼에도 불구하고 정병호는 이 시기 최승희의 춤은 "우리 민족에게 어둡고 절망적인 생활을 극복하는 힘과 용기를 주었고 일본의 문화 침략과 문화 말살에 대항하는 힘이 되었다"고 지적한다.[50] 나아가서 최승희는 일제 강점기의 전시 동원과 전후 냉전 체제가 공고화되기 이전의 시점에서 한국과 일본, 중국, 북한의 여러 나라에 걸치는 초국적(transnational)의 생활을 영위했다. 이러한 점에서 그녀는 친일과 항일, 반공과 친공이 교차하는 특수한 상황에서 예술을 매개로 그러한 구분을 넘나들면서 때로는 그것을 넘어서는 삶을 살았다. 이러한 점에서 최승희는 단순한 민족주의의 차원을 넘어서서 초민족주의 혹은 세계주의를 지향했다고 할 수 있는 것이다.[51]

50　정병호 1995: 396. 최승희의 중국 제자로서 베이징무도학원 원장이자 무용가협회의 부주석을 지낸 무용가 리쩡이(李正一)는 최승희가 "민족의 혼을 매우 중시"했다고 하면서 그녀의 무용은 "관중들로 하여금 민족 품격을 느끼게 할 뿐만 아니라 풍부하면서도 새로운 시대감을 느끼게 한다"고 평가한 바 있다(정병호 1995: 298).

51　정병호는 최승희가 "국가주의마저도 좁은 생각으로" 간주하고, "세계 제일, 세계 정복, 세계 동포주의의 생각을 한, 세계인적 성품이 강한" 사람으로, 그녀의 사상이 21세기를 지향하고 있었다고 평가한다(정병호 1995: 370).

제5장

。

사랑과 결혼

사랑과 결혼, 그리고 가족을 주제로 한 이 장의 등장인물들은 일정한 특성을 공유한다. 그것은 동시에 일정 범위에서는 이 시대 근대 지식인 여성들에게서 나타난 공통점이기도 했다. 사랑과 성, 그리고 결혼의 주제는 이념의 지향에 따라 각기 다른 지향과 가치를 가지는 것임에도,[1] 아마도 최승희와 임순득을 제외한다면 이 책에 등장하는 여성들 대부분이 자유주의 계열로 분류될 수 있다는 점에서 이들 등장인물이 공유하는 속성은 더욱 동질성을 띠었다. 예컨대 이들은 당대 여성의 대부분이 중매결혼을 한 것과는 달리 연애결혼의 방식을 선택했으며, 또한 대부분의 근대 여성들에 비해 상대적으로 늦은 나이에 결혼했다. 그런데도 이들은 동시에 당대의 여성들과 마찬가지로 가부장제나 현모양처와 같은 전통의 일정한 계승자이자 구현자를 자임했다. 이러한 점에서 비록 이들 대부분이 자신의 의지와 사랑에 따른 결혼을 했다고는 하더라도 연애와 결혼에 대한 이들의 인식과 반응은 복합적이고 때로는 모순적인 성격을 띠었다.

김필례가 이른바 '연애'라는 사건에 부딪힌 것은 1908년 9월 일본 도쿄여자학원 중등부에 편입하여 공부하던 시절이었다.[2] 입학 이후 나간

---

1 김경일(2012)의 제4장에서 모성이나 제5장의 현모양처의 이념, 혹은 제6장에서 정조에 관한 보수주의와 자유주의, 급진주의 및 사회주의·공산주의의 상이함이 좋은 사례이다.

2 도쿄여자학원은 서울의 연동여학교와 마찬가지로 미국 북장로교 선교부에서 세운 학교

조선인 교회에서 그녀는 "한결같이 사랑을 고백하는" 남학생들로부터 편지나 소포를 받았다. 바야흐로 자유연애의 시대였고 이 사조의 중심지인 도쿄에서 비록 식민지의 조선인 유학생이라고 해서 이 조류를 비껴가지는 않았다. 이들 중에서 특히 기숙사 면회실까지 찾아올 정도로 그녀에게 적극적인 학생이 있었는데, "지금 우리나라 형편에 일본까지 와서 젊은 남녀 학생들이 한가로이 연애나 하고 있을 때"가 아니라는 김필례의 말에 그냥 돌아서고 말았다(이기서 2012: 68). 적어도 김필례에게 사춘기의 젊은 감정은 민족에 대한 자각과 시대에 대한 소명감을 이겨내지 못한 것이다.

엄격한 남녀 분리 원칙을 고수한 당시의 학교 체제와는 달리 교회는 남녀 학생이 자유롭게 어울릴 수 있다는 점에서 근대 연애를 둘러싼 여러 가지 사건들과 소문, 뒷말 등이 생겨나서 떠도는 거의 유일한 공공의 장이었다. 김필례는 "눈에 띄기만 하면 따라다니면서 치근덕거"리는 남자 유학생들의 연애 공세를 "견딜 수 없는 괴로움"으로 표현했다. 고심 끝에 그녀는 일본인 교회로 출석 교회를 바꾸었지만, 일본인 교회라고 해서 다르지는 않았다. "자유연애론을 신봉하고 애정 문제는 형식의 굴레를 벗어나고자 하는 경향이 농후"해서 "마음 맞는 남녀끼리 잘 어울"리는 교회의 분위기에서 반주자로 뽑힌 여학생들이 "남녀 관계로 말썽을 일으켜" 적당한 반주자를 물색하는 것도 힘든 시대였다. 연애에 절대 휩쓸리지 않을 것이라 해서 반주자로 선정된 김필례가 예배를 마치고 집으로 돌아올 때 옷소매에 "분홍 봉투, 흰 봉투, 꽃봉투가 주렁주렁 달"릴 정도로 구애를

였다. 연동여학교를 졸업하고 같은 학교에서 교사를 하던 김필례가 이 학교를 신뢰한 이유이다 (이기서 2012: 67).

받았다는 일화[3]도 이러한 사조의 한 단면을 보이는 것이었다.

일본 유학을 마치고 귀국해서 1916년 봄부터 정신여학교에서 교편을 잡던 시절에 나이는 들었지만 신여성이라는 점에서 김필례는 여기저기서 청혼을 받았다. 한번은 이 왕가의 청년이 청혼을 해 왔다. 김필례는 결혼을 하려면 신부될 사람이 어떤 일을 하고 싶어 하는지 알아야 할 것이라고 하면서 "나는 내 뜻으로 삽니다. 교육사업, 사회사업, 교회사업도 할 겁니다"는 뜻을 이 청년에게 밝혔다. 그러면 자연히 서민들하고도 어울릴 것 아니냐고 반문하면서 이해할 수 없다는 듯이 말하는 청년에게 그녀는 자신은 모든 사람이 "하나님의 품 안에서 평등하다고 믿"으며, 따라서 "양반 상놈이 구분되어서는 안" 되고, "누구든지 사람답게 살 권리가 있"다고 말했다. 마치 성경에서 부자에 대한 예수의 일화와 같이 실망한 이 청년이 돌아선 것은 물론이다.

이처럼 "자신의 생활 철학, 이념을 실현시켜 줄 수 있는 사람"을 배우자로 선택하고자 한 김필례는 어느 날 광주 기독병원에 근무하던 최영욱으로부터 정식으로 결혼하자는 정중한 제의를 받았다. 몇 년 전 도쿄 유학 중 잠깐 귀국해서 어머니가 있던 광주에서 방학을 보내던 김필례가 기독병원에서 수술을 받은 일이 있었는데, 세브란스 의학전문학교 학생인 최영욱은 이 병원에서 실습을 하고 있었다. 병원에서 수술 받을 때 "반했다"는 어머니의 권유도 있고 해서 김필례는 정식으로 만나보고 결혼을 결심한다. 결혼할 때까지 최영욱은 주말이면 광주에서 서울로 올라와

---

3   조선인 교회에서와 마찬가지로 그녀는 집에 돌아오자마자 봉투를 뜯어보지도 않고 아궁이에다 던져 버렸다고 한다(이기서 2012: 86~8).

"서로 만나 데이트를 즐"기면서 미래를 설계했다. 1918년 6월 28살의 한참 늦은 나이에 그녀는 연동교회에서 결혼식을 올렸다(이기서 2012: 95~7).

흔히들 결혼은 연애의 무덤이라고 한다. 사랑하는 것과 실제로 사는 현실은 다르기 때문이다. 전기는 결혼 이후 김필례와 배우자의 관계를 직접 묘사하고 있지는 않다. 다만 그것을 짐작할 수 있는 일화를 찾을 수 있을 따름이다. 하나는 결혼 후 1919년 태어난 첫아들의 죽음이다. 김필례가 큰 슬픔에 잠긴 것은 물론이지만, 최영욱은 그에 못지않은, 아니면 적어도 겉으로 보기에는 그보다 더한 충격을 받은 것으로 보인다. "완전히 다른 사람이 되어 … 방문을 걸어 잠그고는 좀체 바깥으로 나오지"도 않고, "가족들과도 이야기하지 않은" 상태에서 1달 정도를 지낸 그는 "가족도 병원도 다 팽개치고 미국 유학의 길을 훌쩍 떠나고 말았다"(이기서 2012: 123~5). 김필례는 아들을 잃고 남편마저 기약 없이 떠나버린 고통의 시간을 홀로 견뎌야 했다. 아들을 잃은 시련은 부부 모두에게 닥친 일이었지만 그 반응과 대응은 불평등의 양상을 띤 것이다. 1922년 여자기독교청년회(YWCA) 조직을 위해 진주의 선교사 집에서 한 달 남짓을 머무르면서 남편이 아내를 "지극정성으로 보살"피는 "감동적인 장면"을 본 김필례가 한국 여성의 생활상과 견주어 "참을 수 없는 울분"을 느낀 것도 그 연장에서 생각해 볼 수 있을 것이다.[4]

황애덕의 경우 어릴 때 집안에서 정혼한 남자의 아버지를 직접 찾아가 담판을 해서 약혼을 파기한 일화는 이미 앞의 제2장 '4. 삶의 전기'에

---

4 이기서 2012: 151~1. 전기에서 이러한 언급을 하거나 혹은 시사하고 있지는 않다. 오히려 "하루 빨리 YWCA를 설립하여 인간다운 삶을 살 수 있도록 해 주어야" 한다는 전기다운 해석이 있을 따름이다.

서 언급한 바 있다. 당시로는 상상하기 어려운 단호하고도 대담한 방식으로 가부장의 결정과 독단에 의한 전통의 혼인 방식을 거부한 것이다. 1925년 이화학당을 졸업하고 같은 학교에서 사감 겸 교원으로 가르치면서 그녀는 남녀의 자유로운 교제를 마다하지 않았다. 이와 관련해서는 한 일화가 있다. 황애덕이 남자 선생들과 영화를 보러 갔는데, 이 소문을 들은 아펜젤러 교장이 그녀를 불러 남자 선생들과 영화를 보러 갔다고 해서 품행을 의심하지는 않는다고 하면서도 "아내 있는 남자와 동행하지 않"는다는 미국 풍속에 빗대어 그녀에게 주의를 환기했다. 이에 질세라 황애덕은 "우리나라에서는 총각하고 다녀야 소문이 나"고, 오히려 "아내 있는 남자면 더 안심"한다고 대꾸한다. 미혼의 젊은 남녀가 함께 다니며 교제하는 일이 소문 거리가 된다는 황애덕의 말은 당시의 분위기를 전한 것이지만, 그렇다고 해서 아내 있는 남자면 더 안심한다는 대꾸에는 젊은 시절 황애덕 특유의 선교사에 대한 비판과 반발 의식이 묻어나고 있다. 그런데도 총각과의 교제는 '자유'이지만, 유부남의 아내는 아마도 기뻐하지 않을 것이라는 아펜젤러의 말에 황애덕은 금방 수긍하고 있다(박화성 1966: 116).

1928년 6월에 미국 유학을 마치고 귀국한 황애덕은 37세의 나이에 교육과 농촌계몽 운동을 비롯한 사회 활동을 시작했다(박화성 1966: 152~3). 1930년 자신이 일하던 감리교여자신학교 강당에서 그녀는 자신에게 "집요하게 결혼을 요청"한 박순(朴順)과[5] 결혼했다. 무려 39세의 늦

---

5 박화성의 전기 뒤 부분의 회고에서 남편의 이름이 박순이 아닌 박순보로 언급되고 있다(박화성 1966: 281).

은 나이였다. 이처럼 늦은 나이에 그녀가 결혼을 결심한 동기로 박화성은 고국으로 돌아와서 자신이 살 집을 지을 때 혼자 힘으로 무척이나 벅차고 고달팠다는 사실과 더불어 친한 친구인 김영순이 "먼저 결혼생활에 들어가 버린 허전한 고독감이 작용"했다고 진단한다(박화성 1966: 168). 황애덕의 자서전은 결혼생활에 대하여 더 이상의 자세한 내용을 전하고 있지 않지만[6] 결혼한 지 2년 후에《삼천리》의 설문에 대한 황애덕의 응답은 그에 대한 단면을 엿볼 수 있게 한다.

이 잡지는 지식인들 사이에서 결혼 후 몇 년 되지 않아 이혼이 잦은 당시의 사회 현실을 염두에 두고 이에 대한 새로운 대안으로 미국에서 시행되는 시험 별거를 소개하면서 그에 대한 각계 인사의 의견을 묻고 있다. 흥미로운 것은 8명의 응답자 중에서 황애덕을 제외한 나머지 7명 모두가 이에 대해 부정하거나 비판하는 의견을 밝힌 데 반해[7] 황애덕은 그와 정반대로 그에 공감을 표명하면서 적극 지지했다는 사실이다. "아무리 좋은 음식이라도 싫은 때가 있고 좋은 보물이라도 늘 들고 있으면 싫증이 나는데 부부 생활인들 왜 싫증이 생기는 때가 없겠"느냐고 반문하면서 그녀는 그러므로 "서로 이해하던 부부 사이라면 권태기에 있어서만 서로 갈라져 있는 것이 퍽 좋은 방법이라고 생각"한다고 말한다(황애덕

---

6   박화성은 황애덕의 남편에 대해 자세히 언급하지 않고 다만 "중국에서 돌아 온"이라고만 소개하고 있다. 결혼한 지 10년이 되던 어느 날 남편 박 씨는 황애덕에게 "아들 형제가 그늘에서 자라고 있다는 사실을 고백"했고, 황애덕은 "처음에는 어안이 벙벙했으나 이윽고 자신이 친히 양육할 결심"으로 집에 데려와서 키웠다(박화성 1966: 174~5).

7   부정의 의견을 가진 7명 중에서 6명은 남성이고 여성으로서 송금선(宋今璇) 역시 이에 동조한다. 다만 송금선은 "혹 이혼이라는 전제 조건을 두지 말고 잠깐씩 부부가 별거 생활하는 것은 흥미 있는 일일 것같이 생각"한다고 부언한다.

1932: 73). 비록 권태라는 사유는 아니라고 하더라도 8년 후 그녀의 남편이 숨겨놓은 아들들이 있다고 고백했을 때 그녀가 별거가 아닌 포용의 길을 택한 것은 이러한 의견에 비추어 보면 아이러니하다.

정신학교를 졸업한 이후 경성여고보에 편입하여 공부를 계속하고자 했던 장선희는 어머니로부터 공부는 그만큼 하고 시집갈 것을 권유받는다. 계속해서 공부할 것을 권유하는 아버지의 지지에 힘입어 그녀는 1년 동안 기예과에서 동양 자수를 공부하고 시집가겠다는 약속을 하고서 원하던 공부를 계속할 수 있었다(단운선생기념사업회 1985: 98). 비록 근대학문을 배운 신여성이라 하더라도 그녀는 남녀 관계에서 다소는 보수적인 의견을 가지고 있었던 것으로 보인다. 애국부인회 지부 활동의 하나로 지방 순회를 하면서 그녀는 물살이 센 냇가를 건너 주는 이른바 월천군(越川軍)의 제안을 거부한다. "처녀의 몸으로 남자의 잔등에 업힐 수" 없다는 이유에서 강물에 휩쓸려갈 위험을 무릅쓰고 혼자 힘으로 거센 물살을 헤쳐 간 것이다(단운선생기념사업회 1985: 128).

장선희가 배우자를 만난 인연은 조금 남다르다. 1920년 대한애국부인회 사건의 제1차 공판이 열렸을 때 그는 병보석으로 출정한 김마리아를 돕던 한 청년을 보았다. "인상 깊은 그 한국 청년의 수고와 정성 어린 헌신에 감사하며" 피의자 신분으로 인사를 나누곤 하던 그녀는 면회실의 애국부인회 동료들 사이에서 "눈으로 마음을 가까이" 하며 미국인 선교사나 한국인 목사를 안내하는 그를 자주 보았다. "연연한 모정 속에 서로 그리움을 간직"하던 그 청년은 대구에서 미국 선교사 브해리 목사의 서기로 일하는 오학수였다(단운선생기념사업회 1985: 229~30). 대구 교도소에서 2년을 복역하고 1922년 5월 장선희가 가출옥하자마자 오학수는 그녀가 잠시 머물던 황해도 재령으로 "단숨에 달려" 왔다. 구혼을 위한 방문이었지만 장선희가 일본 유학을 계획하고 있다는 말을 들은 오학수는 장선희의 큰 오빠인 장인석에게 결혼 문제를 상의한다. 여동생이 유학을 다녀와서 결혼하면 된다는 장인석의 말에 그때까지 기다릴 수 없다는 오학수에게 장인석은 함께 유학을 가기를 권한다. "봄 아지랑이처럼 아른거"리는 첫 모습을 떠올리며 "설레는 마음"으로 장선희는 오학수를 떠나보냈다(단운선생기념사업회 1985: 239~41).

같은 해인 1922년 12월 장선희는 도쿄여자미술전문학교 자수과에 입학했다. 오학수는 유학 중의 장선희에게 "열렬한 사랑의 편지"를 보냈으며, 장선희도 "애틋한 사랑의 편지"로 화답했다. 1923년 장선희가 특별시험으로 자수과를 졸업하고 같은 학교 미술과(동양화)로 편입하던 때를 즈음하여 오학수는 브해리의 추천으로 고베의 신학교로 유학을 와서 신학을 공부하게 되었다. 도쿄와 고베에서 편지를 주고받기도 하고, 주말에는 서울과 광주를 오갔던 김필례와 비슷하게 서로 번갈아 두 곳을 오가며 만난 두 사람은 "사랑과 젊음을 불태웠다". 장선희의 전기에서 허근욱은 "조국 독립을 기원하는 소망 속에 맺어진 두 사람의 사랑은 동지와 같이 깊은 정신적인 유대로 이어졌다"고 썼다(단운선생기념사업회 1985: 244~6). 1924년 봄 도쿄여자미술전문학교 미술과를 졸업한 장선희는 이제는 목사가 된 오학수와 함께 귀국했다. 오학수는 장선희의 오빠인 장인석을 만나 정식으로 청혼을 했다. 그로부터 2년 후인 1926년 3월 10일 34살의 늦은 나이에 장선희는 황해도 재령읍 예배당에서 오학수와 결혼했다(장선회 단운선생기념사업회 1985: 250~1).

앞의 제3장에서 신애균이 향리인 함남 차호의 사설 여학교에 다닐 때 여성의 애국심과 희생정신을 강조하는 교육을 받았다는 언급은 이미 한 바 있다. 신애균은 "남학교 졸업생이지만 혼자서 많이 독서를 한 애국지사"로서, 일제가 조선을 강제로 병합하자 "우리의 땅에서 살면서 자유를 잃고 온갖 착취를 당하게 되었으니" 원통하다고 통곡을 하던 이 선생님을 존경하고 따랐다. 어느 날 그는 학생들에게는 알리지 않고 교장에게만 "멀리 공부하러 간다"고 고국을 떠났다. 나중에 그녀는 그가 "독립군이 있는 동만주 깊숙이 들어갔다"는 소문을 전해 들었다(신애균 1974: 4004). 장소를 옮겨가며 교사가 자꾸 바뀌는 와중에도 그럭저럭 배워가며 1년을 보낸 다음 해 봄의 어느 날 신애균은 다시 돌아와서 강단에 선 이 선생님을 보았다.

이 해 봄에 신애균은 군에서 개설한 잠업강습소에서 수강생을 모집한다는 소식을 듣는다. 수료 이후 양잠학교의 선생으로 가르칠 수 있다는 아버지의 말과 "우리 민족은 무엇이나 새로운 것을 배워야 독립해도 잘 살 수가 있다"는 이 선생님의 권유에 힘입어 신애균은 입학을 결심했다.[8] 군청에 가서 필요한 수속과 아울러 보증인 역할을 하는 등 수고를 아끼지 않은 선생님과 함께 신애균은 마을에서 군까지 30리 길을 함께 오갔다. 돌아오는 먼 길에 요기도 하고 지친 다리도 쉴 겸 두 사람은 냇물이 흐르는 길가에 함께 앉았다.

이름 모를 새들이 왔다 갔다 날아다니며 지저귄다. 나비도 첫봄에 첫

---

8 그러나 자신은 양잠보다도 서울에서 양잠학교를 마치고 온 동네 언니의 "몸차림, 몸가짐 그런 것에 더 호기심이 갔다"고 말한다(신애균 1974: 49).

나비, 흰 나비였다. 흰나비를 처음 보면 부모님께 나쁘다는 말이 생각나서 안 보려고 눈을 감았다. 그러다가 눈을 뜨면 또 날아든다, 나는 또 눈을 감았다. 그때 선생님이 내 이름을 나직이 부르신다. […] '내 나이는 벌써 다 지나갔다고 생각해도 과언이 아니지만 네가 더 나이 먹고 다 크기를 기다리겠다. 그러니 네가 고구려의 온달 처와 같이 나를 생각해 준다면 …' 하고는 뚫어져라 보면서 대답을 기다린다. 나는 천만뜻밖의 말이라 앞이 깜깜했다. 열세 살 밖에 안 된 소녀로서 어슴푸레 알 것 같기도 하고 한 문제가 돌연 절박한 현실로 닥치고 보니 거절도 대답도 못 하는 불쌍한 처지에 빠지고 말았다. 제 나이 다 먹고 제 철이 들었어도 갑자기 묻는 그런 질문에 대답보다는 생각이 필요할 텐데 솜털도 벗지 못한 주제에 무슨 말이 있겠는가(신애균 1974: 51).

전혀 예상하지 못한 장소에서 존경하는 선생님으로부터 뜻밖의 구혼을 받고 당황한 그녀는 "나는 여전히 선생님으로 존경하는 태도 그대로 가지자"고 겨우 생각을 다잡았다. "미련한 마음에도 겨우 이렇게 마음을 정하고 일어서서 먼저 걸었다"고 그녀는 회고한다. 어둡기 전에 집에 들어가기 위해 서둘러 앞장선 그녀를 따라 일어선 선생님은 슬그머니 신애균의 손을 쥐었다. "뿌리칠 수도 없어서 얼마 동안 그대로 걸"었지만 "앞에 길손이 나타날 때 손은 스스로 풀렸다"고 하면서, "선생님은 아마 내가 대답은 하지 않아도 좋게 생각하는 줄로 착각하는 모양"이라고 그녀는 말한다(신애균 1974: 52).

양잠학교에서 기숙사 생활을 하다가 두 번째로 외출하여 차호로 돌아온 신애균에게 언니는 바느질 그릇에서 편지를 찾아 건네주었다. 그녀는 "반가움보다도 겁이 나고 싫은 생각"이 들었지만 봉투가 이미 뜯어진 것을 보고 "당황하고 불쾌한 마음"이 들어 오빠 친구가 보낸 거라고 언니에게 둘러대었다. "너는 아직 어린애야, 엄마에게 말씀해야 돼"라고 말하는 언니의 말을 귓전으로 넘겨들으며 그녀는 아무도 없는 뽕나무밭에 들어가서 편지를 읽었다. "온달 처와 같이 가난한 자기를 사랑하고 외로운 어머니를 잘 모시고 한국의 현모양처로 돼 주기 바란다"는 내용이었는데, "나이가 좀 더 들었으면 몰라도 아직 14세의 어린 소녀"로서 "더 배우고 싶은 마음뿐"인 신애균에게 이 말이 들어올 리가 없었다. "이렇게 단도직입적으로 성급히 볶아치니 그 높디높던 선생님이 그만 뚝 떨어져 보통 이하로 여겨"져서 "훌륭한 선생님으로 모셨던 마음까지 산산조각으로 깨어졌다".[9]

몇 년 후 성진의 보신여학교에서 공부할 때도 신애균은 또 다른 청혼을 받았다. 3학년 1학기의 어느 날[10] 교장의 호출을 받고 교장 댁으로 간 그녀는 "너를 원하고 사랑하고 싶다는 남자가 있다면 결혼을 하겠"느냐는 질문을 받았다. 뜻밖의 질문에 어리둥절해 하면서도 그녀는 정신을 차리고 "아직은 아무 생각 없는 어린애"라고 하면서 완곡하게 거절의 뜻을 밝혔다. 아직 결혼할 시기가 아니라는 것과 "나라 찾는 일"과 공부를 더 해야 한다는 이유에서였다. 신애균은 교장이 친형제처럼 사랑하는 미혼

9　신애균 1974: 54~7. 나중에 1917년 3월 신애균이 영생고등여학교를 졸업하고 집에서 독서로 소일하고 있을 때 그 교사가 만주, 해삼위(블라디보스토크) 등지에서 독립군으로 활약하다가 돌아왔다는 소식을 들었지만 "일부러 찾아뵙지는 않"았다(신애균 1974: 80~1).

10　자서전에 연도가 나와 있지는 않으나 1915, 6년 무렵으로 추정된다. 당시 보신여학교의 교장인 맥애련(Mair McEachern)이 함흥의 영생여학교 교장으로 가게 되었다는 언급이 나오기 때문이다. 맥애련이 영생여학교 교장으로 취임한 해는 1916년이었다.

의 선생이 교장에게 부탁을 했다고 짐작했다. 이전에 교회의 장로를 통해서 그녀의 아버지에게 청혼을 한 일이 있었기 때문이다. 이 일로 말미암아 그 장로는 "주의하라는 편지를 보낸 일도 있었"다(신애균 1974: 74~5).

이러한 에피소드 끝에 신애균이 마침내 배우자를 만난 이야기에는 다소 극적인 요소가 있다. 1917년 3월 함흥 영생여학교를 졸업하고 이듬해인 1918년 3월 차호에 설립된 보신여학원의 교사로 일하던 신애균은 3·1운동의 여파로 아버지가 경찰에 잡혀가고 뒤숭숭하던 1919년 4월의 따뜻한 봄날 오후 노아력(A. Russell Ross) 선교사의 방문을 받았다. 어머니와 마주 앉아 쌍방망이질에 열중하던 그녀는 이때 노아력 선교사와 함께 순회조사(巡廻 助師)로서 성진 지역 각 교회를 순방하던 현원국을 처음으로 만났다. 나중에 현원국은 그녀에게 "정신이 팔려 정신이 없었다"고 고백했다. 성진으로 돌아간 현원국은 신애균의 아버지가 석방되기를 기다려 중간에 사람을 넣어 청혼을 했으나 거절당했다.[11] 이후 신애균이 성진 보신여학교로 전근되고 아울러 같은 교구인 욱정교회 주일학교 교장을 맡게 되면서 두 사람은 자주 만나게 되었다.[12]

이 무렵 신애균은 블라디보스토크에서 온 이한숙이라는 여성의 방문을 받았다. 소학교밖에 나오지 않았지만 성진에서 첫째가는 갑부의 후처로 들어갔던 이한숙은 "아버지 같은 나이에 쇠장꾼 같은 사나이"와

11　현원국은 부인과 사별한 홀아비로서 아들도 있었다(신애균 1974: 102~4).

12　신애균 1974: 99~100. 그러나 사실 두 사람의 인연은 3년 전으로 거슬러 올라간다. 함흥 영생학교에 다니던 시절 섶진에서 온 학생들은 수학 교과서가 없어서 영생중학교 학생들이 쓰고 난 책을 나눠 받아서 쓰고 있었는데, 신애균이 받은 책이 바로 현원국이 쓰던 책이었다(신애균 1974: 78).

"정도 없이 몇 해를 살"다가 이혼을 하고 블라디보스토크로 가서 공산주의자가 되어 모종의 임무를 띠고 돌아왔다. 신애균은 당시 그런 사정을 전혀 몰랐고 또 설령 눈치를 챘다고 하더라도 묻지도 않았을 것이었다.[13] 학생 시절 신애균과 함께 주일학교 선생을 한 인연도 있기도 해서 언니 뻘 되는 이한숙은 신애균과 같은 기숙사에 있기를 원해서 두 사람은 한 방에서 지내게 되었다.

이렇게 해서 세 사람이 자주 어울리는 가운데 신애균은 이한숙이 현원국을 은근히 마음을 두고 있었다는 사실을 알게 된다.[14] 그러나 현원국이 자신보다 신애균을 좋아한다는 사실을 알게 된 이한숙은 마음을 바꾸어 두 사람의 결합을 적극 돕기로 작정한 듯하다. 서울로 블라디보스토크로 며칠을 돌아다니다가 돌아온 밤에 이한숙은 이제 마음을 정리한 듯했다. 데려와서 키우려고 작정한 아이를 "나 혼자 기르기는 정말 힘들 것 같"다고 신애균에게 말하는가 하면, "마음속으로는 헐뜯고 싶으면서도 그것을 숨기고 칭찬하려는 듯한 기색"을 신애균이 느낄 정도로 신애균 앞에서 현원국을 추켜세웠다.

---

13 두 사람은 "그렇게 한 방에서 뒹굴면서 산책도 같이 하고 각종 회의장에도 같이 다"니면서 친하게 지냈지만 이한숙이 그러하듯이 신애균은 자신의 애국부인회 활동을 전혀 이야기하지 않았고, 이한숙 역시 눈치는 챘을 것이면서도 한 마디도 묻지 않았다. 이처럼 서로의 비밀을 알고 있으면서도 모른 체하고 편하게 지내면서 두 사람은 우정을 쌓아갔다(신애균 1974: 109).

14 지인에게 맡겨 기르던 현원국의 아들을 지인의 부인이 임신을 해서 기르지 못하게 되자 이한숙은 자기가 데려다 키우겠다고 나섰다. 현원국이 허락을 했냐는 신애균의 물음에 "망설이기는 하더라만 맡길 데가 없으니 주지 않고 어쩌겠"냐고 "싱글벙글 좋아"하는 이한숙을 보고 신애균은 두 사람 사이에 "깊은 관계가 있는 것이 아닌가 싶었"다고 적었다(신애균 1974: 101~2).

그로부터 한숙 언니는 간접적이나마 전선을 펴기 시작했다. 결혼관, 사상 문제, 독립 문제, 신앙 문제 등 자기네 둘만이 거닐면서 나누던 화제에 나를 끼워 넣으려고 애썼다. 구례선네 언덕 아래 바닷가, 쌍포 고개 언덕 위, 마천령 가는 길옆 산골짜기, 이런 곳들을 산책하면서 우리 세 사람은 이야기의 꽃을 피웠다. 그 기회에 나는 배울 것이 많았다. 한숙 언니의 폭넓은 상식에 놀라기도 했다. 그러나 현선생은 사상 문제에 관해서는 언제나 조심을 하는 기색이었다(신애균 1974: 104).

그러던 어느 날 신애균의 집을 찾아온 현원국은 "아무래도 가정을 가져야" "몸과 마음이 안정될 것 같다"는 말을 불쑥 꺼냈다. 얼마 전부터 눈치는 채고 있었지만, 신애균과 결혼하고 싶다는 뜻을 은근히 내비친 것이다. 신애균은 "자신이 가정을 가지게 된다 해도 가정 살림만을 할 형편은 되지 못한다"고 하면서,[15] 자신이 현원국과 결혼한다면 "손해를 볼 것만 같다"고 말한다. "결혼이란 사랑이 위주"일 텐데, "자선사업가가 되는 셈 치고 선생님을 돕겠다면 모르겠지만" "아직은 내 마음을 내가 모르겠"다는 것이다(신애균 1974: 98).

그로부터 얼마 후 블라디보스토크로 떠나기로 한 이한숙은 떠나기 전에 동리의 김명수 집사의 집에 인사하러 간다고 함께 가자고 청했다. 집사 부부와 아이들을 보려니 했던 신애균이 부엌문을 들어섰지만 아무도 없었다.[16] 조금 후에 들어온 현원국과 어울려 세 사람이 앉아 두어 마

---

15 "학교 일은 내 지식 정도로는 오래 지속하기 어렵다는 것은 잘 알고 있지만 그래도 야학에서 국문이나 가르치며 후배들을 교육하고 싶은 생각은 버릴 수 없"기 때문이다.

16 이 집은 지역 운동가들이 이따금 아지트로 써 왔는데, 그때마다 김 집사 가족이 집을 비워

디 얘기를 나누다가 슬그머니 나간 이한숙은 한참이 지나도 돌아오지 않았다. 이상하게 여겨서 집안을 살피다가 다시 방안으로 들어온 신애균은 현원국에게 온다 간다 말도 없이 이한숙이 사라졌다면서 "오늘 저녁 무슨 지령을 받는 거 아니"냐고 현원국에게 물었다.

"지령은 여기서 나온다"고 웃으며 말하는 현원국을 깜짝 놀라 쳐다보기만 하는 신애균에게 현원국은 자신이 공산주의자가 아니니까 두려워말라고 하면서 사랑을 고백하고 정식으로 청혼을 했다. 급한 쪽에서 달리 생각해 보는 게 좋을 거라고 대답 아닌 대답을 하고 있는데 부엌문이 열리면서 이한숙이 국수를 냄비에 담아 가지고 왔다. "그제서야 내가 저 언니 술책에 넘어갔구나 생각하니 슬그머니 분해진다"고 신애균은 적었다 (신애균 1974; 106~8). 숙제를 잘 부탁한다는 현원국의 말로 이 멋쩍은 자리는 마감했지만, 기숙사로 돌아와 자리에 누운 신애균은 그날 밤을 제대로 자지 못하고 새벽까지 엎치락뒤치락하면서 날을 새었다. 다음 날 밤 잠을 자려는 신애균에게 이한숙이 말을 걸어왔다.

> 인간에겐 사상운동이랑 독립운동이랑 계몽운동이랑 여러 가지로 할 일이 많지만 또 인간이기 때문에 인생 문제가 무엇보다도 선결 문제야. 그 길을 잘 선택해야 다른 일도 잘 할 수 있을 거야. 흔히 사랑이 있어야 결혼이 있을 수 있다고 요새들 말하지. 그 사랑에도 인간성이 앞서야 해, 사람답지 못한 사람을 사랑하게 되었다면 그 사랑은 길지 못할 거야. 시일이 갈수록 점점 더 사랑이 깊어질 수 있는 그런 사랑이라면 얼마나 좋겠어?

주곤 했다. 이한숙은 저녁에 손님이 있으니 집을 좀 빌리자고 말해 일을 꾸민 것이다.

다시 말하면 사람이 사람답게 되어진 사람이라면 결혼의 대상으로 생각

해 볼 수 있을 거야(신애균 1974: 109).

이렇게 이한숙은 떠나갔고 이해 늦가을 신애균은 애국부인회 일로 경찰에 잡혀가서 12월 중순에야 미결수로 임시 석방되었다. 힘들고 뒤숭숭한 이 시기에 그녀는 "이것도 저것도 못할 바에는 힘들고 고생스러울 결혼이라도 해서 내 인생의 보람을 가져야겠다는 그런 마음이 들었다"고 회상한다. 그러나 문제는 자신이 아직도 현원국에 대해 사랑하는 마음을 느끼지 못한다는 사실이었다. "사랑한다"고 말하지만 "맹목적으로 덤빌 때는 지난 나이였고 인생의 쓴맛 단맛도 몸소 다 체험한" 현원국이 애정보다는 조건이나 환경을 보고 그러한 것이 아닌가에 대한 회의도 들었다고 그녀는 말한다.

그러나 다른 한편으로 결혼이란 "여자에게 가장 아름답고 아늑한 안식처라는 막연한 생각이 내 마음속 깊이 잠재해 있었을 뿐 거기 사랑과 희생과 봉사가 곁들여야 할 줄은 미처 생각지 못했던 것은 아닌가"라고 그녀는 반문한다. 망설임과 회의 끝에 결국 그녀는 바라던 애국부인회 활동이나 상급학교 공부를 포기하고 결혼을 하기로 마음을 굳혔다. "결혼을 해도 사회적인 활동은 여전"히 할 거고, "애국부인회는 형체는 없어졌지만 그 정신만은 이어가야 되겠"고 "야학도 그렇고, 학교 일도 안 볼 수 없"다는 그녀의 말에 현원국은 그건 "당신에게 달렸"다고 하면서 "어찌 되었든 가정적으로 사회적으로 같이 움직이고 같이 살아"가자고 화답했다.

두 사람만의 이야기였음에도 좁은 마을에서 소문은 금세 퍼져 나갔다. 어느 날 저녁 야학에 나간 신애균은 "몇몇 부인들이 수군수군하면서

신통치 않은 표정들"을 하고 있는 것을 못 본 체하고 가르쳤다. 며칠 후에는 북간도에서 과부가 되어 성진으로 재혼해 온 태임이라는 학생이 찾아왔다. 두 사람이 약혼했다는 "이상한 말"을 들었는데 "잘못 들은 거나 아닌지" 물으면서 그녀는 자신의 쓰라린 경험에 비추어 간절히 말리고 싶다고 말했다. 두 사람의 노력으로 잘 될 거라는 말로 신애균은 그녀의 염려를 달랬다. "정말이지 나로서는 한번 마음을 정하고 허락한 일을 후회할 수는 없었다"고 신애균은 적었다(신애균 1974: 112~4). 차호의 부모에게 결혼 1주일 전에 알리기는 했지만 허락의 여부에 관계하지 않고[17] 두 사람은 1920년 1월 12일 밤 7시 욱정교회에서 노아력 목사의 주례로 결혼식을 올렸다.[18] 신애균의 나이 22살 때였다.

나중에 신애균은 방학을 이용해서 아버지에게 인사를 하기 위해 고향인 차호의 친정집을 방문했다. 차호 부두에서 친정집 문에 들어서던 정경을 신애균은 다음과 같이 묘사한다. "우리 부모님이나 형제들이나 그런 가난뱅이 홀아비가 내 딸, 내 동생을 미치게 했으니 아마 신수만은 호걸 남자일 거라고 생각하고들 있는 우리 집에 부부는 들어섰다"고. 이어서 그녀는 "미친년이, 세상에 어디 남자가 없어서 저렇게 졸상이야"라고 화가 나서 말하는 언니의 말을 그대로 옮겨 적었다(신애균 1974: 125~6).

---

17 "시일도 너무 촉박했지만 허락 여부를 물으면 으레 허락할 수 없다고 하실 것이고 공연히 시간만 끌겠기에 일방적으로 통고"하는 글을 보냈다고 그녀는 말한다. "함경도 여성 중에서 몇째 안 가는 딸"로 여기던 부모가 "돈도 없고 집도 없고 앞이 흐린 노모에 어미 없는 아이를 끼고 있는 홀아비"와의 결혼을 결코 허락하지 않을 것이라고 생각했기 때문이다(신애균 1974: 104, 117).

18 "부모님 간에는 문제가 많았던 모양이지만 남들 보기에 체면도 있고 해서 엄마와 오빠는 오시기로 하고 아버지는 너무 화가 나서" 참석하지 않은 결혼식이었다(신애균 1974: 117).

정정화의 결혼은 이 책에 등장하는 다른 여성과는 여러 가지 점에서 구분되는 몇 가지 특성을 보인다. 우선 다른 여성들과는 달리 정정화는 연애결혼이 아니라 부모가 정한 전통 방식의 결혼을 했다. "연로했던 친정 할아버지가 눈 감기 전에 손녀를 시집보내겠다고 고집을 부린 덕에 그때 풍습으로도 어린 나이였던 11살에 결혼"한 것이다(정정화 1998: 18~9). 1910년이었다. 11살의 어린 나이에 결혼한 것도 그러하지만, 어린 나이였고 또 두 사람이 동갑이었기 때문에 두 사람은 부부라기보다는 소꿉친구 사이로 지냈다. 고된 시집살이를 하는 동안에도 정정화에게 남편은 "다정한 벗"이었다(정정화 1998: 21).

해방 이후 조국으로 돌아와서 정정화는 자신이 11살의 나이에 동갑내기인 남편에게 시집왔을 때 "우리는 이성지합(二姓之合)이니 부부유별이니 하는 지아비 지어미의 사이이기 이전에 서로 입술도 비쭉거리고 혓바닥 놀림도 해대는 소꿉동무"였다고 회상한다. "40여 년을 함께 살아오는 동안 아기자기하고 부부간의 애정을 듬뿍 나누어 가지는 그런 사이는 아니었"고, 오히려 다툰 적이 더 많았을지도 모르지만, 그런데도 "동고동락의 40년 세월은 둘 사이를 묶는 어설프고 설익은 애정보다도 더 질긴 끈이었고, 믿음이었으며, 이해였고, 포용"이었다고 그녀는 적었다(정정화 1998: 302).

중국에서 활동한 권기옥은 어릴 때의 꿈인 비행사가 되기 위해 결혼을 생각할 여지도 없는 바쁜 일상을 보냈다. 1926년 26살의 늦은 나이에 그녀는 임시정부의 초대 참모총장을 지낸 유동열을 통하여 이상정을 소개받았다. 이상정은 유동열의 의형제로서 두 사람은 펑위샹(馮玉祥)의 정치자문이자 막료로 함께 활동하고 있었다. "목사 아니면 투사"밖에 보지 못한 망명지 중국에서 문필가이자 화가로 소개받은 이상정은 "무인이라기보다는 문인이나 예술가에 가까운 색다른 개성"을 지닌 사람으로 보였다. 유동열의 부인이 중매에 나서서 1926년 10월 권기옥은 내몽골의 바오터우에서 유동열 가족과 지인만 참석한 가운데 이상정과 단출한 결혼식을 했다.[19] 결혼한 이후 권기옥은 평양의 부모에게 편지로 결혼 사실을 알렸다. "부모님 허락도 없이 혼례를 치러서 죄송"하다면서 배우자는 "독립운동을 하는 동지"라고만 짤막하게 적은 편지였다(정혜주 2015: 165).

최은희가 조선일보 기자로 일하기 몇 달 전에 사랑하는 연인을 잃은 일은 앞의 제2장에서 이미 언급한 바 있다. "애틋한 첫사랑"의 상실에 대한 비탄과 절망의 감정에 사로잡혔다 하더라도 일간지 최초의 여성 기자로서 그녀는 "사회 각 방면에서 두각을 나타내던 신사들"로부터 무수한 청혼을 받았다. 지도층 저명인사들이 소개와 추천을 자처하고 나섰는가 하면 사랑을 고백하면서 직접 청혼을 한 사람도 있었다.[20] 영친왕(英親王) 이은(李垠)이 도쿄에서 귀국하여 창덕궁 인정전이나 주합루(宙合樓)에서 연회를 개최할 때에도 그녀는 '민간 여성대표'로 초대받았다. "은근히 내게 추파를 던지던 젊은 신사들은 천재일우의 기회나 되는 것처럼 그런 틈

---

19 배우자인 이상정은 지인에게 보낸 편지에서 "우연히 이성을 만나 철늦은 연애 생활을 하오니 뉘가 사랑을 예찬했는지? 지금은 번민을 더할 뿐"이라고 하면서, 신부인 권기옥을 "5, 6년 동안 남북 지나에 방황하든 26세의 저물어가는 청춘"이라고 소개했다(정혜주 2015: 163).

20 자서전에서 그녀는 전자의 사례로 9명, 후자로는 3명의 이름을 적고 있다. 비록 이름의 중간 글자가 익명 처리가 되어 있지만, 누구인지를 짐작하기는 어렵지 않다(최은희 1980: 257).

김필례의 결혼사진

장선희는 그녀의 아들인 오상선이 미국에 유학갈 때 조화로 무궁화를 만들어 아들 가슴에 달아 주었다.

최초의 여기자 최은희(좌)와 함께한
장선희(우)

충칭 시절 장정화의 신분증에 붙였던 사진.
충칭시 경찰국의 철인이 찍혀 있다.

한국전쟁 중 외아들과 조카며느리를 남쪽
으로 떠나보내고 돈암동 집에서 홀로 시어
머니를 모시고 있을 때의 정정화

조종사 아닌 사람으로 서울 상공을 최초로 비행한 최은희

노년에 집필하는 최은희의 모습

을 타서 옷감 선사를 보내기에 야단법석이었"다(최은희 1980: 223). "어느 바람둥이 부호 신사"는 프랑스 제품으로 조선호텔에 들어온 단지 두 병의 "비듬 뽑는 머리 향수"를 자신의 애기(愛妓)와 최은희에게 각각 선물했다. 지나간 "허영의 황금시대"를 회상하면서 그녀는 "화살 양산, 단장 우산, 깃 부채, 깁부채 내게 사치를 안겨다 주는 이는 모두 헛물켜는 싱검둥이들이었다"고 말한다(최은희 1980: 232).

그런가 하면 최은희는 1925년 4월에 개최된 조선기자대회 간친회에서 부인기자라는 점에서 "대단한 선물 공세"를 받은 경험을 자서전에 적고 있다. 종로 일대의 상인들이 "그날 입어만 주시면 선전이 된"다면서 비단이나 한산모시 등의 고급옷감이나 화장품, 그리고 기념품 등을 대거 증정한 것이다. 그런데 최은희는 반세기가 넘는 세월이 지난 시점에서도 그 물건들 가운데 십중팔구 "아름다운 시, 꽃봉투의 연서(戀書)"와 같은 편지가 한 장씩 들어 있던 사실을 생생히 기억한다. "미모의 여성도 아닌" 자신에게 쏟아진 무수한 연애편지들을 회상하면서 그녀는 "실로 호랑이 담배 먹을 시절 같은 이야기"라고 덧붙이고 있다(최은희 1980: 122).

여성이면 누구나 결혼을 해야 하는 것으로 알았고 23, 4살만 되어도 '노처녀'로 불리던 시절이었다. 나이든 여성들은 결혼할 상대가 드물었기 때문에 최은희 역시 "이상적 배우자를 그려보"지 않은 것은 아니었다. 그런데도 그녀는 "통혼이 들어오는 대로 퇴짜를 놓았다". 자신의 "허영심을 만족시킬 과대망상"이었을지도 모른다고 하면서도 첫사랑의 연인과 비교해 보지 않을 수 없었기 때문이라고 그녀는 말한다. 이처럼 자신도 "신랑감을 물색하고 주위에서도 서두"르고 있던 어느 날 그녀에게 다음과 같은 일이 일어났다.

어느 날 아침 경성역 앞에서 종로 방면으로 전차를 타고 가려 할 즈음, 너무도 인상적인 청년 신사 한 분이 같은 차에 올라 건너편 자리에 앉는 것을 보았다. 서른 남짓하여 보이는 데 태도가 멋지면서도 경박하지 않고 어질고 교양 있는 용모에 총명하고 다정한 눈, 체격과 차림새가 잘 어울릴 뿐 아니라 고상하고 품위가 있어 보였다. 모자를 쓴 폼이 불란서 유학생이 아닌가 하는 느낌도 있었으나 손에 든 가방으로 보아 그렇지도 않은 성 싶었다. 나는 그에게서 아무 눈치도 얻을 수 없었다. 그러나 어쩐지 내 가슴은 설레었다. 나를 사랑한다는 남의 성화는 받아 보았어도 자동적으로 내가 먼저 사랑을 느껴본 경험이 없었다. 아마 이것이 사랑의 싹이었나 보다. 나는 일부러 그와 함께 안국동 선(線)을 갈아타고 조선일보사 앞을 지나쳐 종점에서 내렸다. 그가 별궁(別宮)을 돌아서 윤치소(尹致昭) 씨 댁 앞을 지나기까지 슬금슬금 미행하다가 수상쩍게 여길까 하여 중지한 다음, 다시는 그를 만나지 못하였다(최은희 1980: 258).

1920년대 중반의 서울에서 남자가 아닌 여성이 "설레는 가슴으로 사랑을 느끼고" 첫눈에 반한 남자의 뒤를 쫓아간 이야기를 이처럼 담담하게 자서전에 소개하는 것은 최은희가 아니고서는 할 수 없는지도 모른다. 이 대목에 이어 그녀는 그해 가을 불국사 여행을 하면서 전차에서 만난 '그이'와의 결혼식을 공상하는 내용을 구체적으로 적고 있다(최은희 1980: 258~9). 이러저러하다가 "혼기를 놓"친 그녀는 정작 자신의 배우자는 "눈을 딱 감고 붙잡"았다. 1930년 7월 최은희는 27살의 나이에 원하던 불국사는 아니지만 소림사의 작은 암자에서 가족들만 참석한 가운데 친척이 소개한 이석영(李錫泳)과 결혼했다.[21]

1930년 미국으로 유학 간 김메리는 미시간대학교에서 공부하면서 주말이면 방문하던 교포의 집에서 그 아우인 조오흥을 만났다. 9살 때부터 미국에서 자랐기 때문에 한국말을 모르고 영어만 할 수 있었던 조오흥과는 "젊은 남녀 간이지만 특별한 연애감정"도 없이 서로 친구처럼 사귀면서 지냈다. 유학 온 지 3년 만에 학사학위를 받은 김메리는 졸업을 앞두고 자신의 능력이 뒤떨어진다는 사실을 깨달으면서 그동안의 노력에 대한 "허망함과 함께 앞날에 대한 암담함"으로 번민했다. 결혼보다는 "공부를 많이 해서 오직 한국 여성을 위해 일하고 싶"었던 그녀가 생각을 바꾼 것은 이러한 맥락에서였다. 결혼함으로써 삶의 허망함과 미래에 대한 불안이 해소될 수 있다고 기대하지는 않았다 하더라도 삶의 공백을 메꿀 수 있다고 생각했을 것이다. 김메리에게 바람직한 배우자의 이상형은 사랑과 건강의 두 가지를 갖춘 사람이었다. "심신이 건강하고 나를 사랑하는 마음이 진실되다고 여겨"진 조오흥과 약혼한 이유이다.[22]

약혼하고 나서 김메리는 "훨씬 편한 마음"이 되었고, 그 덕분인지 나머지 1년 동안은 "어려서부터 소원이던 공부를 정말 원 없이 하"면서 학업에 집중할 수 있었다. 1935년에 귀국한 김메리는 반년도 채 되지 않아 한국으로 건너온 조오흥과 1936년 4월 24일 이화여전 음대 강당에서 결혼

---

21 일제 강점기 전시 체제 아래에서 최은희가 가정에 들어앉은 것은 "일본대학 법과 출신으로 법원에 근무"하면서 상당한 재력을 가지고 있던 남편의 후원이라는 배경 때문이기도 했다. 그는 1943년 양주로 소개(疏開)했다가 과음으로 인한 심장파열로 급사했다. 최은희 1980: 259, 274, 507~8 참조.

22 조오흥의 형 부부가 한번은 친구라면서 어떤 의사를 소개하려고도 했지만 "왠지 의사는 싫다는 생각이 들어 데이트를 거절"한 일도 있었다(김메리 1996: 60~4).

식을 올렸다.[23] "약혼은 했지만 결혼에 대해서는 아직까지 자신이 없었던 상태"에서 "나 하나만을 보고 식민지 조국으로 달려온" 사람과 30세의 나이에 결혼을 한 것이다. 결혼한 지 10개월 만에 조오홍은 건강이 좋지 않아 미국으로 돌아가야 했고, 이듬해 1938년에 남편은 다시 돌아왔다. 이후 남편은 반년은 미국에서, 나머지 반년은 한국에서 보내는 생활을 했지만, 1941년 이른바 태평양전쟁이 발발하면서 내왕은커녕 편지조차 할 수 없게 되었다. 전쟁이 끝날 때까지 서로의 생사도 확인할 수 없이 태평양을 사이에 두고 이산가족이 된 것이다(김메리 1996: 76~8).

1945년 전쟁이 끝나고 해방이 되었다. 그렇다고 해서 김메리가 미국의 남편과 금방 연락이 된 것 같지는 않다. 해방 이후 김메리는 우리말로 된 음악 교과서를 만드는 데 분주했으며, 널리 알려진 "학교 종이 땡땡땡"으로 시작하는 동요도 이때 만들어졌다. 그런데 정부 고위층 딸의 출석 문제로 총장 김활란과 갈등을 빚게 되자 김메리는 정식으로 사표도 제출하지 않고 그 길로 미국으로 가버렸다. 1947년 "미시간의 살던 집으로 무작정 찾아갔더니 남편은 그 집에 그냥 살고 있었"다(김메리 1996: 99~103). 한국전쟁이 발발하자 사촌오빠인 김규식의 도움으로 아이들을 미국으로 데려오면서 온 가족이 비로소 재회하게 되었다.[24]

여성이 연극이나 영화에 진출하는 것이 금기시되던 시절 연극계에 데뷔한 지 3년째 되는 1923년 봄의 어느 날 복혜숙은 목사인 아버지가

---

23 자서전의 결혼식 사진에는 어머니만 보이고 아버지의 모습은 보이지 않는다. 돌아가신 것인지 아니면 결혼에 대한 이견 때문인지 자서전만으로는 확인되지 않는다. 김메리 1996: 71 참조.

24 김메리의 남편은 위암으로 오랜 투병 끝에 1975년 10월 사망했다(김메리 1996: 105, 124).

위독하다는 전보를 받고 고향으로 내려갔다. 하지만 그것이 혼기가 넘은 자신을 강제로 결혼시키려는 가짜 전보라는 사실을 알게 된 복혜숙은 부모 몰래 다시 집을 뛰쳐나왔다(김항명 외 1992: 48~52). 이 일을 계기로 연극 공부를 더 하기 위해 다롄으로 도주했지만 아버지의 의뢰로 3일 만에 서울로 이송되었다. 복혜숙을 인도하는 자리에서 성직자로서 재혼까지 했다고 아버지를 비난하는 일본인 경찰에 맞서서 그녀는 아버지의 재혼을 적극 옹호하고 나섰다. 아무리 경찰이라 해도 "사생활을 간섭할 권리는 없다"고 하면서 그녀는 "보다 완전한 아버지, 보다 완전한 목사가 되기 위하여 재혼을 한 것"이라고 강변한다. "혼자 살면서 남의 눈을 속여 가며 죄를 짓기보다 재혼으로 죄를 멀리하는 것이 도리어 완전한 목사가 되는 길이고 완전한 아버지가 되는 길"이라는 것이다(김항명 외 1992: 66~7).

연극과 영화계에서 활동하면서 종로에서 '비너스 다방'이라는 카페를 경영하던 복혜숙은 1926년[25] 이 카페에서 연예계의 동료인 김명순의 소개로 경성의학전문학교 병원의 의사인 김성진(金晟鎭)을 만났다. 이후 날마다 비너스를 찾아오다시피 한 김성진에게 복혜숙은 "살아오는 동안 처음으로 남성이란 존재를 인식"하게 되었다고 고백한다. 김성진을 만나고부터 자신이 여자임을, "남자에게 의지하고 싶은 연약한 여자라는 것을 절실히 느꼈"다는 것이다(김항명 외 1992: 272~5). 얼마간의 시간이 지난 후 김성진은 복혜숙에게 사랑을 고백하면서 자신이 아내와 네 아이를 둔 아버지라고 밝혔다. "한 남자가 아니라 모든 사람에게서 배신당한 것 같은

---

25 이는 비너스 다방을 23살 때부터 시작했다는 복혜숙의 언급(이영일 2003: 172)에 따른 것이다.

분함과 망망한 대해 한복판에 내버림을 당한 것 같은 절망감"을 복혜숙이 느꼈다고 김항명 등은 말한다(김항명 외 1992: 292~3).

해가 바뀌어 새봄이 돌아왔고, 복혜숙은 여전히 "첫사랑의 상처"에서 헤어나지 못하고 있었다. 두 사람의 긴 사연에 대한 자세한 내용은 정확하게 알 수 없지만[26] 어쨌든 김성진은 "명목상의 부부"로 지내던 자신의 결혼생활을 정리하고 복혜숙을 아내로 맞이했다. 1934년 봄 복혜숙의 나이 31살이었다.[27] 복혜숙 자신의 말에 따르면 결혼한 해에 아이를 낳았는데 "김성진이 박사가 될 텐데 아이가 들어서 쉬쉬"했다고 한다. "그랬다가 나중에 입적할 적엔 변호사 대서 실자 확인 소송을 하고 들어"갔다는 것이다(이영일 2003: 158). 결혼하면서 복혜숙은 8년 동안 운영하던 비너스 다방을 동료 여배우인 전기봉에게 양도하고 영화나 연극 출연을 자제하면서 정동에 있는 경성방송국에서 방송극에 출연하는 일을 제외하고는 가정을 충실히 지켰다(이영일 2003: 65, 172).

최승희가 결혼을 한 것은 1926년 도쿄의 이시이무용연구소에서 배우다가 1929년 서울로 돌아와서 최승희무용연구소를 만들어 서울에서 생활하던 1931년 5월이었다. 그녀의 나이 21살이었다.[28] 서울에 와서 무용연구소를 개설하여 활동한 시기에 최승희는 경제적 고통과 부모의 결혼

---

26 김항명 등의 전기는 이 과정을 자세하게 서술하고 있지만 여기에서 사실과 허구, 증언과 윤색을 구분하기는 사실상 불가능하다.

27 1934년은 복혜숙 자신이 31살에 결혼했다는 말에서 필자가 계산한 것이다. 이영일 2003: 157 참조. 김항명 등은 복혜숙이 30세 되던 해로, 김성진을 처음 만나 사귄 지 2년이 되던 해라고 말한다(김항명 외 1992: 368).

28 이는 연보와 언론 보도 기사 등을 고려한 것이다. 자서전과 잡지 인터뷰에서 최승희 자신은 1932년 20살의 나이에 결혼했다고 말한다(최승희 1937: 26; 1938: 102).

재촉에서 나아가서 마치 복혜숙이 그러했듯이 공중의 시선에 노출된 예술계의 여성으로서 후원자를 비롯한 주위의 유혹, 그리고 근거 없는 스캔들에 시달렸다. "조선에서 무대에 서는 여자면 다 사나이의 장난감이 되어서 이 사람에서 저 사람으로 넘어 다니는 무절조한 생활을 하게 되는 것이라고 생각하는 그러한 사람들에게 나의 결혼은 말없는 항의였"다고 최승희가 말하고 있는 것은(최승희 1937: 26) 이러한 심경을 드러낸 것이다. 그러나 이것만이 이유는 아니었다. 자신의 예술이 "아직도 부족하고 미숙하며, 또한 여성으로서의 자기가 얼마나 약한 것을 잘 알고 있는 까닭에, 예술로나 생활로나 나를 잘 지도할 사람을 원"했다고 그녀는 말한다(최승희 1937: 26).

나중에 《삼천리》에 기고한 글에서 그녀는 결혼 당시의 사정을 보다 자세하게 밝힌 바 있다. 1929년 서울로 돌아온 부모님은 오빠에 못지않게 기뻐했는데, 그 이유는 자신이 무용을 그만두고 결혼을 하려는 것인 줄 알아서였다고 최승희는 말한다. 그래서 오자마자 "후보자들의 사진을 연방 내들고선 시집가기를 권"하는 부모의 청을 완강히 거절하다가 "한번은 너무도 간절히 말씀하시는" 어머니의 간청에 맞선을 본 적도 있었다(최승희 1938: 99). 이에 더하여 무용연구소를 운영하면서 재정난에 시달리면서 숱한 '유혹의 손길'에 부딪혔지만, 최승희는 "생활고와 경영난과 싸우면서라도 마음과 몸을 다 기울인 무용 예술의 신성함을 더럽히는 일이 있어서는 안 되겠다고 결심하고 파트론(patron), 구혼 그 밖에 여러 가지 유혹을 물리쳤"다.[29] 이처럼 "경제적 고통, 예술상 번민, 육체적 고통, 유

---

[29] 자신이 어릴 적부터 봉건적일지는 몰라도 "심신의 순결함을 잃고 사는 것은 죽는 것이나

혹" 등의 역경은 그녀로 하여금 "직정(直正)한 결혼을 생각하게 만들었"다. "사회의 억센 물결을 헤치고 나가려면 연약한 여자의 몸으로는 도저히 안 되겠다는 것을 깨닫고 예술상으로 생활상으로 훌륭한 지도자가 있었으면 하는 것을 생각해 보게 되"었다는 것이다(최승희 1938: 100). 최승희가 분명히 밝히고 있지는 않지만 이 중에서 가장 큰 요인으로는 아무래도 경제적 궁핍을 빌미로 한 주변의 유혹일 것이다. "그 불유쾌한 유혹을 근절시켜 버리고 거기서 완전히 해방되어 파트론 운운하는 여러 가지 '데-마'(선동—필자)에서 벗어나 자유로운 세계를 가지"고자 결혼했다는 것이다(최승희 1938: 101).

이리하여 그녀는 자신이 아버지처럼 믿고 따르는 오빠인 최승일에게 이 문제를 상의했으며 최승일은 박영희를 통해 카프(KAPF) 계열의 문학비평가인 안막(安漠, 安弼承)을 소개받았다. 약속한 날짜에 "일부러 분도 바르지 않고 집에서 입던 옷대로" 오빠를 따라서 박영희의 서재로 갔다는 최승희의 말에는(최승희 1938: 101) 남자에게 잘 보이려고 하진 않았다는 그녀의 강한 자존심이 배어난다. 이후 "오빠의 허가 아래에서 안막 씨와 만나는 동안에 그의 선이 굵은 얼굴과 어려운 의론만 하려 드는 그에게 정을 느끼게 되었다"고 최승희는 말한다. "그이 앞에만 가까이 가면 가슴이 설레이고 마치 소설의 주인공과 같이 피가 뛰는 것을 억제할 수 없었다"는 것이다(최승희 1938: 101). 같은 잡지의 인터뷰에서 최승희는 그럼에도 불구하고 자신이 연애결혼을 하지는 않았다고 언급한 바 있다. 자신은 "'연애'를 모르고 지나왔"기 때문에 지금은 연애를 한번 해 보았으면

마찬가지"라는 생각을 가지고 있었다고 그녀는 말한다(최승희 1938: 100).

한다고 하면서도 그녀는 그렇다고 해서 하는 일을 놔두고 "연애에 그만 빠져서는 안" 된다고 덧붙인다. "연애로 말미암아 생활까지 버린다는 것은 절대로 안 된 일"이기 때문이라는 것이다(최승희 1936a: 206).

훗날 최승희는 결혼을 앞둔 자신의 앞에는 두 가지 길이 있었을 따름이라고 회고한 바 있다. 하나는 무용을 단념하고 부모의 희망에 따라 배우자를 얻어 "영민한 시악씨가 되어 가지고 전혀 가정의 사람이 되"는 길이었다.[30] 또 하나의 길은 부모의 "마음을 괴롭게까지 하며" 자신이 결심하고 밟아왔던 무도 예술의 길을 가는 것이었다. 결혼을 해서 가정주부로 들어앉아 '현모양처'로 살고 싶다는 유혹을 뿌리치고 최승희는 결혼과 예술의 길을 동시에 추구하는 길을 선택했다. 자서전에서 그녀는 "결혼하고 나의 변한 것은 무엇인가"라고 되물으면서 "결코 아무것도 변한 것은 없다"고 단언한다. "오히려 무용에 대한 열정은 날이 갈수록 더 하여질 뿐"이라는 것이다(최승희 1937: 26). "결혼함으로써 한층 빛나는 예술가가 되고 싶다는 굳은 신념"을 실천하고자 한 최승희의 의지는 결혼 이후 카프나 문학 활동을 거의 하지 않고 거의 전적으로 최승희의 무용에 헌신한 안막의 지지에 의해 보상받았다.[31] 이에 따라 오빠의 승낙과 '부모의 대찬성'을

---

30 또 다른 자리에서 최승희는 자신은 "결혼할 때부터 어디까지나 예술을 살리겠다고 결심하고 만약 실패한다 하더라도 현모양처는 되겠다"고 결심하고 있었다고 말한다(최승희 1936a: 206).

31 그렇다고 해서 최승희가 결혼과 무용 사이에서 아무런 갈등 없이 일관되게 예술의 길을 걸은 것은 아니었다. 1937년에 펴낸 자서전에서 최승희는 결혼 후 아이를 갖고 나서 생긴 번민을 토로한다. 아내이자 어머니로서 길이 만일 양립할 수 없다면 "착한 아내 평범한 어머니의 길을 걸어가려"고 결심했다는 것이다. 1938년의 기고문에서두 최승희는 "결혼 후에두 나의 연구 생활은 그냥 계속하겠다는 희망은 굳게 가지고 있었으나 만일 이것이 가정생활을 유지하여 나가는 데 장해가 된다면 나는 선뜻 예술을 버릴 작정을 하고 있었다"고 술회하고 있다. 최승희

얻은[32] 최승희는 1931년 5월 서정희의 주례로 청량리의 청량원에서 조촐한 서양식 혼례를 거행했다.[33]

결혼 이후 "'세비로'를 아무렇게나 입은 신랑과 스포츠 드레스를 걸친 신부는 트렁크 하나를 들고" 안변 석왕사(釋王寺)로 밀월여행을 떠났다. 1주일 예정이 2주일로 넘어간 신혼여행에서 신부는 "행복감이 가슴에 꽉 찬" 채로 서울로 돌아왔다. 그러나 이 행복은 오래 가지 못했다. 결혼한 지 석 달이 되는 어느 날 안막이 "여러 문학청년들과 함께 사상범 혐의"로 경찰에 체포되었기 때문이다(최승희 1938: 102). 준비가 다 된 전국 순회 무용 연구 발표회를 앞두고 있던 시기였다. 몇 년 후 당시를 돌아보면서 최승희는 "슬프다고 그냥 주저앉아 슬퍼할 수"만은 없었다고 회고했다. 구속 당시에는 자신도 안막의 "주의에 공명하여 싸우겠다는 생각밖"에 들지 않았다는 것이다. "말하자면 빈약한 이번 공연도 결국 씨(안막—필자)의 뒤를 이어 하지 않아서는 안 될 어떤 사명"이라는 점에서, 자신은 "빈약한 무용계에서 실컷 싸울 생각이 간절할 뿐"이라고 생각했다는 것이다.[34]

1937: 27; 1938: 100~1; 정병호 1995: 21 참조.

32 1938년의 잡지 인터뷰에서 최승희는 이처럼 부모가 자신의 결혼을 대찬성했다고 하지만 사실은 부모가 흔쾌히 응낙한 것은 아니었다. 이유는 안막의 결혼 경험 때문이었다. 일찍이 혼인했지만 출산하던 아내가 죽어 혼자 지냈다고는 하더라도 최승희의 집안에서는 기혼자라는 이유로 반대한 것이다. 최승희 1938: 100; 정병호 1995: 62 참조.

33 그 이전에 팔판동에 있는 안막의 집 사랑방에서 카프 회원들이 모인 모임에서 두 사람의 혼인을 공식 선언했다고 한다. 정병호 1995: 63~5 참조.

34 안막의 구속 이후 최승희를 방문한 기자는 "굿센 의지의 새로운 투사들의 이 외침이 얼마나 살길을 찾으려 헤매는 이들에게 좋은 청량제"가 되겠느냐고 반문하면서 최승희의 "경쾌한 어조에 세련한 사교술"이 자신을 "황홀케 할 뿐"이라고 적었다(최승희 1931: 22~3).

경찰에 구속된 몸으로 자신의 공연을 지지하고 응원한 안막을 생각하면서 순회공연의 마지막 장소인 안동현(安東縣)에서 마지막 막이 내리고 거듭된 "마음의 괴로움과 육체적 피곤"에 지쳐 무거운 다리를 겨우 옮겨 가며 무대 뒤의 화장실로 간 최승희는 거기에서 "꿈에도 못 잊던 안막이 지금 달려온 것처럼 서 있"는 것을 발견했다. "나는 그만 아무것도 다 잊어버리고 그의 가슴에 머리를 파묻고 울어 버렸다"고 그녀는 적었다(최승희 1938: 102).

손인실이 장래의 배우자가 될 문병기를 만난 것은 펑톈에서 베이징으로 옮겨온 지 2년이 지난 1931년 3월이었다. 평양 부호의 아들로서 베이징에 온 문병기는 역으로 마중 나온 선배로부터 베이징을 방문한 조선인들이 으레 들러 신세를 지곤 했던 손정도 목사의 집으로 안내를 받았다.[35] 점심을 기다리던 문병기는 학교에서 점심을 먹으러 집에 들른 한 여학생을 보았다. "씩씩한 어린애"같이 보이지만 중학교 교복을 입은 예쁘고 숙성한 모습의 손인실과의 첫 만남이었다. 이후 이 집에 자주 드나들던 문병기는 베이징에서 고등학교를 졸업하고 1932년 명문 옌징대학(지금의 베이징대학) 의예과에 입학했다. 이 무렵 이사한 집에서 손인실은 집으로 놀러 온 문병기와 함께 학교와 조국과 미래의 꿈에 대해 많은 이야기를 주고받았다. 문병기가 손인실에게 사랑을 고백한 것은 이 무렵이었다. 공부와 아울러 운동을 유난히 좋아했던 손인실은 마찬가지로 공부와 운동에서 이름을 날리던 문병기를 따르고 좋아했다. "여자라기보다는

---

[35] 손 목사는 1달 전인 1931년 2월 지린성 액복현에서 조선인 정착지를 준비하나가 사망한 후였다(안혜령 2001: 302).

이화전문학교 교수진. 선교사들이 귀국하는 중이라 교수진에는 한국인, 미국인, 일본인 들이 함께 섞여
있다. 맨 앞줄 중앙에 앉아 있는 김활란, 그 오른쪽에 총장인 미스 A. 아펜젤러 그리고 셋째 줄 왼쪽 두
번째가 김메리

미국 카터 대통령이 라이베리아를
방문했을 때 평화봉사단인 김메리와
악수하는 모습(1978)

해방 후 우리말로 된 동요를 만드는 데
열중한 김메리

1958년 라디오방송국에서의 복혜숙
(오른쪽에서 두 번째)

1960년대의 복혜숙(가운데)

1931년 최승희와 안막의 결혼사진

1930년대 말 남편 안막과 딸 안성희와 함께
오르간 앞에서 찍은 사진. 해방 후 최승희
는 문학평론가인 남편과 함께 월북한다.

남자 쪽에 가깝게" 살았던 손인실은 문병기로부터 사랑의 고백을 받자 모호했던 자신의 마음의 실체가 무엇인지를 깨달았다. 사랑이라는 감정을 처음으로 느낀 손인실은 "온 천지가 황홀해지면서 나의 새로운 면모를 발견하게 되었다"고 적었다(안혜령 2001: 43).

사랑의 고백은 두 사람만의 비밀로 남았다. 이듬해인 1933년 여름에 손인실은 고향을 방문하는 문병기를 따라서 그 조부의 생신 잔치에 참석했다. 언니인 손성실과 오빠인 손원태와 함께한 여행이었다. 대동강에 놀이배를 띄우고 노는 자리에서 두 사람은 축음기에서 흘러나온 음악에 맞춰 함께 춤을 추었다. 남녀유별의 전통이 여전히 강력히 영향을 미치던 현실에서 많은 사람이 보는 가운데 젊은 남녀가 손을 마주 잡고 춤을 춘 것은 매우 이례적인 일이었다. 그런데도 유교의 영향으로부터 비교적 자유로운 평양의 분위기에서 이는 집안의 촉망받는 젊은이가 중국에서 방문한 "활달하고 예쁜 아가씨"와 장차 결혼할 거라는 믿음을 심어준 사건으로 각인되었다(안혜령 2001: 43~4).

1935년 어머니와 함께 서울로 돌아온 손인실은 이화여전에 입학했다. 뒤를 이어 1년 후에 문병기도 귀국했다. 그러나 중국의 의대 경력을 인정받지 못해 자존심을 손상당한 문병기는 자립해서 결혼하려는 방편으로 꽃집을 열어 시간을 보내면서 손인실이 학교를 졸업할 무렵에 정식으로 청혼을 했다. 이 무렵 그녀는 어린 시절 자신을 짝사랑하던 중국인 왕푸스의 방문을 받았다. 아버지 손정도 목사를 따라 중국 지린성 평텐의 동북대학교 교직원 관사에서 소학교를 다니던 손인실은 이 관사에서 동북대 교수의 외아들인 왕푸스와 친하게 지냈다. 1929년 아직 13살의 어린 나이인 그녀에게 왕푸스는 부친을 통해 청혼을 한 적이 있었다.

어쩔 수 없는 사정으로 중국인 여자와 결혼했지만, 손인실을 그리워하는 마음까지 끊어 버릴 수 없었던 왕푸스는 기숙사가 있는 간호학교로 부인을 보내고 도쿄로 유학을 갔다가 방학을 이용하여 서울의 손인실 집에 찾아온 것이다. 그러나 어린 시절을 함께 보낸 '친절한 중국 오빠'에 지나지 않은 왕푸스의 사랑을 손인실은 결코 받아들일 수 없었다(안혜령 2001: 32~3, 56~7).

결혼이라는 점에서는 사실 문병기에 대해서도 마찬가지였다. 왕푸스와 달리 문병기를 사랑하고 있었다고 하더라도 손인실은 문병기의 청혼 앞에서 숱한 생각과 고민을 거듭했다. 집안에 매이기보다는 사회 활동을 더 선호한 손인실은 눈앞의 결혼보다는 "순수한 진리의 탐구와 참의 발견을 현실화할 수 있는" 길을 모색할 수 있는 자신만의 시간을 더 갖기를 원했다. 거기에 손인실을 아끼던 이화여전의 아펜젤러 교장이 졸업 이후 미국 유학을 주선하겠다는 언질도 있었다. 그런데도 손인실은 이 모든 꿈과 기대를 버리고 결혼을 택했다. 청혼하고자 하는 의도에서 운영하던 꽃집에도 별다른 관심이 없이 "하릴없이 줄담배만 피우며 하루하루를 보내"던 문병기를 지켜보면서 손인실은 "자신으로 말미암아 전도유망한 한 남자가 인생을 망"칠 수도 있겠다는 생각을 했다. 당시를 회고하면서 손인실의 딸인 문성자는 "그때 어머니는 아버지에게 강한 책임감을 느끼"고 있었다고 말한다(안혜령 2001: 56~9).

그러나 손인실의 어머니는 생각이 달랐다. 문병기를 잘 알고 친하게 지내오기는 했지만 "평양 장사치 집안"의 외골수인 사람이 가장 아끼는 막내딸의 신랑감이 될 수 있다고는 결코 생각하지 않았다. 의과대학을 중퇴하고 현재의 처지가 막막한 것도 마음에 걸렸을 것이다. "집안의 사회

적 명망과 이화여전 졸업생이라는 개인적 품위에 걸맞는" 배우자를 원하
던 그녀의 어머니는 완강하게 결혼을 반대하고, 두 사람의 만남은 물론
문병기가 집에 오는 것조차 금지했다. 이러는 가운데 학교를 졸업한 손인
실은 일본에 가서 일본어를 배우고 싶다는 뜻을 어머니에게 밝혔다. 서로
떨어져 있으면 두 사람 사이도 멀어질 거라고 생각한 그녀의 어머니는
흔쾌히 딸을 도쿄로 보냈다.

그러나 이러한 어머니의 기대를 저버리고 도쿄로 간 지 6개월쯤 지
난 1939년 9월 초에 손인실은 도쿄 아오야마 감리교회에서 문병기와 결
혼했다.[36] 손인실의 나이 23살이었다. 목사와 중매자 격의 일본인 교수 부
부, 그리고 몇몇 친구들이 지켜보는 가운데 웨딩드레스나 면사포도 없
이 신발도 벗고 슬리퍼를 신은 채 들어선 신부는 곧이어 온천으로 유명
한 아타미로 신혼여행을 가서 '꿈같은' 열흘을 보내고 서울로 돌아왔다.
자신의 기대를 저버린 딸에 대한 분풀이를 손인실의 어머니는 함께 돌아
온 문병기에게 퍼부었다. 솟아오르는 분노를 억제할 수 없었던 손인실의
어머니가 "빗자루로 그를 두들겨 패"는 바람에 귀가 찢어지는 "일생에 단
한 번뿐인 치욕"을 겪어야 했다.[37]

마지막으로 이봉순은 이화여전을 졸업하고 1940년 4월부터 일하
기 시작한 경성제국대학 부속 도서관에서 배우자를 만났다. 일본 호세이

36 자세한 전후 사정은 알려지지 않았지만, 안혜령은 "일이 이렇게 되기까지는 김활란이며
김신실 같은 이화여전 교수들과 손인실이 양아버지로 모신 유억겸 같은 이들의 격려와 지원이
큰 힘이 되었다"고 설명한다(안혜령 2001: 61).

37 "결혼을 그렇게 끝낼 수 없다"고 생각한 문병기 집안에서는 서울에서 따로 피로연을 베풀
었다. 200명 정도가 참석한 가운데 반도호텔에서 열린 피로연은 당시 서울 장안에 그만한 규모
로 잔치를 치른 일이 일찍이 없다고 할 만큼 성대하고 화려했다고 안혜령은 적었다. 딸에 대한

대학 독일문학과를 나와 이봉순보다 늦게 입사한 배우자는 이봉순과 같은 부서에 배치되어 일하던 사이였다. 남녀의 데이트를 "상상하기 어려운 때"였지만, "상대방이 호감을 가지고 접근해 온다는 것을 직감적으로" 알아차린 그녀는 "공연히 불안해"져서 어머니에게 이 사실을 알렸다. "당장 그만두고 집으로 내려오라는" 말에 따라 이봉순은 직장을 그만두고 경기도 부천의 집으로 내려갔다. "그때부터 편지가 날아오기 시작"했다고 이봉순은 말한다. 주말이 되면 그 사람이 집으로 놀러 오기도 하고 부모님을 직접 보기도 하다가 남자 쪽의 누나를 통해 청혼이 들어왔다. 정작 혼인 이야기가 오고 가니까 한쪽에서는 함경도 색시라고 내키지 않아 하고, 다른 한쪽에서는 하필 개성사람이라고 언짢아하는 우여곡절 끝에 1944년 3월 YMCA 강당에서 이봉순은 26살의 나이에 결혼했다.[38]

　지금까지 살펴본 바와 같이 당시 일반의 결혼 관행과 비교해 보면 이들 여성의 결혼은 몇 가지 다른 점들이 있다. 우선 정정화의 경우를 제외한다면 이들 대부분이 당시의 기준에서는 매우 늦은 나이에 결혼했다. 황애덕이 39살, 장선희가 34살, 김메리가 30살, 복혜숙이 31살 등 30살이 넘은 4명의 사례를 포함하여 평균 결혼 연령은 26.5년으로 상대적으

서운함을 완전히 풀 수는 없었다고는 하더라도 손인실의 어머니도 이 자리에 참석했다(안혜령 2001: 62~3).

38　이봉순 2001: 46~7. 결혼 연도는 1940년 4월에 직장생활을 하다가 '3년 몇 개월' 일했다고 한 자서전의 서술에 따라 필자가 추산했다.

로 늦은 나이에 결혼했다.[39] 당시 평균 결혼 연령인 16.6~20.5살과 비교하더라도[40] 대부분이 매우 늦은 나이에 결혼한 것이다. 상대적으로 긴 교육 과정, 그리고 이어지는 직업과 사회 활동에 더하여 신여성 일반이 부딪히고 있었던 결혼할 수 있는 적정 연령 남성 배우자의 결핍 등이 복합으로 작용한 결과라고 해야 할 것이다.

나아가서 이들 중에는 이른바 미혼의 남녀가 결혼하는 통상의 방식이 아닌 형태를 포함한다는 점도 주목된다. 물론 예컨대 이 시기에 신여성이 기혼 남성과 혼인하는 이른바 제2부인 문제가 사회적인 논쟁이 될 정도로 빈번하게 발생한 사실을 염두에 두어야 하겠지만,[41] 이들 여성의 사례 또한 그 영향으로부터 완전히 자유롭지는 않았다는 사실을 알 수 있다. 예를 들면 황애덕은 두 명의 자식을 둔 기혼 남성, 신애균은 아들 하나를 둔 기혼자와, 복혜숙은 4명의 자녀를 둔 배우자와, 그리고 최승희는 사별한 남편과 결혼했다.[42] 11명의 사례 중에서 4명에 달하는 여성들이 이러한 형태의 결혼을 하고 있어 1/3을 넘는 비교적 높은 수치의 비율을 보인다.

다음에 혼인 형태에서는 전통에 따라 가부장의 아버지가 배우자를

---

39 결혼 여부와 혼인 연령이 밝혀져 있지 않은 임순득을 제외한 11명의 평균치이다.

40 일제 강점기의 평균 혼인 연령은 자료와 결혼 연령의 개념 및 산출 방법에 따라 편차가 있다. 대체로 보아 《조선총독부통계연보》는 18~20세, 《국세조사보고》는 16~7세의 분포를 보이는데, 자료의 정확도와 신뢰도는 후자가 더 나은 것으로 평가된다. 자세한 내용에 관해서는 김경일 2012: 98~103, 417 참조.

41 제2부인에 관해서는 김경일 2012: 353 이하 참조.

42 이미 보았듯이 황애덕은 결혼하고 나서 한참이 지난 후에야, 그리고 복혜숙은 배우자가 사랑을 고백하면서 이 사실을 알았다.

결정하는 형식은 정정화의 경우를 제외하고는 찾아볼 수 없다. 오히려 황애덕의 사례에서 보듯이 아버지가 정해 준 배우자를 거부한다거나 혹은 신애균이나 손인실의 사례에서처럼 부모의 반대에 맞서서 부모에게 알리지 않거나 멀리 떨어진 장소로 도피하여 결혼식을 하기도 했다. 이러한 사례들은 이 시기의 근대 여성의 결혼이 전통의 가부장 지배에 대한 일종의 부정과 비판으로서의 의미를 지니고 있었던 사실을 입증하는 것이다. 이러한 점에서 이들 여성은 배우자의 인격과 삶의 지향과 아울러 무엇보다도 사랑의 요소를 중시하는 근대의 결혼을 지향했다.

그러나 이처럼 비록 근대 연애결혼의 양상을 띠었다고 하더라도 정식으로 청혼하는 단계에서 예컨대 오빠나 누나와 같은 가족의 허락 내지는 중개의 형식을 거친다는 점도 흥미롭다.[43] 그렇다고는 하더라도 어느 경우이건 가족 성원을 통한 형식상의 사후 추인이라는 형식을 띤다는 점에서 자신의 선택과 의지에 따른 자유 교제와 연애의 근대 원칙을 훼손하는 것이라고 말할 수는 없다.

그러나 근대 연애결혼이라고 하더라도 예컨대 서구의 경우 등을 준거로 하는 경우 이 시기 사랑과 결혼에서 일종의 한국·식민지의 특성으로 일컬을 수 있는 독특한 성격을 찾아볼 수 있다. 무엇보다도 민족독립이나 사회 활동, 종교의 소명의식과 같은 수사에 가려져서 이성에 대한 여성 자신의 사랑 감정은 잘 드러나지 않거나 축소, 혹은 은폐되는 경향이 있다. 전반적으로 보아 이들 전기/자서전에서 사랑과 결혼에 관련된

---

43 예를 들면 장선희는 오빠의 중재를, 최승희는 오빠의 중개를, 그리고 이봉순은 배우자 누나의 중재를 거치고 있다.

내용은 생애과정에서 실제로 차지하는 비중과 의미에 비추어 보더라도 매우 소략하거나 단편적으로 언급되고 있다. 신애균이나 손인실의 경우가 다소의 예외라고 할 수 있겠지만, 이들조차도 결혼을 앞둔 상황에서 예외 없이 나라와 민족의 독립이라는 대의로서의 거대서사를 선택지로 두고 고민하는 모습을 보인다.

이와 아울러 사례에 등장하는 여성들의 사랑/결혼 이야기에서 여성 당사자와 남성 배우자의 역할이 어느 정도 정형화하는 양상을 보이는 점도 주목된다. 많은 경우 이들의 사랑/결혼 이야기에서 여성은 수동적으로 남성의 구애를 받아들이는 존재지만 남성들은 이와 대조적으로 열렬히 구애하는 형식을 띠는 것이다. 이는 전기/자서전의 장르 형식에서 '여성다움'이 표출되는 방식의 시대 제약성을 반영하는 것으로 볼 수 있을 것이다. 이러한 점에서 결혼에 이르기까지의 방황과 고민을 거듭한 신애균이나 손인실의 사례라든가, 실제로는 연애결혼이면서도 연애결혼이 아니라는 최승희의 강변 등에 주목할 필요가 있을 것이다. 덧붙이자면 이들 여성의 상당수에서는 결혼에 이르기까지 현재의 배우자가 아닌 다른 남성에 의한 구애나 '추근거림'의 일화와 경험을 찾아볼 수 있다. 이러한 점에서 이들과 정반대의 사례로서 비록 상상이라고는 하더라도 최은희의 경우 여성 스스로가 주도하는 능동의 사랑 추구를 보이는 점은 이채롭다.

제6장

。

가족과 모성

비록 외양의 근대가족을 선호했다 하더라도 이 책에 등장하는 주인 공들의 대부분은 자신의 개성이나 자아의 실현보다는 가족의 전통과 가치를 중시하면서 그에 헌신하는 삶을 살았다. 가족의 이념으로 보면 이들 대부분은 자유주의 계열의 여성으로 분류될 수 있다. 이들이 지니는 이러한 성향은 가족과 모성의 영역에서도 잘 드러나지만, 때에 따라서 그것은 보수주의 지향과 결부되어 발현되기도 한다. 즉 가족과 모성이라는 주제에 관한 한 이 책의 등장인물들은 보수주의에서 자유주의에 걸치는 지향을 보이는 것이다.

여성의 역할 규범을 대표하는 이른바 현모양처의 경우를 보면 보수주의 접근은 가정 내에서 여성의 역할을 여성의 천성과 본성의 차원으로까지 끌어 올려 이해하고자 한다. 이러한 점에서 여성을 독립된 개체로 인정하고 여성 자신의 인격을 존중한다는 인식은 설 자리가 없다. 가정에서 여성의 역할을 천부의 타고난 일종의 본능으로 본다는 점에서 이 입장은 여성의 직업이나 사회 활동에 대해서도 부정하는 입장을 보인다. 만일 여성이 부득이 바깥 활동에 나서야 한다면 어디까지나 그것은 가정 내에서 여성 본연의 위상을 벗어나지 않는 범위 안에서 해야 한다고 주장한다(김경일 2012: 235~6).

이와는 달리 자유주의의 시각에서는 여성의 인격과 개체로서의 독립을 강조한다. 즉 한편으로는 여성의 인격적 자각과 개성에 대한 존중을 주장하면서, 다른 한편으로는 현모양처주의를 암묵으로 지지하거나 지향하는 경향을 보이는데, 여성의 개성에 대한 주장과 현모양처주의에 대한 신념은 기본적으로 상호 양립할 수 없다는 점에서 자유주의 현모양처주의는 일관된 주장이나 이론으로 체계화되기 어렵다는 한계를 갖는다 (김경일 2012: 251~2). 아마도 임순득을 제외한다면 이 책에 등장하는 여성의 거의 전부는 이러한 점에서 보수주의/자유주의의 현모양처론에 입각한 가족의 이념을 자신의 가족 안에서 실천했다고 할 수 있다.

이 점은 모성에 대해서도 마찬가지로 적용할 수 있다. 일제 강점기 민족의 생존과 존립이 위협받았던 사회에서 어머니로서의 여성은 미래의 2세를 위한 양육과 교육의 담당자로서 중시되었다. 모성의 담지자로서 여성은 그나마 암울한 현실에서 미래를 기약할 수 있는 희망의 가교 역할을 하는 것으로 기대되었다는 점에서 모성으로서의 여성은 민족주의의 동기에 의해 지지를 받은 것이다(김경일 2012: 203). 이 책의 주인공 중의 한 사람인 황애덕의 친동생인 황신덕은 1933년 5월《신가정》에 발표한 글을 통하여 조선이 요구하는 어머니상을 일련의 긴 목록으로 제시한 바 있다. 첫 번째의 어머니상은 "씩씩한 일꾼을 길러내는 어머니"이다. 즉 "비참한 오늘의 조선을 광휘 있는 새 조선으로 만들 수 있는 인물을 길러낼 어머니"라는 것이다. 둘째로는 "의지가 굳세고 비판력이 빠른 어머니"이다.[1] 세 번째로는 "시대에 낙오 없고 진취성 있는 어머니"이다. "불합

---

[1] 이와 관련하여 그녀는 무분별한 외국의 사조에 영향을 받는 것을 극히 경계하고 있다. 예컨대 미국에 대해서는 "연애지상주의 아메리카 황금국의 활동사진"의 영향으로 연애하고 향락주의에 빠지는 것을 경계했으며, 러시아의 "소식으로 사회주의자가 되고 덴마크 농촌이야기로

리한 모든 악습과 폐풍을 일소하고 새 도덕과 습관을 건설하는 용단성 있는 여성, 알고서 즉시 실행하는 진취성 있는 어머니"가 민족의 요구라는 것이다. 네 번째로 그녀는 "아들을 알고 조선을 아는 어머니"를 들었다. 자신의 자녀가 "무슨 운동을 하여야 체질에 맞으며 무슨 장난감을 사 주어야 취미에 맞을 것인가 어떠한 방면으로 지도하여야 가장 능률을 발휘할 수 있을까"를 생각하는, "조선의 현실을 아는 사람"이 되어야 한다는 것이다. 마지막으로 그녀는 "이기주의를 버리고 봉사 정신"을 가진 어머니를 언급한다.[2]

남녀를 불문하고 당대의 많은 지식인이 그러했듯이 황신덕의 어머니상에는 가정은 여성의 영역이며 여성의 중심 역할은 모성이라는 생각이 깔려 있다. 여성성의 다양한 차원들이 무시되고 억압되고 배제되는 과정을 통하여 민족이나 사회, 혹은 국가에 봉사하는 어떤 것으로 가정과 모성을 표상한다는 점에서 이러한 사조는 민족이나 국가를 매개로 한 모성의 물신화로 이끌리기 쉬운 경향을 갖는다(김경일 2012: 210~1). 여기에는 주체로서 여성의 직업이나 사회 활동, 바람과 욕망, 도전과 모험과 같은 여성성의 다양한 속성들이 들어설 자리가 없다. 그러나 이 책의 주인공들은 대부분 이 점에서 예외를 이루는 삶을 살았다. 자서전이나 전기의 대상이 되었다는 사실 자체가 시사해 주듯이 이들은 자신의 영역에서 일정한 성취와 사회 활동으로 알려진 인물들로서, 전문직에서 일하는 중간

농촌사업가가 되는" 현상 역시 "내 머리와 내 심장에 뿌리박힌 것이 못되는 천박하고 값없는 생각"으로 비판했다.

2 황신덕 1933: 12~15. 여기에서 황신덕이 말하는 자녀는 '아들'에 의해 대표된다는 사실에 주목할 필요가 있다.

계급의 사회 지도층 인사들이라고 할 수 있다. 여성의 사회진출과 직업 활동의 길을 개척한 선구자로서 이들은 가정에서는 현모양처와 모성의 통속 이미지를 동시에 구현하는 일종의 슈퍼우먼이 되어야 했다.

김필례는 1915년 결혼과 동시에 오빠인 김필순이 병원을 운영하는 치치하얼로 이주하여 생활했다. 신식 교육을 받은 김필례가 시집살이를 제대로 할 것 같지 않아 의사인 남편은 광주의 집과 멀리 떨어진 치치하얼의 오빠 병원에서 일하는 길을 택한 것이다. 그런데도 얼마 후 시어머니가 편찮다는 소식을 들은 김필례는 "자식이 부모를 모시는 건 당연한 일"이라고 하면서 기꺼이 광주로 돌아가서, 시어머니와 한방을 쓰는 불편을 감내하면서 시어머니를 극진히 모셨다. 시어머니에 대한 공경은 사실 전통으로부터 내려온 것이었다. 결혼을 앞둔 딸에게 김필례의 어머니는 종이로 만든 옷본을 챙겨 주면서, "시어머니와 남편의 옷은 무슨 일이 있더라도" 스스로 만들어야 한다고 일러 주었다. 신여성인 며느리가 지어서 장만한 옷을 입은 시어머니가 "주일날 교회에 나가면 여러 교인들이 부러운 듯이 한 마디씩 던지곤 했다". 전통이 명하는 바에 따라, 그리고 자신의 신념에 의거해서 김필례는 "살림을 하면서 모르는 것이 있으면 일일이 시어머니 공 씨에게 직접 물어서 했"으며, 시어머니는 "공부를 많이 한 며느리를 수하에 거느린다는 것이 자랑스러웠고 또 그래서 대단히 만족스러워 했다". 전기의 작가인 이기서는 이를 두고 김필례의 "시집살이는 이 나라의 여성의 귀감이라 할 만"하다고 평했다(이기서 2012: 101~4).

김필례는 일상의 실제에서는 이른바 근대 핵가족 형태를 띠었다 하더라도 실제로는 이보다 범위가 넓은 확대가족의 이상이 지배하던 시대를 살았다. 이러한 점에서 그녀는 병환으로 병상에 누운 시어머니를 15년 동안 손수 병구완을 했으며 큰집의 자녀들도 거의 맡아서 가르치다시피 했다. 치치하얼의 오빠가 갑자기 죽자 그 조카를 데려다가 돌보았으며, 해방 이후에는 미군이 기르다 맡겨두고 떠난 아이를 맡아 기르기도 했다.[3] 이러한 점에서 그의 맏사숙인 최흥종(崔興琮)은 "가정을 이끄는 훌륭한 가정인이요 위대한 여성교육자며 참종교인"으로 김필례를 평가했으며, 이기서 역시 시부모의 봉양이나 남편에 대한 공경이라는 점에서 "직장이나 사회에서만이 아니라 가정에서도 효부로서 양처로서 현모로서 행동에 옮기는 교육자"였다고 전기에서 적었다(이기서 2012: 106, 270~2).

김필례와 비슷하게 황애덕도 가정과 모성의 영역에서는 전통의 계승자였다. 황애덕은 일찍이 '개화'에 앞장서서 "신학문을 배우는 일은 즐겨 하면서도 동양의 풍습이나 정서에는 어디까지나 철저"한 아버지 밑에서 자랐다(박화성 1966: 73). 이러한 점에서 황애덕은 오늘날 우리가 이해하는 바로서의 근대 핵가족이라기보다는 더욱 넓은 의미에서 가족 개념을 실천하는 삶을 살았다. 황애덕의 자서전에서 오빠에 관한 서술이 눈에 띄는 것은 이러한 맥락에서이다. 황애덕은 1925년 자신이 미국 유학을 결정한 숨은 동기로서 하와이 이민단의 일원으로 미국으로 간 오빠를 찾아서 귀국을 설득하기 위해서였다고 밝히고 있다. 여기에서 그녀의 오빠는 "황씨 가계를 이을 단 하나의 아들이며 아버지도 계시지 않은 집안의 기둥"으로 묘사된다.[4]

---

3   미군 3명이 전쟁고아를 데려다 기르다가 소속 부대가 철수하면서 미국으로 데려갈 수 없게 되자 선교사인 겐소(J. F. Genso) 부인에게 맡겨두고 갔는데, 우여곡절 끝에 겐소 부인의 부탁으로 김필례가 데려다 키웠다(이기서 2012: 213~5).

4   황애덕의 오빠인 유(鞏)는 일찍이 어려운 가계를 돕기 위해 평양에 있는 미국 싱거회사에

미국 유학을 마치고 귀국을 앞둔 황애덕은 오빠를 방문하여 "황씨 가문의 오직 하나인 계승자"로서 결혼하고 애를 낳아 "황씨의 대를 이"어야 한다고 설득하면서 자신과 함께 귀국할 것을 종용했다. 그러나 미국에서 생활한 그녀의 오빠에게 황애덕의 이러한 가족관은 시대착오의 낡은 생각에 지나지 않았다. 안색이 굳어 있던 오빠는 "그렇게나 통달한 너도 막히는 데가 있구나"면서 갑자기 소리 내어 웃으면서, 공원에만 가도 우글대는 수많은 사람 중에서 아무나 뽑아다가 후계자를 삼아도 될 것이라고 했다. 따라서 "꼭 이 황유가 대를 이어야만 한다는 것은 다 옛날에나 써먹던 법"이라는 것이다. 1928년 6월 결국 그녀는 혼자 고국으로 돌아올 수밖에 없었다(박화성 1966: 151).

　　39살의 늦은 나이에 결혼한 탓인지 황애덕은 결혼한 지 3년이 지나도록 아이를 낳지 못했다. 전술했듯이 결혼한 지 10년이 지나 남편의 숨겨진 두 아들을 데려다가 키운 것도 "수많은 아동들이 다 나의 자녀가 아니냐"고 했던 오빠의 말이 은연중에 영향을 미쳤는지도 모른다. 1년 후 그녀는 세 번째 아들을 입양한다. 출산과 핏줄에 의한 가족이 아니라 입양을 통한 가족의 구성은 한국 사회에서는 매우 드문 시도이지만, "배가 아프지 않았으니 머리가 아팠"다는 그녀의 회고는(박화성 1966: 174~5) 이 가족의 드러나지 않은 고단함을 시사한다. 동생인 황신덕이 회고하듯이 황애덕은 부모에 대한 효성이 지극했으며, 형제 사이의 우애도 극진했다(박화성 1966: 290). 일제 강점기 첫 번째 미국 방문의 숨은 목적이 오빠를

서 일한 적이 있었다. 황애덕은 당시 오빠가 몇 장씩 가져오곤 했던 큼직한 포스터를 기억힌다. 흰 바탕에 붉은색으로 S자가 굵직하게 그려진 광고지였는데, 황애덕은 오빠가 미국을 가겠다는 결심을 한 것은 그로부터 자극을 받았을 것으로 추정한다(박화성 1966: 127~8).

방문하기 위한 것이었다면 1963년 10월 세 번째로 미국에 건너갈 때의 목적은 막내아들을 만나는 데 있었다.

부모에 대한 효나 자식에 대한 애정은 가족의 보편 이상이라고도 할 수 있는 미덕임은 틀림없지만, 때때로 그것이 공공의 규범이나 국가의 법률과 충돌하는 경우를 황애덕에게서 찾아볼 수 있는 것은 주목할 만하다. 앞의 제4장에서 이미 보았듯이 황신덕의 아들인 임형빈은 황애덕이 아들의 미국 유학 중 병역 문제가 제기되자 "수학의 천재(황애덕의 막내아들을 지칭함—필자)가 병역 때문에 썩을 수 있느냐고 화를 내"더라는 일화를 소개한다. 황신덕은 황애덕이 "나라와 민족의 번영 이외에 개인의 생활이란 안중에 없었"다는 점에서 "나라에 미친 늙은이, 민족과 연애하는 할마씨"로 놀려 댔다고 말한 적이 있지만(박화성 1966: 290), 가족과 자식의 사적인 문제에 이르러서는 나라와 민족의 공적인 주제를 압도한 점은 눈여겨보아야 할 것이다. 자신의 것과 나라와 민족, 가정이나 사업과 같은 "모든 것을 위해 나는 내 일생을 다 보냈건만 그중의 하나도 진정 내 것이된 것은 없다고 생각할 때 나의 낙망과 실의는 너무도 크다"고 적은 것은 아마도 그 연장에서 이해할 수도 있을 것이다.[5]

가부장의 전통이라는 점에서는 신애균 역시 위의 여성들과 비슷한 환경에서 자라났다. 신애균은 어린 시절 자신의 집안에서는 "으레 아들은 서당에 보내고 딸에게는 가사의 모든 범절을 가르쳤다"고 말한다. 비록 막내딸로서 귀여움을 받았지만, 그렇다고 해서 "바느질 빨래, 음식 조리하는 법, 노인들 모시는 법"과 같이 여성으로서의 교육에서 그녀 역시 자유

---

5 이는 1951년 2월 5일자 일기의 한 구절이다. 박화성 1966: 265 참조.

롭지 않았다. 집안 허드렛일 중에서 가장 힘들었던 일은 "남자 바지 마르는 일과 사폭 붙이는 일"이었다고 신애균은 회고한다. 힘들고 하기 싫은 일은 아무래도 잘못되기 마련이라, 이러한 이유로 신애균은 "어머니에게 몇 번이나 따귀를 맞"아 가면서까지 일을 배워야 했다(신애균 1974: 17).

여성으로서의 고단한 삶은 자신의 자유의지에 의해 선택한 결혼이라고 해서 크게 달라지지 않았다. 앞의 제5장에서 이미 언급했듯이 배우자의 "생활 철학과 이념을 실현시켜 줄 수 있는 사람"을 남편으로 맞은 것과 가부장의 지배가 여전한 현실에서 사는 것은 별개의 문제였기 때문이다. 이른바 현모양처 이념을 체화한 상태에서 사회 활동을 병행하는 생활을 구현하기 위한 슈퍼 여성으로서의 고단한 삶이었다. 애국부인회 사건으로 징역 3년에 집행유예 3년을 선고받은 신애균은 재판소에서 풀려난 "즉시로 피곤한 몸을 쉴 새도 없이 내 손으로 저녁을 지어야 했고 그리고 다시 야학에 나가야 했다. 토요일 오후에는 일주일 동안 밀린 빨래를 해야 했고 일요일 오전엔 장년 주일학교, 오후에는 유년 주일학교 일을 보아야 했다".[6]

남편을 대신하여 임신한 몸으로 집안 살림을 감당하던 신애균은 "월급보다 훨씬 낫다"는 남편의 권유에 따라 학교에 사표를 내고 집안에서 할 수 있는 '음식 장사'를 하면서 생계를 이어갔다. 그러던 어느 날 남편은 "자신을 위해 희생하리라고 결혼한 거"라면 "명실 공히 완전한 희생

---

6 실직한 자신을 업신여겨 냉담하게 군다고 생각한 남편의 반응에 "쉴새 없이 시간에 쫓기고 보니 남편을 살뜰하게 보살필 겨를이 없"었다고 생각한 신애균은 "내가 벌어서 꾸려가는 살림이니만큼 남편이 벌어서 하는 살림보다도 더 다정하고 상냥하게" 대해야 한다고 결심한다. 자신의 "고된 생각만 하고 살뜰한 말 한마디 없이, 별로 웃는 일도 없이 기계처럼 돌아"갔다고 반성하면서 서로 '화해'한 것이다(신애균 1974: 123~4).

을 각오하고 실천"할 것을 말한다. 신애균이 하고 있는 "교회 여전도회, YWCA 일들에 시간을 빼앗기지 않는다면 집안 살림이 훨씬 수월해 질 것"이라는 것이다. "결혼할 때부터 사회적 활동은 안 막겠다고 했고 또 그렇게 믿어" 온 신애균으로서는 어이가 없기도 하고 일종의 배신감조차 들었을 것이다. 신애균은 단지 "섭섭한 마음에 나는 쏘아 주었다"고 적었다(신애균 1974: 206). 그러나 음식 장사를 그만두면서부터 넉넉지 않은 살림은 더욱 궁핍해졌다. "(자신의—필자) 아침과 점심을 굶어야만 앞 못 보는 할머니와 큰 아이들에게 제대로 끼니가 돌아갈 수 있는 형편"이었다(신애균 1974: 151).

시간이 지나 남편이 함흥 영생고녀 맥애련 교장의 제안으로 이 학교의 교사로 가게 되었지만, 그렇다고 해서 살림이 나아지지는 않았다. "감자 날 때와 새 무잎 날 때를 기다리는" 기나긴 봄을 넘기면서 월세가 싼 집을 찾는 일과 이사의 고된 일도 온전한 신애균의 몫이었다. "짐을 꾸리고 손달구지에 싣고 새집에 가서 내 손으로 솥을 걸고 부뚜막을 바르고 굴뚝을 바로잡고 짐을 풀어 정리하고 저녁을 해 놓은" 다음 신애균은 직장에서 돌아온 남편을 맞았다.[7] 출산과 양육도 혼자서 감당해야 했다. 셋째 아이를 임신하여 출산의 고통이 시작하는 데도 동기동창 친구와 담소를 나누고 있는 남편을 보면서 신애균은 "어찌할 생각인지 정주에서 애쓰는 나를 혼자 버려두고 그들과 같이 웃기만 하고 있다"고 적었다.

7　나중에 남편의 전근으로 다시 이사하면서도 이 일은 되풀이된다. 이사하는 "집에 당도하자 방안에 애들을 두고 나와서 짐을 받아들이고 아궁이를 솥에 맞게 뜯어고치고 굴뚝 개자리를 또 더 깊이 파내고 다시 잘 쌓"고 나니까 저녁에 남편이 직장에서 돌아왔다고 신애균은 적었다(신애균 1974: 167, 201).

나는 슬그머니 서러운 생각이 든다. 저렇게 아무 걱정 없이 웃고만 있을 수 있을까? 돈이 없어 산파를 못 부를 것이면 같이 걱정이라도 해 주어야 마음의 위안이라도 받을 것이 아닌가? 애는 나 혼자 낳을 수 있는 것으로만 아는지? 첫 아이는 자기가 없을 때, 문 의사가 보아주었고 둘째 아이는 옥환 어머니가 받았다. 그러니까 이번에도 그저 낳아지는 줄 아는 모양인지. 악이 받힌다. 될 대로 되라는 마음으로 이를 악물고 있었더니 애가 문을 잡아 숨이 지워진다. 할 수 없이 홑이불을 두껍게 개켜둔 것을 펴놓았다. 그리고 방문을 닫았다. 그때 마침 등불이 춤을 추고 꺼졌다. 정주에서 아기가 떨어지며 으앙으앙 첫울음을 울어댔다. […] 나는 섭섭한 마음에 벙어리가 된 듯이 가만히 엎드려 있었다. 아기는 아기대로 울어댄다.[8]

　　여성으로서 고단한 삶을 이어가던 신애균은 어느 날 문득 자신의 결혼생활이 과연 가치 있는 삶인가를 회의하는 때가 많았다고 생각한다. 자신의 결혼생활을 전혀 부러워하지 않던 친구에게 "어차피 결혼은 모험"이라고 응대하던 뒤끝이었다. 결혼을 앞두고 번민하면서 "그저 인생이 가는 길이니 나도 가보는 거"라고 서글픈 웃음을 웃던 동기동창 여선생이었다. 이 친구 역시 망설이던 결혼을 했고, 그 와중에 이 친구의 신랑이 신애균의 집에 당분간 머물게 되었다. 물론 식사를 포함한 손님 접대의 일은 신애균의 몫이었다. 어느 날 저녁 집안 형편은 돌보지 않으면서 손

8　아기 소리를 들은 뒷방 할머니의 관심은 "무얼 낳았냐"는 것이다. 그제서야 아내를 들여다본 남편은 아들이라고 대답한다. 지금 당장 먹일 것, 입힐 것을 걱정해야 하는 신애균에게 집안의 할머니는 제 먹을 것은 제가 타고난다면서 자식을 많이 낳으라고 말한다. "백만장자라면 몰라도 우리 같은 가난뱅이가 그 애들을 어떻게 먹이고 어떻게 키우고 어떻게 교육시킬 수 있"느냐고 반문하면서, 신애균은 "불합리한 얘기"라고 말한다(신애균 1974: 170~2).

님 대접이 소홀하다는 남편의 말에 "돈이나 많았으면 이것저것 차려 놓"았을 것이라는 한탄조의 말이 끝나기가 무섭게 신애균은 "바람 소리가 나게 볼따귀에 손이 오"는 것을 느꼈다. "천만뜻밖에 따귀를 맞은 아픔"보다도 신애균은 윗방의 "손님이 들었을까 염려되어 입을 꼭 다물고 가만히 앉아 있"어야 했다.[9]

"그 시절에는 남자가 집안일, 더욱이 부엌일은 못하는 것으로 되어 있었다"고 신애균은 말한다. 더구나 외아들로 자란 남편은 집안일을 전혀 할 줄도 몰랐고, 또 해야 한다는 사실을 느끼지도 못했다. 고단한 몸에 몸살이 들어 열이 나는 데도 불구하고 남편의 점심을 차린 어느 날 왕진 온 남편의 친구는 고열로 고통받는 아내를 두고도 허물없이 점심을 먹는 남편에게 "걱정 없이 밥이 넘어가느냐"는 말을 하고 돌아갔다. "정 아프면 못하겠지 그래도 할 만하니까 하겠지"라고 생각하다가 친구의 핀잔을 받고 비로소 깨달은 것처럼 보이는 남편을 지켜보면서 그녀는 "약간 노엽고 서럽던" 자신의 마음을 토로할 뿐이다(신애균 1974: 235~6).

신애균은 직업과 사회 활동과 같은 가족 바깥의 영역에서는 이른바 신여성의 면모를 드러낸다. 앞 장에서 보았듯이 배우자 선택에서도 전통의 방식이 아니라 자신의 의지에 따라 이른바 연애결혼을 했다. 그러나 이를 제외한 가족 내의 영역에서는 근대 신여성이라기보다는 전통의 명령에 더 충실한 양상을 보였다. 현모양처 이념의 전형적 재현, 육아와 가사 노동의 전적인 부담, 남편에 대한 복종,[10] 혹은 시부모에 대한 공경 등이

---

9 며칠 후 "신세 한탄에 신경질이 나고 자격지심에 그랬다"고 사과하는 남편에 대하여 신애균은 "연애 기간이야 길었건 짧았건 남편이 나를 사랑하는 것만은 사실이니 나도 좀 더 깊은 사랑 속에서 아낌없는 이해와 정성을 바쳐야겠다"고 다짐한다(신애균 1974: 175~9).

그러하다. 어떻게 보면 신애균의 경우가 이 시기 근대 지식층 여성 가족의 모습을 가장 전형적인 양상으로 보이고 있다고 말할 수도 있을 것이다. 비록 한쪽의 일방적인 희생과 복종에 기반을 두었다고는 하더라도 부부 사이의 사랑 역시 이러한 근대 가족의 정경에서 빠지지 않는 요소였다.

일본 유학을 간 남편이 편지를 자주 보냈지만, 신애균은 일상의 시간에 쫓겨 "두 번에 한 번 회답을 쓰기도 힘들었으나 연애하는 심정으로 열심히" 써서 보내는 정성을 보였다. 남편은 "연애편지처럼 감미로운" 내용을 적어 답장을 보냈다. "남 보기가 부끄러워 배달되면 받아 감추든지 아무도 없으면 그 자리에서 뜯어 보"곤 했다고 신애균은 말한다. 어느 해 남편은 여름방학을 맞아 돌아오는 길에 서울역에서 만나자는 제안을 해 왔다. "당신과 같이 서울 장안을 누비며 멋지게 연애를 할 수 있"다는 남편의 말에 신애균은 "두 번 생각할 여지도 없다. 가는 것이다"라고 적었다. "새 옷도 해 입고 구두도 맞추어 신고 서울로 님 맞이" 간 서울행은 그녀에게 "신혼여행을 늦게나마 대신하는" 여행이었고 결혼하고 나서 함께한 첫 번째 여행의 추억으로 남았다(신애균 1974: 258~9).

∽

이 글에 등장하는 다른 여성들과는 달리 정정화는 연로한 자신의 할아버지가 눈감기 전에 손녀를 시집보내야 한다고 주장하여 당시로도 어

---

10 남편이 "원하는 일이라면 천 리를 가거나 만 리를 가거나 가자면 가는 것으로 알고 있"다거나 자신은 남편을 "따라가는 종선(從船)"에 불과하다고 신애균은 말한다(신애균 1974: 263, 291).

린 나이인 11살에 결혼했다(정정화 1998: 19). 어린 나이에 결혼했으면서도 그녀는 가부장의 이데올로기를 체화하여 구현하는 삶을 살았다. 예컨대 엄한 시어머니 아래에서 고된 시집살이를 하면서도 정정화는 "시집살이란 으레 그런 것이려니 여기고 참고 견뎌야 하는 것이라고만 생각했기에 누구를 탓하거나 푸념하지는 않았다".[11] 소소한 일상생활에서 웃어른을 대하거나 형제끼리 어울린다거나 할 때에도 완고하고 보수적인 아버지보다도 자신이 오히려 더 보수적이었다고 그녀는 말한다. 미국 유학을 권유한 아버지의 제의를 정정화가 단호하게 거절한 것도 "한 집안의 며느리로서 시댁 어른을 모셔야 한다"는 생각에서였다(정정화 1998: 70). 이러한 점에서 그의 아들인 김자동은 자신의 어머니가 "충실한 가정주부"로서 "며느리의 도리를 다했다"고 언급한다. "집안에서도 가장 아내다왔고 엄마 같았으며 며느리다왔고 어머니 같았다"는 것이다(정정화 1998: 332, 338).

그러나 그렇다고 하여 정정화가 집안에서 가정주부로만 머문 것은 아니었다. 임시정부의 상황이 그러했지만 특히 1938년 가을부터 그녀는 임시정부의 안살림을 맡게 되면서 아울러 공적인 일에 적극 참여했다. 임시정부의 필수 업무 중의 하나인 대외 교섭에 필요한 사교 행사를 주관하고 여성들의 단체 활동이나 어린이들의 교육 등의 일로 분주한 나날을 보냈다. 이미 언급한 다른 여성들과 비슷하게 정정화 역시 사회 활동에 매진하면서도 집안일을 함께 돌보아야 했다. "눈코 뜰 새 없는 생활 중

---

11 "탓하고 원망한다고 한들 그런 하소연이나 푸념이 통하는 세상이 아니라는 것쯤은 익히 알고 있었기 때문인지도 모른다"고 부언한다(정정화 1998: 21).

에도 어머니는 결코 집안일을 등한시하지 않았다"는 김자동의 말은(정정화 1998: 336) 이러한 맥락에서 나온 것이다. 1940년 한독당이 재창당되면서 정정화는 창립 단원이 되었으며, 이어서 설립된 한국여성동맹에서는 간사의 한 사람으로 활약했다.[12] 이후 광복전선계의 여성들 사이에서 정정화의 역할과 비중이 커지면서 그녀는 사회 활동에도 참여할 수 있었다. 이러한 상황은 20여 년 전 그녀가 서울에서 남편 등의 망명 사실도 모르던 시절과는(제3장 참조) 극명한 대조를 이룬다.

해방 이후 귀국하고 나서 대한민국 정부가 수립되면서 그녀는 이시영으로부터 정부 기구의 감찰위원회에 참여할 것을 제안 받는다. 오늘날의 감사원에 해당하는 이 위원회의 위원장은 정인보가 맡았는데, 여성 위원으로 추천을 받은 것이다. 그러나 "반쪽짜리 정부에 들어가 일을 한다면 그것은 민족적인 죄를 범하는 짓이라고까지 생각"한 정정화는 이에 참여하지 않았다(정정화 1998: 284~6). 그럼에도 그녀는 1950년 한국전쟁이 발발하고 남편이 납북되고 나서 실질적인 가장으로서 가족의 생계를 도맡아 고단한 삶을 이어가야 했다. "이것저것 돈벌이할 만한 것을 찾아보다가 결국 행상을 나서기로 하고 보따리에 헌 옷가지들을 주워 모아 머리에 이고 나섰"으며, 아들인 김자동 역시 "돈벌이를 할 생각으로 시장 바닥을 여기저기 누비고 다"니는 나날을 보냈다(정정화 1998: 302~3).

여자비행사인 권기옥은 결혼 이후 상하이에서 항공대에 들어가면서 자식을 낳지 않기로 배우자와 합의했다. 일찍이 쿤밍의 윈난항공학교에

---

12 이 단체는 정치적 성향을 지녔다기보다는 한독당 여당원의 일종의 친목 단체로서 역할을 했다고 정정화는 지적한다(정정화 1998: 179~80).

정신여자고등학교 제1회 졸업식(1952년 부산 용두산 관북교회)

정신여중고가 현 교정인 잠실로 이전하기 직전 정든 연지동 교정을 마지막으로 찾아 역사적인 홰나무
를 붙잡고 흐느끼며 기도하는 김필례의 모습(1978)

장선희가 제작한 조화들

조화와 자수를 실습하는 장선희의 제자들

YWCA 연합회 회장을 역임한 손인실

55년 만에 중국을 방문한 손인실. 적십자사 부총재였던 손인실은 이른바 '보건봉사사업 시찰단' 단장으로 옌볜 홍십자회 등을 방문했다.

서 "달거리도 거를 만큼 혹독한" 비행 훈련을 받은 권기옥이었다. 여성으로서 비행사라는 직업 경력의 추구는 여성성과 모성의 희생이라는 대가를 권기옥에게 요구했다(정혜주 2015: 212). 아울러 독립운동이라는 대의를 지향하는 비행사로서의 직업 경력을 추구한다고 해서 가사 노동이 면제되는 것도 아니었다. 앞의 제3장에서 보았듯이 중국에서 결혼한 그녀는 생활비를 아끼려고 조밥을 지어 먹으면서도, 조밥을 먹지 않는 남편을 위해 한쪽에 쌀밥을 지어주고 자신은 남은 한쪽의 조밥을 먹는 생활을 해야 했다.

해방된 지 한참 후인 1970년대에 권기옥은 자신의 삶을 돌아보면서 "여자들은 살림을 잘해야" 한다고 말한다. "살림하라고 하면 솥뚜껑 운전수를 떠올리고 기분 나빠 하는데 그게 아"니라, "자신을 살리고 집안을 살리고 나라를 살리고 세상을 살리는 여성이 되라는 뜻"이라는 것이다 (정혜주 2015: 282). 여기에서 보듯이 권기옥은 가부장의 전형적인 논리의 하나인 '수신제가치국평천하'를 구현하는 삶을 살았다. 그 자신 여성으로서 남성 중심의 가부장 이데올로기에 대한 비판이나 저항이라기보다는 그것을 적극 수용하고 실천하는 경력을 추구한 것이다. 무엇보다도 먼저 "자신부터 살"리는, 즉 "스스로를 살리고 스스로를 키"우는 삶에 대한 권기옥의 강조에도 불구하고, 그것은 자신의 본성으로서 여성성의 희생을 대가로 하는 것이었다.

해방이 되고 나서 1947년 여름에 남편 이상정은 어머니의 사망 전보를 받고 급히 귀국했다. 그리고 두 달이 채 되지 않아 갑자기 뇌일혈로 사망했다. 해방 이후의 혼란기라서 이 소식이 중국의 권기옥에게 전해지는 데는 두 달이나 걸렸다. 이보다 더 충격적인 사실은 장례식을 계기로 본부인과 상주로 나선 아들딸의 존재가 드러난 것이다. 이 소식을 전해들은 권기옥은 "그대로 쓰러져 앓아" 누웠고, 상하이에서 치러지는 장례식에서도 내내 일어나지 못했다. 권기옥은 배우자의 "어처구니없는 죽음에 기가 막혔"다. 아마 황애덕도 그랬겠지만 숨겨진 자식이 있다는 사실을 알지 못한 채 "반평생을 속은 것에 배신감이 솟구쳤"지만(정혜주 2015: 265), 분노를 마땅히 받아야 할 사람은 이미 이 세상을 떠난 뒤였다.[13]

그리고 황애덕이 그러했듯이 시간이 지나면서 권기옥도 이 사실을 받아들이고 스스로를 납득시켜야 했다. 이상정은 17살에 조혼하고 망명한 이후 23년 동안 가족과 헤어져 "만리타국에서 언제 조국에 돌아갈지, 살아서 돌아갈 수나 있을지 예측할 수 없는" 시간을 보냈다(정혜주 2015: 276). 배우자의 급작스러운 상실과 부재 앞에서 권기옥은 이러한 방식으로 상대방을 이해하려고 했지만, 망명지에서 불안한 삶과 가족과의 이별에 따른 고통은 권기옥이라고 해서 예외가 아니었다. 이러한 점에서도 여성성의 희생은 일방적이고 또 불평등했다.

비록 김필례나 정정화와 같은 정도는 아니라고 하더라도 가부장의 전통 이데올로기의 영향은 최은희에게서도 찾아볼 수 있다. 앞의 제3장에서 언급했듯이 최은희의 자서전은 자신의 친가(부계)와 외가(모계)에 대

---

13 이와 비슷한 사례는 중국 상하이에서 '좌익 투사'로 활동한 현정건(玄鼎健)과 '사상기생' 현계옥(玄桂玉)의 관계에서도 찾아볼 수 있다. 현진건(玄鎭健)의 형인 현정건은 상하이를 비롯한 중국에서 고려공산당과 상하이한인청년동맹 등에서 활동하다가 치안유지법으로 복역하다가 40살의 나이에 죽고 말았으며, 기생 출신으로 현정건의 '제2부인'이 된 현계옥은 중국에 망명해서 의열단을 비롯한 민족혁명운동에 참가한 혁명가로 알려져 있다. 김영범(2012, 2019)은 이 두 사람의 각각을 소개한 바 있다. 이 주제에 관한 연구의 대부분이 현정건과 현계옥을 주인공으로 설정한 것과 달리, 이상경(2012)은 현정건의 아내인 윤덕경(尹德卿)의 시각에서 이 일화에 대한 해석을 제시한 바 있다.

한 긴 서술에서부터 시작한다. 이러한 서술은 이 책의 분석 대상인 다른 전기나 자서전들에서는 찾아볼 수 없지만, 남성이 주인공인 전기나 자서전에서는 흔히 등장하는 내용이라는 점에서 주목할 만하다. 해방 이후 아들의 효도를 받으면서 최은희는 "우리 집은 대대로 효자 효녀와 남의 집 효부가 나오는 전통이 설 것"(최은희 1980: 567)이라고 단언한다. 그녀에게 가족은 오랜 세월을 거쳐 연면히 내려오는 가부장의 전통을 이어받은 것이라는 점에서 보수주의의 유영을 남기고 있다.

그러나 기본에서 그녀는 자유주의자로서의 전형을 보인다. 일찍이 아버지로부터 체득한 여성의 경제 자립에 대한 관념을 실천했으며,[14] 여성의 직업 활동을 옹호하면서도 그것은 어디까지나 "여성의 본성에 맞"아야 한다는 생각을 하고 있었다.[15] 아들을 낳기를 바라는 시어머니와는 달리 선호하던 딸을 분만한 날, "아들을 안고 추어주던" 남편의 태도를 삽화로 삽입한 자서전의 서술은(제3장 참조) 젠더 감수성의 징후가 농후하다.[16] 무엇보다도 그녀는 근대의 의미에서 현모양처 이념의 충실한 구

14　개명 지식인으로서 그녀의 아버지는 "남녀가 평등한 위치에 대처하려면 경제권에 손색이 없어야 한다"는 지론에서 민족의 독립을 위해서 "학문이나 경제적 발달에서 남녀가 균형을 잃지 않아야 한다"는 유언과 함께 해주에 부인상회를 개설할 수 있는 자금을 그녀에게 남겼다. 서울의 동아부인상회를 모델로 하여 최은희는 이 돈으로 "남녀 아동복, 넥타이 등 주문과 양품점 거래"를 주로 하는 신흥여자상회를 해주에서 운영했다. "상해에서 들어온 독립신문 등을 정리하던 중 경찰의 야간 습격"을 받아 비록 1년이 되지 않아 문을 닫고 말았지만, 그녀는 이 상점을 정리한 돈으로 도쿄 유학의 경비를 충당할 수 있었다(최은희 1980: 26).

15　"일선기자(라는—필자) 직업은 여자의 본성에 맞지 않지만 모험을 즐기는 이들은 그래도 한번 해 봄직"하다고 그녀는 말한다(최은희 1980: 434~6).

16　그녀가 딸을 간절히 바란 것은 어린 나이에 죽은 첫째 딸에 대한 아쉬움과 억울함이라는 사실은(최은희 1980: 498), 남녀의 평등이 아닌 다른 측면에서 해석할 여지를 제공한다. "나는 당신이 원하는 대로 아들도 좋고 딸도 좋소" 하는 남편의 말에 대하여 그녀는 "속셈으로 아들이면 하는 것을 피부로 느낄 수 있었다"고 한다거나 "삼대독자"인 아들에 대한 지극한 사랑은

현자였다. 경성여자고등보통학교 졸업반 시절 '장래의 희망'을 써오라는 일본인 선생의 숙제에 대하여 "식민지 정책에서 밤낮 현모양처가 되라는 교육만 받아 온 처녀들의 머리로 딴 생각이 나올 리 없었다"고 말한 사실은[17] 이러한 맥락에서 주목할 만하다. 일제가 강요한 현모양처 교육에 대한 일정한 비판 의식에서 현모양처 교육이 기대하는 바와는 다른 포부를 밝혔다 하더라도 일종의 아비투스로서 체화한 현모양처의 이념으로부터 그녀의 삶의 궤적이 벗어나기는 어려웠다.

1927년 1월 1일 새해를 맞이하여 조선일보가 기획한 〈여류명사 가정 문제 합평회〉에서 사회자인 안재홍이 "식사 문제가 주부들을 너무 괴롭히고 시간을 몹시 빼앗는"다고 언급을 하자, 김원주(金元周, 金一葉)는 이에 대하여 "사다 먹든지, 공중식당에 가서 먹자"고 수긍을 한다. 이와 대조적으로 최은희는 "외식과 매식은 도리어 불편하고 불경제일뿐더러 식사는 가정의 화락을 겸치는 시간인데 음식에 마땅히 주부의 정성이 들어"가야 한다고 응답하고 있다(최은희 1980: 197~9). '가정의 화락'을 위한 '주부의 정성'과 노고를 강조하는 현모양처로서 여성의 역할에 대한 강조는 유력 일간 신문의 여성 기자라는 그녀의 사회적 지위와 불균형을 이루면서 묘한 대조를 보이는 것이다. 신문기자라는 전문직의 경력을 추구하면서도 그녀는 아이 돌보는 일도 결코 소홀히 하지 않았다.

(최은희 1980: 492, 508) 이러한 편린을 보이는 것이다.

17 "기껏해야 동경여자고등사범을 졸업하고 교육가가 되겠다는 몇 학생이 있을 뿐"이라고 하면서도 그녀는 "달 계수나무 동요를 한글로 쓰고 일어로도 번역해서 선진 국가로 유학을 해서 천체를 운행할 수 있는 위대한 과학자가 되어 세계 인류 중 제일 먼저 달나라를 여행하고 화성에도 들어갈 나의 희망을 꼭 달성하도록 노력하겠다는 희망"을 적어서 제출했다(최은희 1980: 37~8).

아기에게는 이유식으로 판매하는 것이 없었기 때문에 황밤·대추·호도·
은행·잣·찹쌀 등을 이용하여 미음을 다려서 젖줄로 빨아먹게 하고 딸기
수박 포도물도 짜서 먹였다. 당근 시금치 참깨 행인(杏仁) 잣 등으로 죽을
쑤어 먹이다가 흰죽에 반숙한 계란 노른자위, 생선구이, 새우젓 같은 것
으로 반찬을 삼아 주고 때로는 우유죽도 쑤어 주다가 차차 밥으로 옮기
면서 연한 살코기를 먹였다. 오지 뚝배기에 참기름을 치고 물에 부른 쌀
을 으깨어서 죽을 쑤거나 연한 살코기를 곱게 다져 갖은 양념을 하여 볶
아서 장국 죽을 쑤어 주어도 잘 먹었다(최은희 1980: 494).

위의 글에서 보듯이 삼대독자인 아들을 위해 최은희가 기울인 정성
과 노고는 주목할 만하다. "매일 새벽 인왕산 중턱 약수터까지 업고 가서
약물 한 모금, 소나무 원(元)가지 윗순 세 잎을 따서 백 번 이백 번 더 씹
어 그것이 물이 된 것을 확인한 다음에야 삼키게 하였"으며, "영양섭취,
위생 관계에 대한 내 정성은 지극하였고 총명하고 건강하게 양육할 비결
을 연구하는 전문가들의 서적 잡지도 수없이 탐독"했다고 그녀는 말한다
(최은희 1980: 508). 부유한 남편의 재력을 배경으로 그녀는 조선인의 궁핍
이 두드러지던 1930년대 서울의 중심지에서 자녀들을 위한 호사를 마음
껏 누리는 삶을 살았다. "아이들을 위생적으로 기를 연구에 앞서 사치시
킬 생각부터 한다"는 남편의 핀잔을 흘려들으면서 "추석과 설, 춘추복, 동
복, 하복 등을 장만할 때에도 가정부까지 차에 태워 가지고 함께 나가서
내 마음껏 사도록 허영을 충족시켜 주었다"고 최은희는 회상한다. 조선인
을 찾아보기가 어려웠던 신고개의 미나카이(三中井)식당은 "으레이 아기
의 종이 에이프런과 작고 높은 의자를 가져"올 정도로 일요일마다 찾았

으며, 히틀러나 무솔리니와 같은 독재자의 옷을 아이에게 입힌다고 "눈쌀을 찌푸리는" 남편의 말을 뒤로 하고 미쓰코시오복점(三越吳服店)이나 초지야(丁子屋), 미나카이 같은 백화점의 쇼윈도를 장식한 아동복이나 장난감은 자신의 손에 먼저 들어 왔다고 그녀는 말한다(최은희 1980: 509, 538).

양처와 현모의 두 측면에서 일본과 일제 강점기의 식민지에서는 현모보다는 양처의 역할을 강조했다고 언급되기도 하지만(김혜경·정진성 2001: 232), 최은희는 양처보다는 오히려 현모로서 여성의 지위를 강조한다. "인간의 양면을 엄부와 자모로 나누건대 혁신과 건설과 활동을 부성이라 하면 평화와 생명과 태양과 자우(慈雨)를 모성이라 할 것"이라고 그녀는 말한다(최은희 1955; 1980: 347). 여성을 태양에 비유한 것은 신여성이 등장한 초기의 담론에서 가져온 것이지만(김경일 2004a: 46~7), 그녀에게 모성은 동적인 부성과 대비되는 의미에서의 정적인 속성을 지닌다. 해방 이후 최은희가 어머니날의 제정에 각별한 노력을 기울였던 것도[18] 이러한 맥락에서 이해되어야 할 것이다.

---

18 "바쁘고 고달픈 어머니들이 다만 하루라도 모든 시름 다 잊어버리고 활짝 웃는 얼굴로 유쾌한 날을 보낼 수 있는 방법을 궁리하던 끝에 어머니날을 생각해 냈"다고 그녀는 말한다. 한국전쟁의 와중에 피난지에서 서울로 먼저 들어온 그녀는 서울신문사를 방문하여 편집국장 등의 도움을 받아 백과사전을 뒤져 가면서 어머니날의 제정에 힘을 기울였다. 5월 둘째 일요일이 세계적으로 공통된 어머니의 날이지만 "너무 기독교성(性)을 띠운 느낌이 있은즉 따로 한 날을 골라서 한국의 어머니날로 제정하고 전국적인 날이 되도록" 하자는 생각에서 그녀는 대한부인회 서울시 본부 이사회에서 5월 8일을 어머니날로 제정하자고 제안하여 "열광적 환영을 받(아) 만장일치로 가결"하는 성과를 거뒀다(최은희 1980: 339~41). 이리하여 제정된 어머니날은 1952년부터 기념되었는데, 1955년 8월 이승만의 유시로 관제로 되고 난 이후 어버이날로 퇴색되어 버렸다고 그녀는 비판한다. "독특한 어머니의 공과 덕과 은혜를 다시 한 번 감사하기 위한 그 기념으로 제정한 어머니날을 관에서는 무슨 의미로 아버지를 끌어들여 어버이날 또는 가정의 날이라 하여 술에 물 탄이 물에 술 탄이처럼 싱겁고 향기 없고 절실함이 없는 뒤범벅 개떡을 만들어 놓았는지 알 수 없는 일"이라는 것이다(최은희 1980: 337).

현모로서 어머니에게 부과된 이러한 모성은 궁극에서 가정의 화목과 평화로 수렴된다는 점에서 최은희는 가정의 화목을 위한 주체로서 여성의 역할을 강조한다. '가화만사성'과 가정의 화목을 강조하면서 최은희는 "지상에 무슨 값이 제일 싸냐 하면 어머니 값"이라고 말한다. "태산보다 높은 어머니 사랑, 하해보다 깊고 넓은 어머니의 마음을 발휘해야" 하는 것이 마땅하지만, 자신은 이에 미치지 못하여 자괴감이 들 뿐이라고 자책하는 것이다(최은희 1980: 561). 이처럼 가정의 화목을 위한 여성의 자기희생을 강조함으로써 그녀는 교훈으로서 자서전이 지니는 의미를 충분히 고양한 셈이다. 1960년대 후반에서 1970년대 전반 무렵으로 추정되지만, 해방 이후 경제개발의 진전을 배경으로 그녀가 성취한 가정의 '화목'은 다음과 같은 것이었다.

> 우리는 일요일을 가정의 날로 정하였다. 가족이 함께 영화를 보러 가기도 하고 혹은 회식을 하거나 집에서 특별 메뉴를 장만하여 손님을 청하기도 하고 가족끼리 즐기기도 하였다. TV도 함께 보고 여러 가지 게임도 하고 노래자랑도 하고 아이들 웅변 연습도 시키고 다양한 프로를 진행하여 한때를 즐기기도 하였다. […] 봄에는 일요일에 고궁을 산책하고 여름에는 넓고 시원한 베란다에 돗자리를 깔거나 의자들을 내다 놓고 참외, 수박, 아이스크림 등을 먹으며 회식하는 기쁨을 누리기도 하였다.[19]

---

19 최은희 1980: 536. 이어서 그녀는 이러한 생활이 "서민 생활의 구수함을 만끽"하는 것이라고 언급하고 있지만, 이러한 형식의 문화행태는 당시의 생활수준으로 보아 서민이라기보다는 적어도 서울 중심의 중산층이나 중류층에게 가능한 생활양식으로 보는 것이 타당할 것이다.

복혜숙은 11살의 나이에 어머니를 잃었다. 이듬해 아버지는 자신과 겨우 9살의 차이밖에 나지 않은 젊은 여인을 아내로 맞아들였다. 그런데도 복혜숙은 언니뻘 정도 되는 새어머니에게 깍듯이 어머니라고 부르며 (김항명 외 1992: 19) 마치 최승희가 그러했듯이 딸로서의 역할을 충실히 다했다. 앞 장에서 보았듯이 결혼 이후 복혜숙은 8년 동안 운영해 오던 비너스 다방을 양도하고 간혹 방송국에 출연하는 일 이외에는 외부 활동을 거의 하지 않으면서 "의학박사의 마나님답게 처신"하는 삶을 살았다(김항명 외 1992: 355). 본처를 내쫓고 들어왔다는 미묘한 상황에서도 복혜숙은 "완고한 시부모"로부터도 현모양처로 인정받을 정도로 며느리 역할에 충실했다. 자신이 "짓는 밥과 반찬을 식구들이 맛있게 먹고", 자신이 "빨래한 옷을 식구들이 입는" 생활에서 그녀는 "영화나 연극에서 느껴보지 못한 새로운 보람"을 느낀다고 말한다(김항명 외 192: 369~70).

아내로서 그녀가 얼마나 헌신적이었는지를 보여주는 흥미로운 일화가 있다. 해방 이후, 1950년대 중반으로 추정되지만, 서울대학교 의과대학장을 하던 남편을 위해[20] 도서관에 가서 서투른 독일어를 "콤마 하나 빠뜨리지 않고" 베껴다 줄 정도로 그녀는 자신의 방식으로 사랑과 정성을 다하는 결혼생활을 했다. 책에 "있는 대로 꼭 해야 한다"는 강박에서 다른 사람이 그어놓은 밑줄도 사서에게 일일이 물어 확인해 가면서 종일

---

20 《한국민족문화대백과》 사전에 따르면(https://terms.naver.com/entry.nhn?docId=55248 1&cid=46638&categoryId=46638, 2019년 4월 24일 10: 15 접속) 김성진이 서울대학교 의과대학 학장으로 임명된 것은 1955년이다. 만약 김성진이 의과대학 학장 시절에 복혜숙이 이 일을 했다면 1955년부터 복혜숙이 대한영화배우협회 회장을 맡은 사실을 고려해 볼 때(이영일 2003: 65) 납득이 가지 않는 부분이 있다. 어쩌면 의과대학장 시절이 아니라 그 이전의 어느 시기일 가능성이 큰 것으로 보인다.

앉아서 일해도 몇 장밖에 베끼지 못했다고 그녀는 회고한다(이영일 2003: 167~8).

이처럼 복혜숙은 양처로는 말할 것도 없고 현모로서도 헌신하는 삶을 살았다. 김필례나 황애덕의 사례를 통해서 나타난 것처럼 이 시기 여성들이 근대 핵가족보다 넓은 의미의 가족 개념을 실천하는 삶을 살았다는 사실은 이미 지적한 바 있다. 때로는 이 넓은 의미의 가족이 혈연에만 한정되지 않고 주위의 친척이나 지인의 범위로 확장되기도 했다는 사실은 이 시기에 일정 형태로 남아 있었던 공동체의 삶의 양식의 잔영을 느끼게 한다. 이러한 맥락에서 비록 실현되지는 않았지만 복혜숙의 사례에서 동료의 아이를 비공식으로 입양하거나 양육하는 형식 등을 통해 가족을 구성하는 양상의 흔적을 찾아볼 수 있는 것은 흥미롭다.

복혜숙은 연예계의 동료가 "일본 여편네한테 낳은 걸 날더러 길러달"라고 했던 일화를 언급한다. 그래서 "아유 내가 뭐 유치원 하는 줄 알우? 지금 있는 아이들도 기집애만 다섯이고, 내가 낳은 것까지 기집애만 다섯이구 사내 하난대 육남매를 기를려면 얼마나 힘이 드는데"라고 말했다는 것이다. 그런가 하면 병든 아내를 둔 또 다른 동료가 막내를 낳았는데 나중에 그 아내가 병들어 죽었다고 하면서 그녀는 자신이 "좀 고달프더라도" 그 아이는 "맡아 줄 걸 그랬다"고 후회한다. "살림 할랴, 또 시부모들 거시기 할랴, 또 아이들 기를랴" 고단한 삶을 살았지만, 불행한 동료의 아이를 키우지 못한 자책의 감정을 토로하는 것이다(이영일 2003: 158).

이러한 삶을 살았음에도 불구하고 복혜숙은 1959년 김성진과 이혼한다. 26년 동안의 결혼생활이었다. 복혜숙 자신의 말에 따르면 그 집에서 나오면서 자기 때문에 "나간 큰 마누라 데려다 놓고 와서 '나 살림 하나도 안 가지고 나오우. 내가 해 가지구 간 살림이지만 … 나 때문에 당신이 나갔었으니깐 들어와서 집 지키시우' 그러구 왔"다.[21] 본부인으로부터 "아이들 다 길러줘서 고맙다"는 말을 들었다고 하는 데에서 알 수 있듯이(이영일 2003: 158) 김성진과의 결혼에서 복혜숙은 김성진의 아이 넷과 아울러 자신이 낳은 아이들 둘을 포함해 6명의 아이를 함께 키웠다.

복혜숙 자신이 밝히고 있지는 않지만 두 사람의 결혼이 왜 파탄에 이르게 되었는가에 대해서 김항명 등은 몇 가지 이유를 제시한다. 하나는 "의대 학장의 아내"로서 "학자다운 엄숙하고 규율 있는 가정 분위기를 만드는 것이 아내의 본분"인데도 불구하고 "관사를 영사인 소굴로 만들어 버"렸다는 것이고, 다른 하나는 "학장인 김성진의 아내로 우아한 몸가짐을 갖추어야 할 그녀가 얼굴에 도오란을 바르고 오늘은 살인자의 아내 역, 내일은 아편 중독자 역, 모레는 도떼기시장의 장사치 역을 재연해야 했다"는 것이다. 그리고 마지막으로 "후년에 와서 김성진이 정치에 깊은 관심을 비쳤"기 때문이다(김항명 외 1992: 376~8).

첫 번째로 말하는 '영사인의 소굴' 운운은 1946년 최인규가 감독한 〈자유만세〉를 찍을 당시 교수 관사를 이 영화의 제작본부처럼 사용한 일을 말한다.[22] 어쨌든 〈자유만세〉가 제작된 1946년부터 이혼에 이르게 된

---

21 이혼한 해를 1959년이라고 한 것은 복혜숙이 자신이 56살 때 이혼했다고 말하고 있기 때문이다. 청혼할 때 김성진이 복혜숙에게 "아주 열을 올"렸다고 하는 면담자의 말에 복혜숙은 "늙으면 다 소용없"다고 하면서 이혼 얘기를 이어갔다(이영일 2003: 158).

22 김성진의 양해를 받아 이 영화의 제작본부를 관사에 마련했는데, "제작본부뿐만 아니라 로케 현장과 세트장이기도 했으며 출연진과 기술진의 숙소"로도 사용했다. 정작 복혜숙 자신은 단역으로 만족하면서도 영화인에게 숙식과 경제 지원을 아끼지 않았다고 김항명은 평하고 있다. 그러나 위에서 언급했듯이 1946년의 시점에서 김성진이 의대 학장을 하지는 않았는데, 이영일이나 김항명 등은 학장 관사에서 〈자유만세〉를 제작했다고 말하고 있다(김항명 외 1992:

1959년까지는 10여 년의 시차가 있다는 점에서 이 설명이 강한 설득력이 있는 것으로 보이지는 않는다. 두 번째의 이유는 영화·연극에 출연하여 연예계 활동을 했다는 것인데 이는 김성진이 결혼 후에도 "아내가 계속 연극 활동을 하기 바랐다"는 김항명 등의 진술과 모순된다. 마지막의 정치 활동을 보면 실제로 김성진은 1960년 4·19혁명 후 4월 29일부터 같은 해 8월 19일까지 4개월이 채 되지 않은 기간 동안 보건사회부 장관을 지냈으며, 이를 계기로 이후 국회의원, 공화당 중앙위원회 의장, 원내총무 등의 활발한 정치 활동을 했다.

결국 "학자다운 가정 분위기를 만드는 것이 아내의 본분"이라거나 학장의 아내로 "우아한 몸가짐을 갖추어야" 한다는 언급이 시사하듯이 여성의 본령을 가정으로 상정한 남성 중심의 가부장 의식과 여성의 사회 활동, 그것도 여전한 편견이 남아 있던 연예계에서의 활동에 대한 부정의 의식[23] 등이 기저에 깔려 있었으며, 이것이 김성진의 정치계 진출을 계기로 표면화되면서 파경에 이르게 된 것으로 보인다. 이렇게 해서 복혜숙의 젊은 사랑과 순정은 가부장 이데올로기와 정치 공학의 타산에 의한 희생물이 되고 만 것이다.

상처한 아버지의 새 아내와 복혜숙의 애착 관계에 대해서는 앞서 언급한 바 있지만, 이러한 관계는 최승희에게서 더욱 뚜렷한 형태로 찾아볼 수 있다. 최승희의 가족은 흔히 첩으로 일컫는 아버지의 둘째 부인(庶母)을 '작은어머니'로 부르면서, "언니와 아주머니와 같이 사랑스럽고 따뜻"한

371~7; 이영일 2003: 141).

23 아버지의 목사직 박탈까지 감수해 가면서 연극과 영화에 대한 애착이 강했던 복혜숙으로서는 인생의 전부라고도 할 수 있는 예술을 포기할 수는 없었을 것이다.

관계를 유지했다.[24] 최승희는 이 작은어머니의 존재가 "이미 우리들 현대인의 마음에는 이성적으로는 도저히 용서할 수 없이 부덕한 것도 잘 아는 바이며, 나도 또한 잘 알고 있다"고 말한다. 아울러 첩을 감내해야 하는 어머니의 심경에 대해서도 다음과 같이 언급한다. 겉으로는 별다른 내색을 하지 않고 점잖게 "그야말로 옛날 대갓집 본처로서 모든 일을 관대하게 보시는 어머님의 가슴 속 깊이깊이, 이 작은어머니의 존재가 얼마나 괴로움과 쓰라림을 주었는지"를 잘 알고 있다는 것이다(최승희 1937: 9~10).

몰락해 버린 아버지로부터 "절연을 선고"받고 별다른 생활 방책을 가지지 못한 이 둘째어머니는 그런데도 "가난하고 순결한 생활에서, 개미가 물건을 옮기듯이 자기의 몸을 깎으면서"까지 "귀금속과 보석 같은 것을 하나씩 팔아서 우리를 먹여 살"렸다(최승희 1937: 9). 이러한 상황에서 그녀는 아버지와 어머니, 그리고 둘째어머니를 둘러쌓고 조성된 상황을 "사람의 마음대로 할 수 없는 운명"으로 정의하면서, 그에 대한 자신의 착잡한 심경을 토로한다. "아버지가 결코 나쁜 분이 아니었으며, 또한 서모도 미워할 사람은 아니었"다는 점에서 "우리 어머님만이 불쌍하게 생각되었으니 어린 내 마음은 어찌할 수 없는 분노로서 어지러웠으나 그렇다고 해서 어찌할 수도 없었다"는 것이다(최승희 1937: 9).

그런데 사실을 말하자면 최승희는 이 작은어머니와 남다른 유대의 정서 관계를 유지했다. 최승희의 말을 빌자면 이 작은어머니는 최승희

24　첩에 대한 일반의 편견을 의식하면서 최승희는 아버지의 둘째 부인이 "당당한 양반의 딸"로서 양반에게 시집을 갔으나 남편 사후 여러 가정 사정으로 또다시 두 번째로 혼인을 했으나 불행했다고 소개한다. 당시에는 "화사한 생활을 하는" 그녀의 아버지와 불우한 환경의 이 여성이 "뜨거운 사랑으로서 연이 맺게 된 모양"이라고 그녀는 짐작한다(최승희 1937: 6~7).

의 어머니에게도 "자기의 친형과 같이 공경과 성실을 다하"면서도, "아버님을 사랑하는 정도 이상으로 어쩐 일인지 나를 아주 맹목적으로 사랑"했다는 것이다(최승희 1937: 9~10). 일본 유학을 가기 전에 최승희는 교외에 있는 "아주 퇴락한" 작은어머니의 집을 방문한다.[25] "세상이 어떠한지 시세가 어찌 돌아가는지 모르니 동경이라면 바다를 건너고 또 건너며 산을 넘고 또 넘는 만리타향이나 머나먼 외국과 같이 생각"하는 이 작은어머니는 최승희가 유학 가는 것을 "무슨 죽는 데나 가는 것같이 생각"하고, "가는 것 다 그만두고, 그냥 서울서 한데 같이 죽든지 살든지 지내는 것이 좋지 않"느냐고 말한다(최승희 1937: 17). 최승희는 이러한 어머니와의 이별 장면을 자서전에 인상 깊게 기록함으로써 그녀에 대한 자신의 지워지지 않는 기억을 남기고자 했다. "석양에 붉은 볕이, 오막살이 서창에 비스듬히 빛을 때" 동쪽과 서쪽으로 서로 헤어지면서 두 사람은 마지막 작별의 시간을 맞았다.

열 칸도 채 못가서 돌아다보니깐, 그는 울면서 미친 것과 같이 나를 쫓아서 오는 것이다. 또다시 나누어서 얼마쯤 가다가 돌아보니 두 손을 얼굴에 대고 울고 있다. 이번에는 내가 서모에게로 쫓아가서 안겼다. 나중에는 아주 결심을 하고 언덕 위에서 마지막 그의 얼굴을 흘깃 보고는 하는 수 없이 정과 사랑을 다 뒤에다 버리고 말았다. 어렴풋이 내 이름을 부르는 소리가 고개 넘어서 들리는 듯하였으나, 이 고개를 다시 넘을 용기

---

25 "이곳은 서울이라는 대도회의 생활전선에서 패망해서 떨어진 불쌍한 극빈자만이 모여드는 곳이니, 이 조그마한 집 속에 아무 희망과 생명이 없고, 살아갈 방도조차 없는 사람들"이 사는 곳이라고 최승희는 묘사한다(최승희 1937: 16).

조차 없었다. 그냥 모른 체하고 나는 앞으로 걸어갈 때 내 눈에서는 두 줄기의 뜨거운 눈물이 흘러내렸다(최승희 1937: 19).

가족에 대한 최승희의 이러한 애착은 결혼 이후 딸에 대한 집착에서 또 다른 양상으로 표출된다. 3년에 걸친 해외 공연을 마치고 돌아온 후 최승희는 "오래 떨어져 있던 엄마를 조금도 서먹해 하지 않는" 아이를 보고 "오직 기뻐서 날뛸 뿐"이라는 심경을 토로한다(최승희 1941a: 212). 〈귀향감상록〉이라는 또 다른 인터뷰에서 자주 돌아다니는 공연 일정으로 인해 아무래도 가정에 대한 애착이 적겠다는 기자의 질문에 "전혀 가정을 떠나 있는 몸은 아니기 때문에 가정에 들어가면 누구에게 못지않은 가정에 대한 애착"을 가진다고 대답한다. 해외에 나가 있는 동안 아이에 대한 "그리움을 금(禁)키 어려웠"다 하면서, 아이와 "같이 있어서 같이 웃고, 같이 놀고 또 어머니로서의 교육을 시킬 기회를 자주 놓치게 되는 것을 슬퍼"한다는 것이다(최승희 1941b: 152).

예술에 대한 강한 열정과 집념에도 불구하고 최승희가 어린 딸에게만은 모성애가 강했음은 널리 알려진 사실이라고 정병호는 지적한다. 딸과 같이 찍은 사진이 많을 뿐 아니라 자기 예술의 후계자도 다름 아닌 딸이라고 믿어 딸에게 무용을 가르쳐 춤의 핏줄을 이으려고 한 데에서도 이러한 사실을 입증할 수 있다는 것이다(정병호 1995: 166). 실제로 해방 이후 1949년 북한에서 선보인 신작 무용극 〈춘향전〉에서 주인공인 이 도령은 자신이, 춘향은 딸인 성희(승자), 사또는 동서인 김백봉[26]이 맡아 "혈연주의적 면모를 과시"했다(정병호 277~8). 당의 지시 사항을 자주 어겨가면서까지 딸만 돋보이게 하여 주위 사람들의 눈총을 받았으며, 더 나은 제자가 있어도 "무조건 자기의 딸에만 온갖 정성"을 기울였다는 사실 역시 최승희의 혈연주의 면모를 잘 드러낸다. 안승자인 딸의 이름을 최승자라는 예명으로 부른 사실에서 보듯이[27] 자신을 중심으로 하는 가족의 울타리 안에서 자신의 예술을 계승하는 혈맥의 전수 체계에 과도하게 집착한 것이다.

임순득은 이 책에 등장하는 여성들의 여성·가족관과는 다른 지향을 보인다. 작가로서 자신의 이러한 이상을 문학 작품을 통해서 표현하고자 한 그녀가 현실 세계에서 그것을 어떠한 형태로 구현하는 삶을 살았는지는 아직 알려지지 않고 있지만 임순득은 가족의 범위를 넘어서는 공동체에 대한 관심이 차단되어 관심을 가질 만한 기회도 거의 가지지 못한 채 가족 내에서 주부와 어머니의 역할만을 강조하는 삶을 살아가는 일제 강점기 여성의 현실을 지적한다(이상경 2009: 159). 1942년 발표한 소설 〈대모〉에서 임순득은 여주인공 혜원을 통하여 여성이 "자립하기에 가장 조건이 나쁜 환경"인 '현대 조선'을 고발하는가 하면, 같은 해에 나온 소설 〈가을의 선물〉에 등장하는 주인공 '나'의 친구를 딸만 둘을 낳고도 실망하는 남편의 눈치에 아랑곳없이 "앞으로 딸만 다섯은 더 낳고 싶"은 인물로 묘사했다.[28]

---

26   안막의 동생 안제승의 부인으로, 정병호에 따르면 제자인 김백봉을 시동생인 안제승과 강제로 혼인시켰다고 한다(정병호 1995: 371).

27   이는 이시이 바쿠가 제자에게 자기 성을 준 것과 자기가 생각한 세습 체제의 혈맥을 통합한 전수 방법으로, "세습 무당"의 방식을 방불케 한다고 정병호는 지적한다(정병호 1995: 366, 371).

28   두 소설 모두 일본어로 발표되었으며 전자는 《문화조선》에, 후자는 《매일사진순보(每日寫眞旬報)》에 발표되었다. 이상경 2009: 179, 183~4 참조.

해방 이후 가부장제 의식의 지속성을 지적한 작품으로 평가받는 〈딸과 어머니와〉(1949)에서 임순득은 해방을 맞이하여 '딸'의 어머니로서는 '지극히 소박한 진보적인 사상'인 남녀평등을 쉽게 받아들이지만 '아들'의 어머니로서는 여전히 남성 우위의 봉건사상을 가진 어머니를 등장시킨다. 정신대를 피하느라 술망나니에게 시집을 갔다가 과부가 되어 버린 딸의 어머니 입장에서 남녀평등은 너무도 당연했다. 그러나 이처럼 "지극히 소박한 진보적인 사상"은 아들의 여자에게는 적용되지 않는다. 아들의 연인은 아들보다 연상일 뿐만 아니라 일제 강점기에 돈 많은 늙은이의 후처로 팔려가다시피 시집을 갔다가 뛰쳐나온 전력이 있는 여성이다. 어디에 내놓아도 빠지지 않는 번듯한 '숫된 아들'을 '남의 헌 계집'에게는 절대로 줄 수 없다고 생각한다는 점에서 남녀평등은 말할 것도 없고, 딸에게는 관대한 정조 관념을 아들의 연인에게는 들이대는 자기모순을 보이는 것이다(이상경 2009: 205~7).

어머니의 반대를 무릅쓰고 결혼을 한 손인실은 이미 언급한 김필례와 비슷하게 현모양처로서의 이념을 구현하는 삶을 살았다. 의사가 될 남편의 뒷바라지를 위해 배우자로서 그에 대한 지식이 있어야 한다는 생각에서 세브란스 간호학교의 청강생으로 간호 일을 익혔으며 이는 나중에 남편이 만포진에서 병원을 개업할 때 간호보조원으로 일하는 데 도움이 되었다. 남편이 세브란스 의학전문학교를 다니는 동안 가계의 생계도 떠맡아야 했다. 남편 집안의 도움을 받는다고 해도 빠듯한 살림을 위해서 양재학원 속성과를 수료하여 자신은 물론이고 아이들과 친척의 옷을 직접 지어 입었고, 잠깐이나마 덕성여자상업학교에서 중국어 강사로서 가르치기도 했다(안혜령 2001: 64~5).

1951년 소련 순회공연을 마친 뒤
통역을 맡은 모스크바 대학 한국인 2세
학생에게 준 최승희의 친필 사인

북한 최승희 무용단 단원들과 최승희

第六千三百號 (五)

女流作家再認識論

—『女流文學選集』中에서—

① 任淳得

임순득의 〈여류작가 재인식론〉 지면

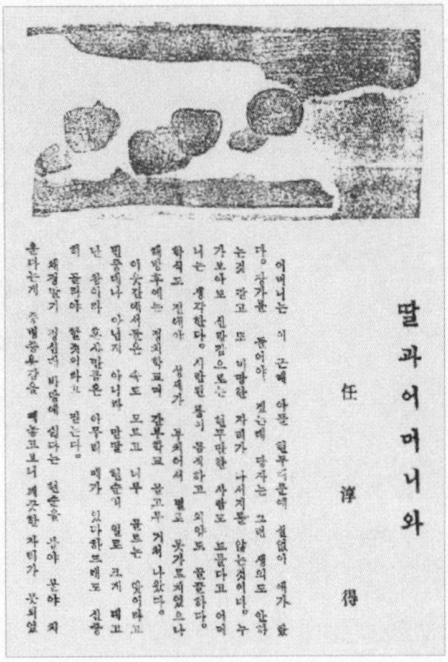

딸과 어머니와

任淳得

임순득의 단편소설 〈딸과 어머니와〉(1949.12)

졸업 영어연극 〈베니스의 상인〉 공연, 앞줄 왼쪽 두 번째가 이봉순(1940)

파리 국제목록회의에서의 이봉순(1961)

도서관학과 1회 졸업생들과 함께 헬렌홀 도서관 앞에서의 이봉순(1962)

1943년 남편이 세브란스 의전을 졸업하고 평양연합기독병원에서 인턴을 하는 동안 손인실은 평양에서 서울로 이사 온 남편의 집에서 시집살이를 했다. 여성에게 시집살이는 대개 낯설고 고된 일이지만 적어도 시부모와의 관계에서만은 손인실은 달랐던 것으로 보인다. 안혜령은 시부모 앞에서 손인실이 남편의 무릎에 머리를 얹고 누워 있는 장면을 자서전에서 묘사하고 있다(안혜령 2001: 67). 앞 장에서 보았듯이 젊은 시절 평양에서 배우자가 될 조부의 생신 잔치에 참석하여 많은 사람 앞에서 두 사람이 함께 춤을 추었던 파격적인 자유분방함이 결혼 이후 시집살이에서도 또 다른 형태로 재현되고 있는 점은 흥미롭다. 이러한 자유분방함이 휴식이 아닌 시집살이의 다른 영역, 예컨대 가사나 육아 등에서도 비슷한 양상을 보였는지가 궁금하지만 유감스럽게도 자서전에서 그에 관한 서술은 제시되고 있지 않다.

먼 훗날의 이야기지만 손인실은 남편과 더불어 "마주 앉아 담배를 피우고 술잔을 비우며 느긋하게 대화를 나누는" 삶을 살았다. 서울의 상류층 엘리트 사회의 일원으로 서구화된 "이상적이고 멋있는" 이러한 부부 생활이 가까운 이들이나 친척들에게 선망의 대상이었지만 당사자인 여성에게는 반드시 그러하지만은 않았다. "이 결혼이라는 게 아침에 일어나서 오늘도 참자, 그거를 열 번은 해야 그날 하루가 무사히 넘어"간다고 손인실은 말한다. 도저히 그 말에 납득이 가지 않았던 조카인 문미애의 입을 빌려 안혜령은 "그토록 다정해 보이며, 삶의 모든 조건이 안정되고 번듯해 보이는 사람의 입에서 그런 말을 듣게 될 줄이야 상상도 못했던 일"이라고 썼다(안혜령 2001: 188).

남편이 만포진에서 협화의원이라는 병원을 개업하여 의사로서 일하던 시절 손인실은 가사의 담당자이자 남편 일의 조력자로서 인생에서 가장 힘든 시기를 맞았다. "주부요 요리사요 세탁부며 청소부"이자 남편의 수술 때면 '간호보조원'의 역할을 해야 했다. 입원환자의 식사와 빨래, 청소는 물론이고 수술 도구의 소독과 정리 중에서 가장 힘든 일은 빨래였다. 수술이 많다 보니 피고름 묻은 거즈며 의사와 간호사들의 가운이 하루도 거르지 않고 쏟아져 나왔다. 두 해 동안 만포진에서 한 일이 "남은 생애에 일한 양 모두를 합한 것보다도 몇 곱절이나 많"다고 할 만큼 손인실은 "종일 뛰면서 밤새워 일"하는 시절을 보냈다. "그 많은 일들을 어떻게 다 할 수 있었는지 실로 놀라울 뿐"이라고 스스로 말할 만큼 고달픈 시간이었다(안혜령 2001: 71~3).

자신의 삶을 돌아보면서 손인실은 자신은 "남편의 뒷바라지를 위해 일생 희생했고 자녀들을 위해 모든 것을 바쳤고, 사회를 위해 와이(YWCA —필자) 같은 기관을 통해 봉사"하는 삶을 살아왔다고 언급한다. 그런데도 그녀는 "나 아닌 다른 사람을 위해 살아왔다고 자아 연민 속에 깊이 파묻히게 될 때가 많"다고 하면서 자신의 삶에 대한 심층으로부터의 의문을 제기한다. 그러나 곧이어 그녀는 "깊이 생각해 볼 때 이 모든 것은 자아 만족을 얻기 위한 것이요, 한 인간으로서 마땅히 걸머져야 할 책임과 의무라고 생각"한다고 하면서(안혜령 2001: 190), 자아의 만족과 도덕의 차원에서 화해를 시도한다. 그럼에도 불구하고 마치 말년의 일기에서 황애덕이 적었듯이 여성으로서 삶에 대한 회의가 근저에 깔려 있다는 사실은 부정할 수 없었다.

제7장

。

맺음말

이 책에 나오는 여성들은 구한말의 애국계몽기에서 식민 지배가 시작하는 시기에 태어나서 일제 강점기 이른바 문화정치의 한 가운데인 1920년대에서 1930년대에 걸쳐 생애의 가장 젊은 시기를 보냈다. 비록 이들이 이 시기 신여성을 망라하거나 대표하지는 않는다고 하더라도 이들이 살아간 삶의 궤적은 한국 근대 여성사의 일정한 단면을 정형화하여 보인다. 이러한 점에서 소수의 예외를 제외한다면 이들의 생애 과정에서 일정한 공통성을 찾아볼 수 있다. 생애 주기에서 교육이 중요한 주제를 차지한다거나 기독교의 영향을 받았다거나 민족 이산과 초민족주의의 일정한 형태에 대한 경험이 그것이다. 지식인이자 중상류로서의 사회 지위를 반영하는 것이기도 하지만 이들 대부분이 생애의 주요한 계기에서 과감하거나 때로는 비장한 결단을 통하여 자신의 삶을 주도해 나간 사실도 주목할 만하다.

신여성의 등장에서 지식과 교육이 중요한 역할을 했다는 사실은 흔히 지적되어 온 바이지만 그것이 어떠한 방식으로 어떠한 과정을 거쳐 추구되었는가에 대해서는 거의 관심을 갖지 않아 왔다. 이러한 점에서 가부장제로 표상되는 가족 제도에서 아버지와 딸 사이의 다차원에 걸친 복합 관계에 주목할 필요가 있다. 아버지의 권위로 표상되는 가부장제의 작동은 언제나 일관되게 지속하여 작용하지는 않았으며, 여성 교육에 대한

。아버지의 다양한 동기는 이 주제를 둘러싼 저항과 균열, 갈등과 타협, 대립과 모순의 복합성을 드러낸다. 완고한 아버지와 전통 가부장제의 전형적 발현이라는 한쪽 극에서 당사자보다도 교육에 열성을 보인 다른 쪽에 이르는 척도의 가운데에는 다양한 변형태의 색깔들이 존재한다.

지금까지의 연구들에서 가정해 온 것처럼 아버지의 권위로 표상되는 가부장제가 언제나 일관되게 작동하지는 않았으며, 따라서 가부장제의 몰락과 여성 교육의 증대라는 등식을 기계적으로 적용하는 경향에 대해서도 일정한 주의가 필요하다. 여성성이 거세된 선택적 배제나 일정 단계의 교육에 대한 욕망의 포기, 특정 영역에 대한 강요라는 여러 형태의 조건들에 여성 자신이 맞서야 했으며, 가부장의 가족 제도에서 아버지(혹은 부모)는 자신의 선호와 가치 및 욕망을 딸에게 투영하고자 했다.

가족 제도의 바깥으로 눈을 돌려 보면 식민 지배의 수탈과 착취를 배경으로 한 가족 제도의 해체와 지속 불가능은 여성 교육에 대한 구조적 장애로 작용했다. 이러한 도전과 역경에도 불구하고 이 시기의 여성들은 스스로가 주체가 되어 앎과 교육에 대한 욕망을 추구하고 또 그 이상을 현실에서 구현하고, 실천하고자 했다. 이 책의 등장인물들 역시 예외가 아니었다. 이들 주인공은 배움에 대한 열망과 이상을 통해서 자아의 성장과 현실에 대한 인식을 쟁취하고자 했다. 이와 동시에 배움의 장으로서 학교는 근대의 첨단 문명과 유행을 적극적으로 누리고 소비하는 장이기도 했다.

교육·지식과 더불어 중요한 또 하나의 주제는 기독교였다. 근대화의 전반에 걸쳐 서구 기독교가 한국에 미친 영향을 배경으로 아마도 최은희와 임순득을 제외한다면 이 책에 등장하는 여성들의 생애에서 기독교는 의미 있는 역할을 했다. 이들 대다수는 일찍이 기독교를 받아들인 가정에서 성장했고, 기독교 계통의 학교에서 교육을 받았으며, 나아가서 기독교의 네트워크를 통해서 직업을 얻거나 사회 활동을 했다. 비록 그에 대한 문제 제기나 비판 의식 없이 일방으로 받아들이지는 않았다고 하더라도 이 시기 여성의 의식과 교육, 그리고 자아정체성의 형성에서 기독교가 행한 역할은 충분히 평가되지 않아 왔다.

서구 기독교를 이들이 받아들이게 된 데에는 무엇보다도 그것이 근대화를 위한 방편의 하나라는 점이 작용했지만 그 밖에도 여러 가지 다른 동기들이 있었다. 비록 종교가 믿음과 영성의 정신에 관한 것이라 하더라도 무엇보다도 먼저 여기에는 일상에서 당면한 어려움을 해결한다는 생활에서의 실제 동기가 있었다. 마치 안중근 일가의 천주교로의 귀의가 그러했듯이 복혜숙의 아버지는 잦은 정변과 무질서와 혼란이 지배하던 불안한 사회 현실에서 의지하고 도움을 기대할 수 있는 의탁처로서 기독교를 찾았다. 이들 사례는 한국의 중하류층에서 급속하고 광범위하게 기독교가 보급되어 간 시원의 어딘가에 자리 잡고 있었다.

나아가서 서구 기독교는 교육에 대한 이들 여성의 필요를 깨우치고, 그에 접근할 수 있는 통로를 제공했으며, 때에 따라서는 그것을 성취하는 데 필요한 자원을 지원했다. 이러한 재정의 지원이 비록 서양, 특히 미국의 선교회와 선교사들에 의해 시작되었다 하더라도 토착의 자원 역시 여기에 동원되었다. 선교회/선교사의 지원으로 외국에서 근대 교육을 받은 이들은 나중에 스스로가 직간접으로 기독교 선교와 관련된 영역에서 생계를 영위하거나 사회 활동을 하는 경향이 있었다.

서구 기독교의 수용이 세속의 생활을 영위하기 위한 일상의 실질 이익이라는 동기 만에 의해 추동되지는 않았다. 동시에 그것은 한 개인이 태어나고 성장한 토착 사회와는 다른 차원의 가치와 문화, 혹은 에토스로부터 배우고자 하는 기회와 동기, 그리고 열망을 부여했다. 그것은 지극한 가난과 무지, 생존의 고난과 경쟁, 무기력과 통제, 혹은 세속의 명예나 출세와는 다른 여성과 인간 일반에 대한 존중과 평등, 사랑의 실천과 배려, 인내와 관용, 편견과 배제로부터의 자유, 공감과 기쁨, 열정과 영원과 같은 이념과 감정의 세계였다.

　나아가서 그것은 긍정의 의미에서든 부정의 의미에서든 일종의 아비투스(habitus)로서 서구풍의 가치와 취향과 문화를 체험하는 장이 되었다. 그것은 독특한 향기와 체취, 개방과 즐거움과 같이 막연한 추상성을 띠기도 했지만, 건포도와 사탕, 빵, 커피, 레이션 박스, 파티나 크리스마스와 산타클로스와 같이 물질의 형태로 형상화되어 오랜 동안 기억을 통해 살아남았다. 황애덕과 손인실, 그리고 복혜숙의 사례에서 보듯이 이들에게 미국의 문화와 가치에 대한 몰입은 이들의 정신에 신체화되어 일종의 아비투스로서 일상을 통해 실천되었다.

　다음에 이 책의 주인공들은 비단 한반도의 남쪽에 한정되지 않은 동아시아 지역을 넘나들며 생애의 전반부를 보냈다. 주로 가족 단위의 형태로 한반도에만 한정되지 않은 동아시아 차원에서의 민족 이산(diaspora)과 초민족주의(transnationalism)를 경험한 것이다. 실제로 이 책의 주인공 중에서 이러한 초국적의 이주에서 벗어난 사례는 신애균의 경우를 제외하고는 찾아볼 수 없다. 비록 중하층 여성들의 대부분이 공간의 제약에서 벗어나지 못하고 일정한 지역에서 평생을 보내는 경우가 많았다 하더라도 시기로 볼 때 20세기 전반기 동아시아 차원에서 이러한 이주의 양상은 다음 시대에 올 공간의 제약과는 현저한 대조를 이루는 것이었다. 이러한 탈영토의 이주 상황은 동아시아에서 제국주의 침략과 식민지 반식민지의 출현 등에 의해 조성되었으며, 1945년 제2차 세계대전의 종결과 해방의 도래는 이러한 흐름을 멈추게 한 주요한 계기로 작용했다.

제국주의의 마지막 단계를 배경으로 조성된 식민과 반식민 동아시아의 문화와 역사 상황에서 이들은 탈영토를 지향하거나 때로는 강압으로 밀려나면서 다른 한편으로는 해당 지역 문화의 맥락 안에서 철저히 묻힌 상태에서 생애 과정의 일정 주기를 보냈다. 이러한 조건에서 이들 여성은 한반도의 남쪽과 북쪽에서 시작하여 만주, 중국과 몽골, 일본, 미국과 유럽 등지의 글로벌한 영역에서 자신들의 삶을 영위했다. 민족 이산과 초민족의 이주 양상이 단순히 공간의 이동이라는 현상만으로는 이해될 수는 없다. 나아가서 그것은 새로 정주한 지역으로 이전에 거주한 특정 지역의 문화 맥락을 도입함으로써 해당 지역의 문화와 정취를 새로 정착한 지역으로 가져오는 것이기도 했기 때문이다.

그렇다고 해서 이러한 초민족의 이주가 온전히 개인의 자유로운 의사에 따라 이루어진 것만은 아니었다. 식민지에서의 수탈과 가난, 혹은 이민족에 대한 식민 지배 권력의 적대와 억압과 같은 구조의 조건이 있었는가 하면 보다 나은 교육이나 삶의 기회를 찾기 위한 결단의 차원에서 이동이 이루어지기도 했다. 그리고 이러한 이주와 이동의 주된 계기는 제국에 의한 강제병합이나 국가들 사이의 전쟁이나 특정 국가 내부에서의 국지전, 그리고 식민 지배로부터의 해방 등을 배경으로 한 유학과 여행, 망명과 도주, 잠입, 파견, 순회공연, 혹은 모험 등의 형태를 띠고 구현되었다.

나아가서 이들 여성은 이러한 삶의 과정에서 결단의 순간들을 맞았다. 그것은 단순한 흐름과 지속으로서의 크로노스(chronos)가 아닌 의미 있는 삶의 계기로서 카이로스(kairos)로서의 시간이었다. 일생을 살아나가면서 인간은 매우 다양하고 무수히 많은 사건이나 상황과 맞닥뜨리지만 모든 사건이나 상황에 대하여 결단을 하는 것만은 아니며, 특정한 상황이나 사건에 부딪히는 모든 사람이 결단의 계기를 갖는 것도 아니다. 우리가 결단의 시간을 언제 어떻게 받아들이고, 무엇을 지향하며, 또 어떠한 방식으로 대응을 하는지에 따라 결단은 삶의 주요한 계기가 되고 이후의 삶의 양상에 영향을 미친다. 도전에 대한 인식과 그에 대한 비전과 반응 양상에 의해 그 이후 삶의 내용과 방향이 결정된다고 할 수 있는 것이다. 유한한 생명을 가진 존재로서 우리 모두는 이러한 운명의 시간에서 벗어날 수 없으며, 이 책에서 등장하는 주인공들도 예외가 아니었다. 식민지의 여성이라는 이중의 억압 아래에서 이들은 자신의 생애 주기에서 다가온 이러한 삶의 전기에 자기 나름의 인식과 비전을 가지고 각자의 방식으로 도전에 응함으로써 자신들의 고유한 삶을 선택하고 또 만들어 나갔다.

교육과 지식의 보급, 기독교의 전파, 민족 이산과 초민족주의의 이동을 배경으로 삶의 전기와 결단을 통해 자신들의 삶을 시작한 이들 여성의 삶의 행로에서 주요한 비중을 차지한 두 주제는 젠더와 민족이었다. 여성의 사회화 과정에서 차별의 근대 형식으로서의 젠더와 민족은 여성의 자기의식과 자아정체성이 형성되고 결정화되는 데 주요한 변수로서 작동해 왔기 때문이다.

성차별과 젠더의 문제를 보면 이 책에 등장하는 여성들은 1890년대부터 1910년대에 걸쳐 근대로 이행하는 과도기에 태어났다. 남성 중심 가부장의 이데올로기가 전통으로 확립되어 일종의 에토스로서 강고하게 지배하던 당시의 상황에서 여성은 축복이나 기쁨보다는 그 반대로 표현되는 어떤 것을 통해 자신의 출생을 알렸다. 흔히 아들을 바라는 기대를 저버리고 태어난 자식으로서 이들은 아버지로부터 무시나 천대, 혹은 버림을 받았다. 쓸데없이 태어난 존재로서 이들은 자신의 인격이나 자존감은 물론 자신의 이름조차 얻지 못하는 경우가 많았다. '가부장'의 개념에 걸맞게 이러한 차별과 모멸의 일차 주체는 아버지였지만, 오랜 세월에 걸친 가부장의 이데올로기는 일종의 아비투스로서 가족 구성원에 체화되어 일상으로 행사되었다. 남성 중심의 전통은 여성의 출생과 존재 자체에 대한 불인정의 실체로서, 무존재의 존재로서 여성을 규정했으며, 이러한 전통은 어머니를 비롯한 가족 구성원과 당사자에 의해서 오랜 동안 수용되어 왔다.

가부장제와 관련해서는 근대로의 이행 과정에서 '아버지의 부재' 현상이 흔히 지적되어 왔다. 서구에서는 일찍이 1930년대 후반부터 아버지 역할을 둘러싼 정치 담론들이 아버지의 부재론을 중심으로 전개된 바 있다. 제2차 세계대전 동안 아버지들은 전쟁터에서 싸우느라 자식을 돌볼 여유를 갖지 못했다. 프로이트의 '가족 로망스' 개념은 봉건체제를 부정하고 근대세계를 창조해 낸 근대 기획 일반에서 작동하는 집단 무의식을 이해하는 데 일정한 시사점을 제공한다. 즉 근대로의 이행 과정은 봉건체제라는 현실의 아버지를 부정하고, 새로운 근대체제라는 상상의 아버지를 호명하고 구성하는 것으로 여기에서 아버지는 부정되고, 부재하는 것으로 제시된다.

한국의 근대에서도 많은 연구자와 비평가들이 아버지의 부재 현상과 그것의 식민지 변형태를 언급해 왔다. 이 책에 등장하는 여성들의 자전에서도 주인공 여성의 어머니와 당사자로 이어지는 여성의 이야기에서 이러한 편린들을 찾아볼 수 있다. 무능한 아버지와 생계를 도맡은 어머니, 그 결과로서 이들이 당면해야 했던 가난이라는 한국 근대에서 낯설지 않은 풍경은 이 책에 등장하는 여성들의 사례에서도 흔히 등장한다.

이 시기 아버지의 무능과 가난만이 아버지의 부재를 초래하지는 않았다. 국권의 상실이라는 민족의 비운 앞에서 빼앗긴 나라를 찾겠다는 동기에서, 이방인의 지배를 받는 것이 싫다는 이유에서, 혹은 생활의 방편이나 이념, 신앙을 지키기 위해 많은 아버지가 속절없이 조국을 등지고 중국이나 만주 등지의 해외로 유랑과 이산의 길을 떠났다. 드물게는 가족과 함께 하기도 했지만, 미지 세계로의 이야기에 등장하는 주인공의 대부분은 가부장의 남성 혼자였다.

이 시기 가족 내에서 아버지의 부재와 대조를 이루는 것이 오빠의 존재감이다. 여기에서 아버지와 오빠는 단순히 가족 내의 실체에 그치지 않고 시간과 세대의 관념을 표상하는 기표였다. 근대로의 이행이라는 과도기에 아버지는 전통의 영역을 대표하지만 동시대에 속하는 오빠는 근대를 표상한다는 점에서 이해와 공감의 공유가 가능한 존재였다. 이는 아버지 중심의 전통 가족 제도가 도전받고 해체되면서, 오빠를 축으로 하는 새로운 가족공동체가 형성되는 과정을 시사한다.

이러한 맥락에서 한국 근대에서 신여성의 등장에는 오빠의 존재와 후견인으로서의 역할에 빚지고 있는 사례들을 적지 않게 찾아볼 수 있다. 여기에서 여성 자신과 오빠의 관계는 흔히 이중의 복합성을 지니며,

이 책에 등장하는 인물들도 예외가 아니다. 한편으로 그것은 가족 로망스의 변형으로서 연대와 형제애의 구현이라는 요소를 내포하지만 동시에 비록 전통 가족처럼 정형화된 형태는 아니라도 하더라도 아버지의 부재를 대신하는 의제화된 가부장으로서 역할을 하기도 했다.

여성이 여성이라는 이유로 당면한 현실에서의 차별과 편견은 가족 내부에만 그치지 않았다. 가족 내에서 여성에 대한 이러한 차별과 편견은 가족 외부에 위치하는 사회 전반의 현상을 반영한다. 오늘날 우리가 지켜보는 바와 같이 그것은 여러 형태로 일상의 곳곳에서 출현했으며, 사회나 민족으로 표상되는 공공 영역은 남성이 담당하는 반면에 가정을 중심으로 한 사적 영역에 여성의 일을 한정하는 시대의 통념과 관행은 끈질기게 지속하는 경향이 있었다. 여성에 대한 편견과 배제는 식민자/피식민자, 일본인/조선인의 경계를 뛰어넘어 진보/보수, 민족주의/사회주의 범주에도 무차별로 적용되었다. 다른 여성들과 마찬가지로 이 책의 주인공들은 출생 이후의 생애 과정을 통하여 이웃과 학교, 사회, 그리고 자신의 가족에서 아내이자 어머니로서 어떠한 형태로든지 그에 대응해야 했다.

성차별과 젠더와 연관되는 또 다른 주제로는 성의 자유와 여성에 대한 성희롱이나 성폭력의 문제가 있다. 특히 그것은 이 책에 등장하는 사례 중 영화와 춤과 같은 예술 분야에서 두드러진 쟁점이었다. 연극, 영화 배우와 무용가로서 활동한 여성에 대한 억압과 편견은 여성의 신체에 대한 노출이 금기시되고 성의 자유가 허용되지 않았던 식민지 당대의 현실에서 전형의 양상을 띠고 발현되었다. 무용을 통해 다듬은 자신의 신체에 대한 긍정적이고 자연스러운 긍정과 자부심은 여성의 몸에 대한 금기와 편견에 의한 당대 일반 사회의 무차별한 시선과 악의에 의해 심각하게 훼손되었다. 여성의 성에 대한 희롱과 폭력은 무의식에서 방치되거나 은밀하게 공유되거나 때로는 공공연하게 과시되었다.

다음에 민족의 쟁점에서 보면 이 책의 주인공들은 자신의 젊은 시절이나 어린 시절, 혹은 태어나면서부터 일제 강점기의 식민 통치를 경험했다. 식민 지배에 대한 피압박 민족으로서 억압과 착취를 경험했다는 점에서 민족에 대한 기본 정서를 공유했다고 하더라도 개별 사례의 성정이나 지향, 가족의 배경과 성장 환경, 교육, 이후의 사회 활동과 직업 경력 등에 따라 그것은 다양한 차이와 편차들을 보였다. 민족이라는 주제는 당대의 식민 통치 시기는 물론이고 탈식민 이후 각 개인의 행로와 운명을 결정해 왔다는 점에서 현실적이고 정치적인 현재성의 의미를 지닌다. 자서전과 전기에서 진실과 진정성의 쟁점은 서론에서도 언급한 바 있지만, 이 책에 등장하는 여성들에게서 민족 인식의 진정성을 분별하는 문제는 특히 역사적 감수성을 요구한다.

이러한 점을 고려하여 이 책에서는 민족 문제와 연관한 자아정체성을 신념형과 생활형, 일상형, 그리고 경계형 혹은 세계인(cosmopolitan)의 네 유형으로 분류하여 분석했다. 네 유형의 연속선의 양쪽 끝에는 신념형과 경계형이 각각 위치한다. 그리고 이 두 극단 사이의 어딘가에 생활형과 일상형의 두 유형이 있다. 이러한 점에서 민족에 대한 헌신과 지향이 있다고는 하더라도 신념형과 비교하여 일상에서 뚜렷한 형태로 표출되지 않는 생활형이나 민족 문제가 일상의 주요 주제를 이루지도 않을 뿐아니라 때로는 그와 배치되거나 모순되는 상황을 보이기도 하는 일상형에 비해 두 극단에 대해서는 특별히 주목할 가치가 있다.

신념형에 속하는 황애덕은 민족주의와 기독교의 두 가지가 중심 주제를 이루는 삶을 살았다. 이는 최근에 이르기까지 미국과의 친연성을 가진 한국 지배 엘리트의 민족주의 유형의 한 흐름을 대표하는 일종의 기원으로서의 의미를 지닌 것으로 기독교와 미국을 중심 주제로 하는 한국의 주류 민족주의가 지닌 자기모순의 한 단면을 드러낸다. 해방 이후 이러한 유형의 신념은 강력한 반공주의의 요소와 결합하여 궁극에서는 이승만 독재체제를 뒷받침한 극우 민족주의로 수렴되어 갔다. 신념형 여성들의 민족 관념 형성에서 아버지가 중요한 역할을 하는 것은 근대 민족주의에 내재하는 남성중심주의의 속성을 일정한 형태로 반영한다.

나아가서 이러한 유형의 민족주의-반공주의에서 민족에 대한 헌신과 대의에 대한 표방은 여성의 개체성에 대한 자각이나 인식과 일정한 긴장과 균열을 야기했다. 신념형의 민족 인식에서 여성의 고유한 속성이나 여자다움에 대한 강조와 그것의 구현을 위한 계몽의 기획은 찾아볼 수 있을지언정 여성의 자기의식이나 개체로서의 자각은 거의 찾아볼 수 없다. 이러한 점에서 신념형이 여성성의 수동성과 동시에 강한 여성상을 동시에 호출하는 것은 자기모순이자 징후적이다. 전쟁의 서사에서 흔히 언급되는 논개와 나이팅게일, 잔 다르크와 같은 굳센 여성의 창출을 강조하는 것은 민족주의를 통해서 자기의식과 개체로서의 독립을 위한 근거를 마련한 구한말 애국계몽기 여성의 현실과 겹쳐 보이지만, 동시에 그것은 최은희가 그토록 거리를 두고자 했던 1940년대 전시 동원기 '군국의 어머니' 상을 재현하는 기시감을 초래한다.

최승희로 대표되는 경계형은 민족 문제나 민족의 경계를 뛰어넘어 일종의 세계인을 지향한다. 미국과 유럽 등지의 해외 공연에서 최승희는 민족 정체성과 관련하여 복합적이고 모순적인 자기의식의 역설을 경험했다. 코리안 댄서로서의 정체성에 대한 강조에도 불구하고 해외 공연에서 최승희는 식민 제국의 지지와 현지에 거주하는 조선인의 상반된 요구, 그리고 식민 본국에서 일본인들의 의구심과 같은 복합 상황에 직면했다. 세계 공연을 마치고 일본으로 귀환한 이후에는 전시 동원의 파시즘 체제에서 일본 제국에 대한 헌신과 충성의 수사(rhetoric)을 공표하는 시련의 삶을 살았으며, 일제 말기에는 베이징에서 탈출이나 망명에 가까운 일상을 보내야 했다. 전시 동원과 전후 냉전 체제가 공고화되기 이전 한국과 일본, 중국, 북한의 여러 나라에 걸치는 초국적(transnational)의 상황에서 최승희는 친일과 항일, 반공과 친공의 구분을 넘어서서 세계주의를 지향하는 삶을 살고자 했다. 조선 고유의 정서와 전통을 동양과 세계 차원으로 고양하는 것을 통하여 보편성과 특수성의 조화를 지향함으로써 최승희는 단순한 민족주의를 넘어서서 세계주의를 구현하는 세계의 무희가 되었다.

소수의 예외를 제외한다면 이 책에 등장하는 여성들 대부분이 자유주의 계열에 속한다는 점에서 이들은 사랑과 성, 그리고 결혼의 주제에서 일정한 공통점을 공유한다. 비록 자신의 의지와 사랑에 따른 결혼을 했다고는 하더라도 연애와 결혼에 대한 이들의 인식과 반응은 복합의 성격을 띠었다. 예컨대 한편으로 이들은 자신의 의사에 따른 연애결혼이라는 근대의 방식을 선택했다는 점에서 전통에 저항하기도 했지만, 다른 한편으로는 대다수 동시대 여성들과 마찬가지로 가부장제나 현모양처와 같은 전통의 일정한 계승자이기도 했다.

사랑과 결혼의 영역에서 이들은 당대의 다수 여성이나 같은 범주에 속하는 신여성과도 구분되는 몇몇 특성들을 공유했다. 무엇보다도 이들은 정정화의 경우를 제외하고는 가부장의 아버지가 배우자를 결정하는 전통에 따른 결혼 방식을 거부했다. 근대 도시를 무대로 펼쳐지는 일상생활의 다양한 국면에서 이들은 자신의 배우자를 만났다. 동료나 가족의 주선이나 소개로, 교회 심방에 우연히 동행한다거나, 주말이면 방문하는 친구 집에서, 혹은 병원에 입원하여 수술을 받거나, 법정에서 재판을 받으면서, 때로는 해외에서 정착하는 과정 등이 생애의 반려가 등장하는 계기가 되었다.

아버지가 정해 준 배우자를 거부하거나 부모의 반대에 맞서서 자신의 의지로 결혼하는 사례들은 이 시기 근대 여성의 결혼이 전통의 가부장 지배에 대한 일종의 부정과 비판으로서의 의미를 지니고 있었다는 사실을 보인다. 이러한 점에서 이들은 배우자의 인격과 삶의 지향과 아울러 무엇보다도 사랑의 요소를 중시하는 근대의 결혼을 지향했다. 그러나 이처럼 비록 근대 연애결혼의 양상을 띠었다고 하더라도 정식으로 청혼하는 단계에서 예컨대 오빠나 누나와 같은 가족의 허락 내지는 중개의 형식을 거친 것은 이 시기 결혼이 지니는 과도기로서의 성격을 드러낸다. 그렇다고 해서 그것이 자신의 선택과 의지에 따른 자유 교제와 연애의 근대 원칙을 훼손하는 것은 결코 아니었다.

다음에 정정화의 경우를 제외한다면 이들 대부분은 당시 일반의 결혼 관행과 비교하여 매우 늦은 나이에 결혼했다. 30살이 넘은 4명의 사례를 포함하여 이들의 평균 결혼 연령은 26.5년이라는 높은 수치를 보인다. 당시의 평균 결혼 연령이 16~20살 정도에 걸쳐 있었다는 점을 고려해 보면 매우 늦은 나이라는 사실을 알 수 있다. 상대적으로 긴 교육 과정, 그리고 이어지는 직업과 사회 활동에 더하여 신여성 일반이 당면한 결혼할 수 있는 적정 연령의 남성 배우자의 결핍 등이 복합해서 작용한 결과라고 해야 할 것이다.

나아가서 이들 중에는 미혼의 남녀가 결혼하는 통상의 방식을 벗어난 형태를 포함한다는 점도 주목된다. 이 시기에 신여성이 기혼 남성과 혼인하는 이른바 제2부인 문제가 사회적인 논쟁이 될 정도로 빈번하게 발생한 사실을 염두에 두어야 하겠지만, 이들 여성 또한 그 영향에서 벗어나지 못했다. 배우자와 사별하거나 이전 배우자와의 사이에서 자녀가 있는 사람과 결혼한 경우는 전체 사례의 1/3이 넘는 비교적 높은 수치를 보인다. 그리고 이러한 선택은 부모나 집안과의 대립과 갈등을 불러일으켰다. 결혼을 바로 앞둔 시점에서 부모에게 결혼 사실을 일방으로 통고한다거나 혹은 부모에게 알리지 않고 두 사람이 먼 곳에서 결혼하는 방식을 선택함으로써 이들은 양가 부모와 일가친척이 모두 함께하는 전통 결혼식의 양식을 파괴했다. 이러한 도전에 대하여 이들은 일정한 대가를 치러야 했다. 결혼 사실을 알면서도 부모나 가족이 일부러 참석하지 않는가 하면, 결혼 후 신부의 집을 방문한 신랑을 문전박대한다거나 하는 불화와 갈등이 그것이다.

이처럼 근대 연애결혼의 일정한 속성을 공유하면서도 서구의 경우를 염두에 두고 볼 때 이들의 사랑과 결혼에서는 일종의 한국·식민지의 특성으로 일컬을 수 있는 양상을 찾아볼 수 있다. 무엇보다도 민족독립이나 사회 활동, 종교의 소명 의식과 같은 거대서사의 담론 아래에서 여성은 사랑에 대한 자신의 감정을 잘 드러내지 않거나 축소, 혹은 은폐하는 경향이 있었다. 이들의 생애 과정에서 실제로 차지하는 비중과 의미에 비추어 보더라도 전반적으로 사랑과 결혼에 관련된 내용은 이들 전기/자서전에서 매우 소략하거나 단편적인 양상으로 나타난다. 소수의 예외가 없는 것은 아니지만, 이들조차도 결혼을 앞둔 상황에서 예외 없이 나라와 민족의 독립이라는 대의를 선택지로 두고 고민하는 모습을 보인다.

이와 아울러 이들의 사랑/결혼 이야기에서 여성 당사자와 남성 배우자의 역할이 어느 정도 정형화하는 경향을 보이는 점도 주목된다. 많은 경우 이들의 사랑/결혼 이야기는 실제와는 무관하게 여성은 수동적으로 남성의 구애를 받아들이는 존재로서, 이와 대조적으로 남성들은 열렬히 구애하는 형식을 띠는 양상을 보인다. 이는 전기/자서전의 장르 형식에서 '여성다움'이 표출되는 방식의 시대 제약성을 반영하는 것으로 볼 수 있을 것이다. 결혼에 이르기까지의 방황과 고민을 거듭한 신애균이나 손인실의 사례나, 실제로는 연애결혼이면서도 연애결혼이 아니라는 최승희의 강변 등은 이러한 점에서 파격을 보인다. 이들 여성의 상당수가 결혼에 이르기까지 현재의 배우자가 아닌 다른 남성에 의한 구애나 '추근거림'의 일화와 경험을 자서전에서 서술하는 것도 자못 징후적이다.

마지막으로 가족과 모성의 영역에서 보면 이 책의 등장인물들은 오늘날 우리가 이해하는 근대 핵가족의 이념이 아닌 이보다 넓은 의미에서의 가족 개념을 포괄하는 과도기로서의 삶을 살았다. 비록 근대 핵가족의 외양을 띠었다 하더라도 일상의 실제에서는 이보다 범위가 넓은 확대가족의 이상이 지배하던 시대였다. 생계의 단위는 핵가족이라는 형식에 한정되었다 하더라도 아이의 양육이나 교육, 부모의 봉양과 보살핌이라는 점에서는 근대가족의 한정된 경계를 넘나들었다. 이러한 확대가족의 이상은 때로는 혈연과 혼인의 범위를 넘어서서 이웃이나 동료, 친구의 영역으로 확장되는가 하면, 일부일처의 이념을 넘어서는 '가족'구성원에 대한 정서적 애착의 유지를 통하여 근대가족의 이념은 일정한 시험과 도전에 봉착했다.

가족의 이념으로 보면 이들 대부분은 자유주의 내지는 보수주의의 성향을 보였다. 일제 강점기 민족의 생존과 존립이 위협받았던 상황에서 어머니로서의 여성은 미래의 2세를 위한 양육과 교육의 담당자로서 중시되었다. 비단 이 책의 등장인물에 한정되지 않고 남녀를 망라하는 당대 상당수 지식인이 그러했듯이 이들은 가정은 여성의 영역이며 여성의 중심 역할은 모성애의 실천에 있다고 생각했다. 현모로서 어머니에게 부과된 이러한 모성은 궁극에서 가정의 화목과 평화로 수렴된다는 점에서 여성은 가정의 화목을 위한 주체의 역할을 부과받는다.

나아가서 모성의 담지자로서 여성은 그나마 암울한 현실에서 미래를 기약하는 희망의 가교역할이 기대되었다는 점에서 모성으로서의 여성은 민족주의의 동기에 의해 지지를 받았다. 민족이나 사회, 혹은 국가에 봉사하는 어떤 것으로 가정과 모성을 표상하는 것은 여성성의 다양한 차원들을 무시하고 억압하거나 배제한다는 점에서 민족이나 국가를 매개로 한 모성의 물신화로 이끌리기 쉽다. 가족과 자식의 사적인 문제가 공공의 규범이나 국가의 공적인 주제를 때로는 압도하는 행태는 이러한 맥락에서 이해된다. 여기에는 주체로서 여성의 직업이나 사회 활동, 바람과 욕망, 도전과 모험과 같은 여성성의 다양한 속성들이 들어설 자리가 없다.

이 책의 주인공의 대부분은 이 점에서 예외를 이루는 삶을 살았다. 비록 외양의 근대가족을 선호했다 하더라도 이들 대부분은 자신의 개성이나 자아의 실현보다는 가족의 전통과 가치를 중시하면서 그에 헌신하는 삶을 살았다. 자서전이나 전기의 대상이라는 사실 자체가 시사하듯이 전문직에 종사하는 중간계급의 지배 엘리트에 속하는 이들 대부분은 자신의 영역에서 일정한 성취와 사회 활동을 통하여 널리 알려진 인물들이다. 여성의 사회진출과 직업 활동의 길을 개척한 선구자로서 이들은 가정에서는 현모양처와 모성의 통속 이미지를 동시에 구현하는 강한 아내이자 어머니가 되어야 했다. 이른바 현모양처 이념을 체화한 상태에서 사회 활동을 병행하는 생활을 실현하기 위한 슈퍼 여성으로서의 고단한 삶이었다. 여성으로서의 고단한 삶은 자신의 자유의지에 의해 선택한 결혼이라고 해서 크게 다르지 않았다. 가부장의 지배가 여전한 현실에서 사는 것과 남성 배우자가 여성 배우자의 꿈과 이상을 이해하는 것은 별개의 문제였다.

비록 직업과 사회 활동과 같은 가족 바깥의 영역에서, 그리고 연애나 결혼과 같은 생애 주기의 사건들에서 '신여성'으로서의 면모를 드러냈다고 하더라도 가족이라는 영역에서 이들은 근대 신여성이라기보다는 전통의 명령에 더 충실한 양상을 보였다. 현모양처 이념의 전형적 재현, 육아와 가사 노동의 전적인 부담, 남편에 대한 복종, 혹은 시부모에 대한 공경 등이 그러하다. 이러한 점에서 이들은 이 시기 근대 지식층 여성 가족을 가장 정형화한 모습으로 구현했다. 비록 한쪽의 일방적인 희생과 복종에 기반을 두었다고는 하더라도 부부 사이의 사랑 역시 이러한 근대가족의 정경에서 빠지지 않고 등장하는 한 부분이었다.

이처럼 이들 대부분은 남성 중심의 가부장 이데올로기에 대한 반성이나 비판이라기보다는 그것의 적극적 수용과 실천을 통하여 자신의 경력을 추구하고 삶의 의미를 찾고자 했다. 남편과 자녀, 가족에 대한 희생과 헌신, 그리고 그것을 침해하지 않는 범위에서의 사회적 삶을 살아가면서 자신의 본성으로서 여성성을 희생한 대가는 때때로 혹은 생애 과정의 마지막 단계에서 여성으로서의 자신의 삶에 대한 짙은 의문과 회의라는 형태로 찾아 왔다. 가족의 범위를 넘어서는 공동체에 관한 관심이 차단되고 그 기회도 거의 얻지 못한 상태에서 주부와 어머니의 역할만을 강조하는 삶을 살아가는 근대 이행기 여성의 현실을 그려내고자 한 임순득의 시도는 이러한 현실을 비판하고 그것을 넘어서고자 하는 의지와 비전을 보이는 것이었다.

참고문헌

3·1여성동지회, 1980,《한국여성독립운동사》.

강동진, 1980,《일제의 한국침략정책사》, 한길사.

강우일, 2020, 〈고백과 위안〉,《한겨레신문》7월 16일자.

강이수, 2005, 〈일제하 근대 여성 서비스직의 유형과 실태〉,《페미니즘 연구》5.

강이향 편, 1989,《생명의 춤 사랑의 춤: 월북무용가 최승희의 예술과 삶》, 지양사.

권경미, 2013, 〈노동운동 담론과 만들어진/상상된 노동자: 1970년대 노동자수기를 중심
    으로〉,《현대소설연구》54.

김경일, 2004a,《여성의 근대, 근대의 여성: 20세기 전반기의 신여성과 근대성》, 푸른역사.

김경일, 2004b,《한국노동운동사2: 일제하 노동운동 1920~1945》, 지식마당.

김경일, 2007,《이재유 나의 시대 나의 혁명》, 푸른역사.

김경일, 2012,《근대의 가족, 근대의 결혼》, 푸른역사.

김경일, 2016,《신여성, 개념과 역사》, 푸른역사.

김경일 외, 2015,《한국 근대 여성 63인의 초상》, 한국학중앙연구원 출판부.

김달수, 1981,《자기 사(史)속의 최승희》, 무궁화사.

김두헌, 1985(1969),《한국가족제도연구》, 서울대학교 출판부.

김메리, 1996,《학교종이 땡땡땡》, 현대미학사.

김명인, 2006, 〈한국 근현대 소설과 가족로망스: 하나의 시론적 소묘〉,《민족문학사연구》.

김보현, 2018, 〈미망기: 이상 〈날개〉〉,《릿터(Littor)》13, 8·9월호.

김성례, 1994, 〈여성의 자기 진술의 양식과 문체의 발견을 위하여〉,《또 하나의 문화》제9호.

김수진, 2009,《신여성, 근대의 과잉: 식민지 조선의 신여성 담론과 젠더 정치, 1920~
    1934》, 소명출판.

김양선, 2003,《1930년대 소설과 근대성의 지형학》, 소명출판.

김연숙·이정희, 1997, 〈여성의 자기발견의 서사, '자전적 글쓰기'〉,《여성과 사회》8.

김영범, 2012, 〈현정건의 생애와 민족혁명운동〉,《한국민족운동사연구》70.

김영범, 2019, 〈기생에서 혁명가로, 현계옥의 사랑과 자기해방의 고투〉, 《지역과 역사》 45.

김영희, 2018, 〈5 · 18의 기억 서사와 여성의 목소리〉, 《페미니즘 연구》 18(2).

김은정, 2012, 〈1930~40년대 서비스직 여성의 노동경험을 통한 직업여성의 근대적 주체성 형성과 갈등에 관한 연구: 미용사 L의 생애구술을 중심으로〉, 《한국사회학》 46권 1호.

金乙漢 回顧錄, 1986, 《實錄 東京留學生》, 탐구당.

김이설, 2018, 〈운발없는 생: 현진건 〈운수좋은 날〉〉, 《릿터(Littor)》 13, 8 · 9월호.

김자동, 1998, 〈어머니에 대하여〉, 정정화, 《장강일기》, 학민사.

김정경, 2008, 〈여성 생애담의 서사 구조와 의미화 방식 연구: 《책 한권으로도 모자랄 여자 이야기》를 중심으로〉, 《한국고전여성문학연구》 17.

김필례 외, 1973, 《회상의 학창시절: 여류 21인집》, 신서출판사.

김항명, 1976, 《여성실화: 살아있는 성좌, 복혜숙》, 명서원.

김항명, 1983, 《나의 길을 가련다: 복혜숙 편》, 명서원.

김항명 · 오재호 · 한운사, 1992, 《복혜숙, 나의 길을 가련다》, 성도문화사.

김형국, 2001, 〈손인실 일대기에 부쳐〉, 안혜령, 《손인실, 사랑과 겸허의 향기》, 이화여자대학교 출판부.

김혜경, 2000, 〈식민지 시기 가족에 대한 계보학적 연구〉, 《사회와 역사》 제58집.

김혜경, 2006, 《식민지 하 근대가족의 형성과 젠더》, 창비.

김혜경 · 정진성, 2001, 〈"핵가족" 논의와 "식민지적 근대성": 식민지 시기 새로운 가족 개념의 도입과 변형〉, 《한국사회학》 제35집 4호.

단운선생기념사업회 편저, 1985, 《만년 꽃동산: 장선희 여사 일대기》, 인물연구소.

대한간호협회, 2012, 《간호사의 항일구국운동》, 정문각.

문예봉, 1936, 〈내가 거러온 길〉, 《여성》 4월호.

문옥표 외, 2003, 《신여성: 한국과 일본의 근대 여성상》, 청년사.

박영혜 · 이봉지, 2001, 〈한국 여성 소설과 자서전적 글쓰기에 관한 연구: 나혜석, 박완서, 서영은, 신경숙을 중심으로〉, 《아세아여성연구》 40.

박용옥, 1980, 《한국근대여성운동사연구》, 한국정신문화연구원.

박용옥, 1996, 《한국여성항일운동사연구》, 지식산업사.

박용옥, 1998, 〈권기옥〉, 《일제시대 활약한 초창기의 여류비행사》, 여성개발원.

박용옥, 2003, 《김마리아》, 홍성사.

박용옥 · 신영숙 외, 1998, 《한국 역사 속의 여성인물(하)》, 한국여성개발원.

박현희, 2008,《문예봉과 김신재》, 선인.

박화성, 1966,《새벽에 외치다: 송산 황애덕 선생의 사상과 활동》, 휘문출판사.

복혜숙, 1933, 〈당대 명배우 이월화의 최후: 타락한 여자라 비웃지 마시요〉,《별건곤》제 66호, 9월호.

서지영, 2011,《역사에 사랑을 묻다》, 이숲.

손승남, 1997, 〈전기연구(傳記硏究)와 교육학〉,《교육의 이론과 실천》 2권 1호.

손승남, 1998, 〈교육학적 전기연구와 구술적 면접법〉,《교육개발》 111권.

송연옥, 2003, 〈조선 '신여성'의 내셔널리즘과 젠더〉, 문옥표 외,《신여성: 한국과 일본의 근대 여성상》, 청년사.

송호숙·김진송·김채현·노동은, 1992, 〈식민지 근대화와 신여성: 김명순, 최승희, 나혜석, 윤심덕〉,《역사비평》, 여름호, 역사비평사.

신명식, 2010,《정정화: 대한민국임시정부의 안살림꾼》, 독립기념관 한국의 독립운동가들, 역사공간.

신애균, 1974,《할머니 이야기》, 대한기독교서회(《호랑이 할머니 신애균 자서전》, 아트스 페이스, 1993).

안혜령, 2001,《손인실, 사랑과 겸허의 향기》, 이화여자대학교 출판부.

양국주, 2012,《바보야, 성공이 아니라 섬김이야!: 엘리제 쉐핑 이야기》, Serving the People.

왕혜숙, 2016, 〈사회적 공연으로서의 자서전 읽기: 정주영 자서전에 나타난 기업인 정체 성과 인정투쟁을 중심으로〉,《한국사회학》제50권 5호.

柳宗悅, 1922, 〈조선과 그 예술〉,《新潮》, 1월(이길진 역,《조선과 그 예술》, 신구, 1994).

유호식, 2011, 〈자기에 대한 글쓰기 연구(2): 자서전과 성실성〉,《불어불문학연구》86집.

이기서, 1988,《교육의 길 신앙의 길: 김필례 그 사랑과 실천》, 태광문화사(북산책, 2012).

이배용, 1998, 〈박경원〉,《일제시대 활약한 초창기의 여류비행사》, 여성개발원.

이봉순, 2001,《도서관 할머니 이야기》, 이화여자대학교 출판부.

이상경, 2009,《임순득: 대안적 여성주체를 향하여》, 소명출판.

이상경, 2012, 〈일제시대 열녀 담론의 향방: 독립운동가 아내의 '순종(殉終)'과 그 맥락〉,《여성문학연구》 28.

이서구, 1973, 〈개화기 러브 스토리: 명우 이월화〉,《세대》, 1월호.

이영일, 1982, 〈이월화〉,《한국영화인열전》, 영화진흥공사.

이영일, 2003,《한국영화사를 위한 증언록: 김성춘, 복혜숙, 이구영 편》, 소도.

이유생, 2006, 〈전기 연구의 이론과 현대적 의미〉,《영미어문학》제78호.

이정희, 2003, 〈근대 여성지 속의 자기서사 연구: 성·사랑·결혼에 관한 여성의 서사를 중심으로〉,《현대소설연구》19.

이주미, 2007, 〈최승희의 '조선적인 것'과 '동양적인 것'〉,《한민족문화연구》제23집, 11월.

이화100년사 편찬위원회 편, 1994a,《이화100년사》, 이화여대 출판부.

이화100년사 편찬위원회 편, 1994b,《이화100년사자료집》, 이화여대 출판부.

이희영, 2005, 〈사회학 방법론으로서의 생애사 재구성: 행위이론의 관점에서 본 이론적 의의와 방법론적 원칙〉,《한국사회학》제39권 3호.

임선영 외, 2018, 〈한국 근대화와 여의사들의 역사적 발자취〉,《대한의사협회지》제61권 제2호.

임순미, 2011, 〈정치리더의 메타포: 김대중 전 대통령의 자서전에 나타난 정치리더의 정체성〉,《국제정치연구》제14권 1호.

임형선·이종수·양충자 구술, 김미선 편집, 2008,《모던걸, 치장하다》, 국사편찬위원회.

정병호, 1995,《춤추는 최승희: 세계를 휘어잡은 조선 여자》, 뿌리깊은나무.

정석기, 2001,《한국기독교여성인물사》, 쿰란.

정정화, 1987,《녹두꽃: 여자 독립군 정정화의 낮은 목소리》, 미완.

정정화, 1998,《장강일기》, 학민사.

정혜주, 2015,《날개옷을 찾아서: 한국 최초 여성비행사 권기옥》, 하늘자연.

제여매, 2016, 〈자서전의 이론과 변천: 자서전에서 '자전적 소설'로〉,《독어교육》67.

조영복, 2002, 〈임선규와 문예봉: 극작가와 배우, 엇갈린 부부의 운명〉,《월북 예술가, 오래 잊혀진 그들》, 돌베개.

조은·윤택림, 1995, 〈일제하 '신여성'과 가부장제: 근대성과 여성성에 대한 식민담론의 재조명〉, 광복50주년기념사업위원회·한국학술진흥재단,《광복50주년 기념논문집》(8 여성).

최경도, 2008, 〈자서전 연구의 성격과 전망〉,《영미문학교육》, 제12집 1호.

최승희, 1931, 〈그 후의 생활 비록(秘錄)(1), 최승희 여사 가정 방문기〉,《별건곤》제44호, 10월호

최승희, 1935, 〈그리운 고토를 차저서〉(대담),《삼천리》제7권 제9호, 10월호.

최승희, 1936a, 〈세계적 무희 최승희 여사의 대답은 이러합니다〉(대담),《삼천리》제8권 제4호, 4월호.

최승희, 1936b, 〈露西亞로 가려다가〉,《삼천리》제8권 제12호, 12월호.

최승희, 1937,《나의 자서전》, 이문당.

최승희, 1938, 〈아아, 그리운 신부 시대의 추상기(追想記)〉,《삼천리》제10권 제10호, 10월호.

최승희, 1941a, 〈무사히 도라왔습니다, 동경제국호텔에서〉,《삼천리》제13권 제1호, 1월호.

최승희, 1941b, 〈귀향감상록: 조선에 돌아온 감상〉,《삼천리》제13권 4호, 4월호.

최은희, 1955, 〈母心佛心: 어머니날의 의의〉,《서울신문》5월 8일자.

최은희, 1973,《조국을 찾기까지》(전3권), 탐구당.

최은희, 1980,《여성전진 70년: 근대여기자의 회고》, 중앙출판인쇄주식회사.

최은희, 1985,《한국개화여성열전》, 조선일보사.

최은희, 2003,《여성을 넘어 아낙의 너울을 벗고》, 문이재.

최정운, 2013,《한국인의 탄생: 시대와 대결한 근대 한국인의 진화》, 미지북스.

친일인명사전편찬위원회, 2009,《친일인명사전》, 민족문제연구소.

한국부인회총본부, 1986,《한국여성운동약사: 1945년~1963년까지 인물중심》, 한밤의 소리사.

한국여성개발원, 1998,《한국역사 속의 여성인물(상·하)》, 한국여성개발원.

한상권, 2008,《차미리사 평전: 일제강점기 여성해방운동의 선구자》, 푸른역사.

홍양희, 2004,《조선총독부의 가족정책 연구: '가'제도와 가정 이데올로기를 중심으로》, 한양대학교 대학원 사학과 박사학위논문.

황신덕, 1933, 〈조선은 이러한 어머니를 요구한다〉,《신가정》5월호.

황신덕, 1984,《무너지지 않는 집을》, 황신덕기념사업회.

황애덕, 1932, 〈부처(夫妻)의 시험 별거 비판〉,《삼천리》제4권 제8호, 8월호.

克士, 1923, 〈朝鮮的新婦女〉,《婦女雜誌》제9권 제6호, 6월(이선이 외 엮음,《근대 한국인의 탄생: 근대 한중일 조선민족성 담론의 실제》, 소명출판, 2010).

金炅一, 2002, 〈植民地期 朝鮮の新女性: その他者認識とアイデンテイテイ〉,《歷史評論》 4月号, 624號, 歷史科學協議會, 東京: 校倉書房.

彌弸, 1923,《朝鮮婦女狀況》,《부녀잡지》제9권 7호, 7월(이선이 외 엮음,《근대 한국인의 탄생: 근대 한중일 조선민족성 담론의 실제》, 소명출판, 2010).

Appadurai, Arjun, 1996, *Modernity at Large: Cultural Dimensions of Globalization*, Minneapolis: University of Minnesota Press.

Atkinson, R., 1998, *The Life Story Interview*, Thousand Oaks: Sage.

Bohrer, Karl Heinz, 1989, *Der romantischer Brief: Die Entstehung ästhetischer Subjektivität*, München: Suhrkamp.

Brock, Timothy C., Jeffrey Strange, and Melanie Green, 2002, "Power Beyond Reckoning," in Melanie C. Green, Jeffrey Strange, and Timothy Brock(eds.), *Narrative Impact: Social and Cognitive Foundations*, New York: Psychology Press.

Casey, Edward S., 1987, *Remembering: A Phenomenological Study*, Bloomington: Indiana University Press.

Colvin, Geoffrey, 2008, *Talent Is Overrated: What Really Separates World-Class Performers from Everybody Else*, New York: Penguin Group.

Coser, Louis, 1977, *Masters of Sociological Thought: Ideas in Historical and Social Contest*, Long Grove: Waveland Press, Inc.(신용하·박명규 역, 《사회사상사》, 한길사, 2016).

Eakin, Paul John, 1985, *Fictions in Autobiography: Studies in the Art of Self-Invention*, Princeton: Princeton University Press.

Edel, Leon, 1957, *Literary Biography*, Toronto: University of Toronto Press.

Folkenflik, Robert, 1993, "Introduction: The Institution of Autobiography," *The Culture of Autobiography: Constructions of Self-Representation*, Stanford: Stanford University Press.

Giddens, Anthony and Phillip W. Sutton, 2017, *Sociology* (8th Edition), Cambridge: Polity Press(김미숙 외 역, 《현대사회학》, 을유문화사, 2018).

Gilmore, Leigh, 1994, *Autobiographics: A Feminist Theory of Women's Self-Representation*, Ithaca: Cornell University Press.

Glagau, Hans, 1998, "Das romanhafte Element der modernen Selbstbiographie im Urteil des Historikers," in Günter Niggl(ed.), *Die Autobiographie: Zu Form und Geschichte einer literarischen Gattung*, Darmstadt: Wissenschaftliche Buchgesellschaft.

Goode, William J., 1964, *The Family*, Englewood Cliffs and New Jersey: Prentice Hall, Inc.

Gusdorf, Georges, 1980, "Conditions and Limits of Autobiography," James Olney(ed.), *Autobiography: Essays Theoretical and Critical*, Princeton:

Princeton University Press.

Homberger, Eric and John Charmley(eds.), 1988, *The Troubled Face of Biography*, New York: St. Martin's Press.

Hong, Yang-hee, 2008, "Debates about 'A Good Wife and Wise Mother' and Tradition in Colonial Korea," *Review of Korean Studies*, vol.11 no.4.

Kim, Keong-il, 2008, "Alternative Forms of Marriage and Family in Colonial Korea." *The Review of Korean Studies, The Academy of Korean Studies*, vol.11 no.4.

Kim, Keong-il, 2014, "Feminist Ideas of Intellectual Women of the Enlightenment Period and the New Women," *The Review of Korean Studies*, vol.17 no.1.

Kimmich, Allison B. and Martine Watson Brownley(eds.), 1999, *Women and Autobiography*, New York: Rowman & Littlefield Publishers.

Lejeune, Philippe, 1974, *Le pacte autobiographique*, Paris: Poétique edition du Seuil(윤진 역,《자서전의 규약》, 문학과지성사, 1998).

Mahler, Sarah J., 1998, "Theoretical and Empirical Contributions: Toward a Research Agenda for Transnationalism", Michael Peter Smith and Luis Eduardo Guamizo(eds.), *Transnationalism from Below*, New Brunswick: Transaction Publishers.

Martin, John, 1946, *The Dance: the History of the Dance Told in Pictures and Text*, New York: Tudor Publishing Company.

Misch, Georg, 1998, "Begriff und Ursprung der Autobiographie," in Günter Niggl(ed.), *Die Autobiographie: Zu Form und Geschichte einer literarischen Gattung*, Darmstadt: Wissenschaftliche Buchgesellschaft.

Niesen, Henrik Kaare, 2009, "Identitaet und Erzaehlung," in Michael Grote et. al.(eds.), *Autobiographisches Schreiben in der deutschsprachigen Gegenwartsliteratur: Entwicklungen, Kontexte*, Grenzgaenge, Bd.3, Muenchen: Ludicium.

Novarr, David, 1986, *The Lines of Life*, West Lafayette: Purdue University Press.

Nünning, Ansgar, 2007, "'Memory's Truth und Memory's Fragile Power': Ramen und Grenzen der individuellen und kulturellen Erinnerung," in Christoph Parry, Edgar Platen(eds.), *Autobiographisches Schreiben in der deutschsprachigen Gegenwartsliteratur*, Band 2: Grenzen der Fiktionalität und der Erinnerung,

München: Indicium.

Pascal, Roy, 1960, *Design and Truth in Autobiography*, Cambridge: Harvard University Press.

Renza, Louis A., 1980, "The Veto of the Imagination: A Theory of Autobiography," James Olney(ed.), *Autobiography: Essays Theoretical and Critical*, Princeton: Princeton University Press.

Roberts, Brian, 2002, *Biographical Research*, Philadelphia: Open University Press.

Shields, David, 2011, *Reality Hunger: Manifesto*, London: Penguin Books.

Smith, Sidonie and Julia Watson, 2001, *Reading Autobiography: A Guide for Interpreting Life Narratives*, Minneapolis: University of Minnesota Press.

Spender, Stephen, 1980, "Confessions and Autobiography," James Olney(ed.), *Autobiography: Essays Theoretical and Critical*, Princeton: Princeton University Press.

Stone, Albert E., 1982, *Autobiographical Occasions and Original Acts: Versions of American Identity from Henry Adams to Nate Shaw*, Philadelphia: University of Pennsylvania Press.

Urban-Halle, Peter, 2012, "Die Fiktionalisierung des Lebens: Der autobiographische Roman von heute," *Neuer Zürcher Zeitung*, 20, Oktober.

Wagner-Egelhaaf, Martina, 2006, "Autofiktion, Theorie und Praxis des autobiographischen Schreibens," in Johannes Berning, Nicola Keßler, Helmut H. Koch(eds.), *Schreiben im Kontext von Schule*, Universität, Beruf und Lebensalltag, Berlin: LIT.

Wagner-Egelhaaf, 2005, *Martina, Autobiographie*, Stuttgart/Weimar: Springer.

Yoo, Theodore Jun, 2008, *The Politics of Gender in Colonial Korea: Education, Labor, and Health, 1910~1945*, Berkeley and Los Angeles: University of California Press.

Zanone, Damien, 1996, *L'Autobiographie*, Paris: Ellipses.

근대 여성 12인, 나를 말하다

자서전과 전기로 본 여성의 삶과 근대

1판 1쇄 2020년 7월 31일

지은이 | 김경일

펴낸이 | 류종필
책임편집 | 김현대
편집 | 이정우, 정큰별
마케팅 | 김연일, 김유리
표지 디자인 | 박미정
본문 디자인 | 박애영

펴낸곳 | (주) 도서출판 책과함께
　　　　주소 (04022) 서울시 마포구 동교로 70 소와소빌딩 2층
　　　　전화 (02) 335-1982
　　　　팩스 (02) 335-1316
　　　　전자우편 prpub@hanmail.net
　　　　블로그 blog.naver.com/prpub
　　　　등록 2003년 4월 3일 제25100-2003-392호

ISBN 979-11-88990-79-5 93910

이 도서의 국립중앙도서관 출판시도서목록(CIP)은
서지정보유통지원시스템 홈페이지(http://seoji.nl.go.kr)와
국가자료종합목록 구축시스템(http://kolis-net.nl.go.kr)에서 이용하실 수 있습니다.
(CIP제어번호 : CIP2020029586)